经济学名著译丛

On the Economy of Machinery and Manufactures

论机器和制造业的经济

〔英〕查尔斯·巴贝奇 著
马跃 译

On the Economy of Machinery and Manufactures

创于1897 商务印书馆 The Commercial Press

Charles Babbage

ON THE ECONOMY OF MACHINERY AND MANUFACTURES

published in London by Charles Knight 1832, 2nd edition

目　　录

第二部分　论制造业的国内政治经济

序　言

长期以来，我一直在督管建造计算机，本书可被看作是成果之一。在过去的十年中，我参观了在英国国内和欧洲大陆的大量工场和工厂，以便熟悉各种机械工艺。在此过程中，我不知不觉地把我在其他研究中归纳的各种共性原理应用于其中。我注意到越来越多的奇妙过程和有趣现象，它们引发了我的深思，进而使我相信如果出版其中的一些内容，可能会对与我同样关注这些问题的人们有所裨益。有了这个想法之后，我本来打算以系列讲座的形式在剑桥大学发布这些内容，但随后我改变了想法。然而，本书相当大的一部分内容，也出现在《大都会百科全书》(*Encyclopedia Metropolitana*)的机械部分的前几章之中。

我并非要提供一份详细的清单，列举行业技术和制造生产中机器设备所应用的所有机械原理，而是致力于向读者提出那些我认为最重要的原理，以便理解机器的作用或是对读者工作中出现的现象进行分类与整理。我更非要分析政治经济学中与这些研究紧密相关的所有难题。大量事实呈现在面前，使我很难不去追溯或猜想一些企业早已普遍使用的原理，而形成了这些猜测之后，想要去反驳或去证实它们的愿望，为我著述本书提供了额外的兴趣。在我看来，我提出的一些原理在此之前是从未被注意到的，在我对于分工的解释中，情况尤为如此；但是令我欣慰的是，进一步的调查表明，吉奥加（M. Gioja）先生已经领先于我，对这一原理进行了解释。很有可能，其他很多我本以为是自己独创的原理，经过进一步的研究，都可以使我追溯到之前的作者，而他们的功绩没有得到我的公正评价，因为我对于该主题的历史渊源不够熟悉。

然而，无论我所陈述的是何原理，其中的真理要远比出处重要得多；而且探索原理以及使另外一些原本存在错误的原理更加准确所带来的效用，是毋庸置疑的。不幸的是，理解制造过程的难度被严重高估了。以制造商的视角来研究它们从而指导其他人重复这些过程，无疑需要大量的技巧，并且需要之前对这一问题有所了解；但是仅了解一般原理和相互关系，是任何接受过一定教育的人都可以做到的。

在一个制造业国家里，如果达官显贵们对于原理一无所知，则是很难让人谅解的，因为正是制造业的发展成就了国家的强大。这些过程是直接或者间接地形成他们财富的沃土，财富的拥有者很难对此无动于衷。对于有闲情逸致的人们来说，他们很难找到比研究自己国家的工场更有趣、更有启发性的事情了，因为其中蕴藏着丰富的知识宝藏，而这些知识通常被富人阶层所忽略。

我尽量避免使用所有的技术术语，用尽可能简明的语言描述所要讨论的技艺，在涉及政治经济学的更为抽象的原则时，我在陈述基本原理之后，都会尽量辅以事实和事例，以便年轻人能够通过这些例证获得乐趣和指导，而年长者可以对实例背后的一般结论进行深入思考。我希望旁征博引，以支持我所提出的原则。而在这一方面，我觉得自己很幸运。关于各类商业和制造业部门，下议院委员会公布的报告和在不同时期出版的此类证据中，充满了重要的相关信息。考虑到收集这些信息的艰难环境，其价值倍增。我从这些来源自由地汲取信息，并且由于它们对于我观点的支撑而获得了更多的信心。[①]

查尔斯·巴贝奇

多塞大街

曼彻斯特广场

1832年6月8日

① 我很高兴能借此机会对下议院发言人曼勒·萨顿(Manner Sutton)先生致谢。正是由于萨顿先生的帮助，我才得以获取大量下议院报告的副本。

第二版序言

本书自第一版问世后的两个月时间里，就已售出了三千册，而在广告方面的花销几乎为零。书商们不但没有促销，反而在阻碍销售。[①]这本书不从属于任何通俗读物系列，然而在几周的时间内，公众却将其抢购一空。或许，取得这一成绩的一小部分原因在于它向公众揭示了我们工场中展开的奇妙过程，并且致力于针对本国制造企业的基本指导原则，提供概括性的认识。但主要原因还是在于，该主题具有强大的吸引力，并且人们也表现出日益强烈的愿望，希望了解机器制造业者的追求与兴趣，因为他们近期以来已经获得了如此重大的政治影响力。

本书激起的关注如此广泛，远超出了我的预料。其中很大一部分原因在于我在第一版中关于“图书行业”的论述。在我撰写“关于制造过程中各单独工序的成本”这一章之前，我并未打算影射这一主题：但是读者们将看到，贯穿本书的始终，在可能的地方，我都会使用读者易于接触的事物作为例证；而且，我选择著述这部书本身，也正是出于这一原则。当我写到“工厂主针对公众的联合”

① 对于这一现象，我从各种渠道获取了充分的证据；并且由于想要证实这一点，我个人曾向一家颇具声望的书店申购一本，但书店可能没有意识到，它甚至拒绝了作者的购买请求。

一章时，同样的理由驱使我揭露了与文学界相关的联盟。在我看来，他们在道德上和政治上都有失误。我的质疑本身不包含对这一行业的丝毫敌意，也并不希望对其带来不良的后果；但是我认为对该体系的一次彻底改革将增加它的实用性和声望。鉴于该章的主题已经被大量讨论过了，我认为恰当的做法是了解人们提出的各种观点，然后对它们的正确性提出我自己的看法。至此，就这些问题的讨论，我本应该适时结束，对于那些针对我动机的中伤三缄其口，让我的品格为我辩护；但是由于我的一些批评者的言论会给他人的品格造成影响，我想我理应对本书出版中的一些明显不利的环境做出说明。

路德门街的费洛斯先生（Mr. Fellowes）曾经是我之前其他一些著作的出版人，他曾承担了本书第一版的出版工作。在第二版即将完成之前，我认为应该提醒他注意书中讨论图书业的章节：既是为了让他清楚我在其中写了什么内容，也是希望运用他的知识，使我能够更正其中可能存在的有悖于事实的错误。费洛斯先生“完全不能同意我所得出的结论”，因此拒绝出版本书。如果我选择向那些名字登载于议会委员会“图书业”名录中的其他书商提出出版申请的话，很可能他们也会拒绝为我出版该书；另外，如果我的目的是寻找反对图书业的理由的话，那么这一过程无疑将对我有帮助，但这并不是我的初衷。当获得了出版行业的一份完整名录之后，我带着书稿拜访了位于蓓尔美尔东街的奈特先生（Mr. Knight）。在此之前，我从未与奈特先生谋面，也未曾有过哪怕是最简单的交流。我将书稿留在了奈特先生的手中，提出了我的请求：请他读过之后告知我，是否能够承担本书的出版事宜；而他欣然表示同意。因此，奈特先生不应对本版中的任何观点负责；在它出版之前，奈特先生只有几天的时间进行阅读。

有人反对我的理由是，我揭露了太多的行业秘密。行业唯一的真正秘密是勤奋、正直和知识；对于这些品质的拥有者来说，这样的揭露不会带来伤害，只会形成尊重和财富。

这一版的变更如此频繁，以至于我认为无法将它们完全纳入增刊之中，但是新增的三个章节，“货币作为交换媒介”“关于新的制造业体系”和“论机械对减少劳动需求的作用”，即将分别印刷，供第一版的购买者使用。

我希望强调新的生产体系的一些重要意义，并且将它提出来，以期对这一主题特别感兴趣的读者能够进行充分的讨论。我相信，任何国家如采用此类体系进行生产，生产力将获得极大提高；我相信，英国由于有更多的知识分子与劳动阶级获得更好的教育，所以在应用这一体系方面更为有利。这一体系通常在某个大城镇开始，由一些最为审慎、最为活跃的劳动者使用；如果他们的做法成功的话，其他人就会效仿。接下来，小资产阶级会加入其中，然后这类工厂会继续壮大，直到竞争迫使大资产阶级采用同样的体系；最终，从事生产领域的所有人的全部注意力都会聚焦于一个目标——以尽量低的成本从事生产之道。同时，它还将会对工业人口的道德产生最大的效用；因为与目前相比，它会使工人品格的重要性大为提高。

对于本书的一个批评意见，我要指出：本书是完全开放的。我仅用几行文字就讲完了专利法这个重要的主题。在我看来，这个主题的难度很大，我一直不愿意写作它，因为我没有找到合适的方式。在这里，我只指出一个难题。什么构成发明？几乎没有简单的机械设计是新的；大多数组合可能被视为新的种类，或多或少被列在通用属性之下；并因此，由不同的个人根据他们的机械知识被宣布为旧的或新的。

一些批评我的人，用我偶尔抛出的狂想取悦他们的读者；而我自己有时也会跟着一起讪笑。也许为了现有的声誉，只提供经过深思熟虑的想法是更明智的做法，但我认为知识无法通过这种做法获得最大的进步；这种火花可能会点燃那些处于更为有利条件下的其他人的能量，促使其进行探索。因此，我现在冒昧地提出一些用于冶炼铁的炼炉模式的猜想，甚至认为这些猜想具有预见性——用于吹动炼炉的蒸汽动力中的五分之四，实际上冷却了它们。我呼吁我国从事这一最广泛制造业的大量人口都应该关注这一点，因为它具有一定的重要意义。

即便令我心痛，我还是收集了针对本书第一版的批评意见，[①]并且从我的众多朋友那里获取信息，用于改善现有的版本。如果我已成功地清晰表达了我的观点，那么这种清晰度很大程度上要归功于我的朋友菲顿博士（Dr. Fitton），他对这一版和前一版都进行了检查和纠正，这是作者本身很少有能力做到的，对此我感激不尽。

1832年11月22日

① 还有一些批评意见我可能没有注意到，对于未来向出版社反馈任何评论看法的人，我感激不尽。

第一部分

引　　言

本书的目的是指出使用工具和机器所产生的效果和优势，努力对它们的作用方式进行分类，并追踪使用机器取代人类技能和力量的原因和后果。

我们首先将注意到这一主题的机械部分的观点，而本书的第一部分将致力于此。这一部分的第1章将对机器优势的一般性来源进行评论，随后的九章将对较不常见的原理进行详细的研究。第11章包含许多技术细分，而重要的是从这些广泛的分类中，该章提供了大量应用复制的技术形式。第12章是第一部分的完结篇，其中包含一些建议，以帮助那些提议参观制造工厂的人。

第二部分在关于制造和制造业之间区别的介绍性章节之后的章节中，讨论了与该主题有关的许多政治经济问题。研究发现，非商业协议或工厂的内部经济，与更普遍的问题交织在一起，因此不应将这两个主题分开。本部分的最后一章，也是本书的最后一章，是科学应用而带来的对制造业的未来展望。

第 1 章　机器和制造业优势的来源

(1)英国与其他国家最明显的差别，可能在于我们发明了大量完善的工具和机器，它们为我们社会中几乎所有阶层的生活都带来了诸多的便利。但很少有人能够想象得出，我们的制造业得以创建并取得今天的卓越成就，这背后曾经付出了多少耐心的思考、反复的试验以及怎样的聪明才智。如果我们环顾自己所居住的房间或者审视我们大城市的闹市区中每家便利商店、每家奢侈品店的库房，我们就会发现每种商品、每种结构在其发展历史中，都曾经历过一系列的失败，才逐步成就了卓越；即使是就当中最微不足道的商品和结构的制造工艺而言，我们也会为其流程设计的简单缜密所折服，或者被其结果的出人意料所吸引。

(2)旨在降低工业品制造难度的技术和科学在英国得到集中积累，但却并不仅使英国受益，遥远的国度也分享了它所带来的福利。东方的奢华居民[①]和非洲沙漠的粗鲁土著都要感谢我们的织布机。我们工厂产品的脚步，甚至快过了我们最有进取心的旅行者。[②]印

---

① “格拉斯哥制造的班达纳手帕早已取代了真正的手帕，现在已经被当地人和中国人大量使用。” Crawford’s *Indian Archipelago*, vol. iii, p.505.

② “克拉珀顿船长在参观苏丹贝罗(Sultan Bello)法院时评论说，这些条款经常让我联想起来自苏丹的餐桌上摆着有伦敦印章的锡制餐具；而我甚至还将一块肉放在英国制造的白色洗手盆里端上餐桌。” Clapperton’s *Journey*, p.88.

度的棉花被英国船只运输，绕过我们所居住星球的一半，送到兰开夏郡的工厂里运用英国的技术进行纺织：它再次被英国的资本所启动；然后被运到其最初生长的那块平原，被种植它的土地主们所购买，其支付的价格要比用他们粗糙的机器自己制造便宜得多。[①]

(3) 从事制造业的人口在英国人口中占有很大比例，对此我们可以就琼斯牧师(Rev. R. Jones)所著《论财富的分配》(*Essay on the Distribution of Wealth*)中的论述进行推导，得出下表。

如果农业人口为 100，则：

	农业人口	非农业人口
孟加拉	100	25
意大利	100	31
法国	100	50
英国	100	200

事实上非农业人口相对于农业人口的比例正在持续扩大，这从 1830 年 7 月《下议院委员会关于制造业的就业报告》以及此后最近一次人口普查的证据中都可以得到证实；根据该报告所附的表格，可以推导出我们重要的制造业城镇的人口增长表。

可见，在 30 年的时间里，英国的人口总数每十年增长 15% 左右，或者说在 30 年间共增长了大约 52%。表中城镇的平均人口增长率达 132%。在陈述了这些事实之后，已经无需进一步的论据便可知，充分了解并照顾制造商的利益对于英国的福祉有着重要的

① 在东印度群岛的卡利卡特(Calicut，由此那里的棉布被称为 calico)，劳动力的价格是在英格兰的七分之一，但是该市场是由英国织机供应的。

意义。

人口增长的百分比

地区	1801—1811年	1811—1821年	1821—1831年	总计
曼彻斯特	22	40	47	151
格拉斯哥	30	46	38	161
利物浦①	26	31	44	138
诺丁汉	19	18	25	75
伯明翰	16	24	33	90
英国	14.2	15.7	15.5	52.5

(4) 机器和制造业所带来的优势大致有三个来源：对于人力的补充；对于人类时间的节约；将常见的和无用的物质转化成有价值的产品。

(5) 对于人力的补充。在谈及这一问题的时候，我们首先就会想到风力、水力和蒸汽产生的动力，它们无疑是人力的补充并将在后文中进行考察。然而，人力的增长还有其他来源，它们使得个人的体力比没有辅助的情况下有了巨大的提升，我们现在仅将评论限定在这一范围内。

修建宫殿、寺庙和墓葬，似乎是刚刚步入文明社会的国家最先关注的问题；人们搬运来巨大的石块，用以彰显建造者的伟大或者虔诚，这一直令他们的后代子孙惊奇不已，即便是当这些建筑所要记录的目的和创建人的名字早已被人们遗忘之后亦是如此。移动

① 虽然利物浦本身不是一个制造业城市，但却一直都存在于这一列表中，源于其与曼彻斯特连接的港口。

这些沉重的石块所需的力量程度是不同的，它将根据人们在运输中运用的机械知识而变化；并且为此目的所需的力量在不同的情况下差别很大，这可以通过以下的一个实验来证明。该实验是由朗德勒（M. Rondelet）在《建筑艺术》（*Sur L'Art de Bâtir*）一书中提出的，一块方石被用作实验的对象：

1）石重 1,080 磅；

2）为了在采石场粗凿的地面上拖拽这块石头，需要相当于 758 磅的力；

3）在木制地板上拖拽同一块石头需要 652 磅；

4）将同一块石头放在木质平台上并在木制地板上拖拽，需要 606 磅；

5）将滑过彼此的两个木质表面涂抹上肥皂，拖拽石头需要 182 磅；

6）同一块石头现在被放置在直径三英寸的辊轴上，这时令它沿采石场地面运动需要 34 磅；

7）在木制地板上用这些辊轴拖动需要 28 磅；

8）当石头被放在一个木质的平台上，然后同样的辊轴被安装在平台和木制地板之间，则需要 22 磅。

从这个实验可以得出结论，在以下情况下拖拽石头需要的力量与石块重量之比：

在采石场粗凿的地面上	约 2/3
在木制地板上	3/5
两个木质表面之间	5/9

如果木质表面涂抹了肥皂	1/6
辊轴在采石场地面上	1/32
辊轴在木制地板上	1/40
辊轴在木质表面之间	1/50

随着每一次知识的增长以及每一件新工具的发明，人力劳动相应减少。辊轴的发明使发明者的力量增长了四倍。首先提出使用肥皂或油脂的工人，可移动的重量是他之前可以移动重量的三倍，而不需要施加更大的力。[①]

(6) 人类时间的节约是在制造业中运用机器的另一个好处。其效果如此广泛并且重要，以至于如果我们愿意概括的话，可以将所有的好处都归纳在这一点下；但是在更小的范围内阐述原理将有助于人们更好地理解问题，因此就像将在随后的章节中呈现给读者的无数例子一样，我们将把我们的讲解限定在这一点上。

作为节约时间的一个例子，我们可以注意爆破岩石中火药的使用。购买几磅火药所需的资金可以通过几天的劳动获得；然而当它用于爆破目的时产生的效果，通常是其他方法即便使用最好的工具，在几个月的时间内都不可能达成的。

从采石场采掘的石灰岩被用来修建普利茅斯的防波堤，其中一块的规格为 26.5 英尺长、13 英尺宽、16 英尺高。这块岩石的体积超过 4,800 立方英尺，重约 400 吨，被爆破了三次。在前两次爆破

① 油脂对减少摩擦的影响是如此显著，以致在阿姆斯特丹，运送重型货物的雪橇的司机，会在手里拿一根浸透牛脂的绳子。他们不时在雪橇前面扔下绳子，通过在绳索上运行，雪橇可能会得到润滑。

中各使用了50磅的火药，它们在一个13英尺深的孔洞里相继爆炸，钻孔的顶部内径为3英寸、底部内径为2.5英寸；随后100磅火药被放置在前两次操作形成的裂缝中引爆。每磅火药从岩石上分离出两吨的物质，或者说近4,500倍其自身重量的物质。火药的费用为6英镑或每磅7.5便士；钻孔用去了两个男人一天半的时间，成本约为9先令；而其产出的价值在当时约为45英镑。

(7)通过一个简单的锡管装置，不同部门之间可以进行沟通，从而管理人员的指示即刻传送到企业最偏远的部门，这极大地节约了时间。这种装置也应用于伦敦的商店和工厂之中。而如果应用于家庭设施，特别是在大型房屋中，用于从托儿所向厨房或从房屋到马厩传送指令，也将大有裨益。它的方便不仅在于节省了仆人或工人为了接受指示而搭上的不必要的行程，而且也在于避免了主人本身因为不愿意造成麻烦而经常需要放弃某种不重要的需求，因为他知道他的仆人必须登上好几层楼梯来确定他的愿望，而且在下楼之后必须再次登上楼梯来提供服务。这种交流方式可以延伸的距离尚无定论，而这将成为一个有趣的调查课题。假如在伦敦和利物浦之间可以实现这种交流，那么在管道一端说的话到达管道的另一端，大约需要十七分钟的时间。

(8)使用金刚石切割玻璃的技术在几年的时间里经历了非常重要的改进。如果用二十年以来的一贯做法，玻璃工学徒会发现，要掌握精确运用镶嵌在圆锥形套圈里的金刚石切割玻璃的技术非常困难；并且在七年的学徒结束时，许多人的工作技能仍然无比生疏。这是由于难以找到金刚石切割的精确角度，并且在找到该角度时也很难沿着玻璃以适当的倾斜度切割。而现在，通过使用改进的工具就可以节省掌握玻璃切割技术所需的几乎所有的时间消耗和玻璃损耗。金刚石被镶嵌在一小块方形黄铜中，其边缘几乎平行于正方形的一边。接下来一个熟练工用黄铜在玻璃一侧锉出凹痕，直到通过尝试，他觉得钻石会沿着边缘紧贴着尺子的引导，完成整齐切割。然后，金刚石部件通过一个允许小角度运动的旋转装置，被连接到一个像铅笔一样的小棒上。因此，即使是初学者，也可以通过将黄铜的一侧压在一把尺子上，以适当的角度进行玻璃切割；即便他握在手中的部分稍偏离了所需的角度，也不会造成金刚石的位置不规则，而金刚石在这种应用中很少会出现失误。

金刚石在不同方向上的相对硬度不同，这是一个奇特的现象。一位值得信赖的经验丰富的工人告诉我，他曾在一个铸铁厂看到了一块金刚石在金刚石粉末中被研磨三个小时，完全没有磨损；但是，在改变研磨表面的方向后，同样的边缘就被磨掉了。

(9)使用价值不大的材料。金箔匠使用的兽皮是由残碎的动物皮制造的。马和牛的蹄子以及其他角质废物，被用于生产钾盐。这是一种美丽的黄色结晶盐，在我们的一些化学品商店中展出。我们厨房里的破旧炖锅和铁制厨具，即便超出了修补匠的技术范围，也不是毫无价值的。我们有时会遇到装满旧锡罐和破旧铁煤锅的推车穿街过巷。这些东西仍然具有实用性：腐蚀较少的部分被行李箱制造商切成小条，打上小孔，然后涂上一层粗糙的黑色清漆，用它来保护箱子的边角；其余的被送给镇外郊区的化学制品厂商，他们把这些废料与焦木酸结合使用，制造一种用于花布印花的黑色模具。

(10)工具。工具和机器之间的区别不能被非常精确地划分；在这些术语的通俗解释中，也没有必要严格限制它们的用途。工具通常比机器更简单：它通常与手工一起作用，而机器通常通过动物或蒸汽动力来推动。更简单的机器通常仅仅是放置在一个框架中的一个或多个工具，并且由动力驱动。在指出工具的优点时，我们将从一些最简单的开始。

(11)将二万根钢针杂乱地抛进一个盒子里，钢针在每个可能的方向上混合纠缠。在这种情况下，使它们彼此平行乍看起来似乎是一项最为乏味的工作；事实上，如果每根针都要单独分开，那么这个过程必将消耗若干小时。然而，在钢针的制造过程中，这项操作必须多次进行；它是由一个非常简单的工具在几分钟内完成的，仅需要一个底部轻微凹陷的铁制托盘而已。钢针被放置其中，并以一种特殊的方式摇动，将它们稍稍抛起，然后同时给予托盘轻微的纵向运动。钢针的形状有助于它们的排列：因为如果两根针彼此交叉(除非它们精确平衡，但这是非常少见的)，当它们落在托盘底部时，它们往往会自动并排放置，因为托盘的空心形状有助于这种倾向。由于钢针的任何部分都没有障碍来阻挡这种倾向或者使其彼此纠缠，通过持续摇晃，钢针在三四分钟之内会被纵向排列。然后改变摇动的方向，钢针只是被稍微抛起，但是托盘在两端振动；其结果是，在一两分钟内，之前末端朝前的钢针现在靠着盘壁堆叠起来，针的末端抵靠着托盘的边缘。之后，工人用左手食指抵住，右手用一把宽阔的铁铲一次取出数百根钢针。由于这种针的平行排列必须重复很多次，所以如果没有设计出廉价和快捷的方法，制造费用可能大幅增加。

(12)制造钢针技术中的另一过程，为最简单的发明也可以成为工具提供了例证。当钢针以上述方式排列妥当之后，需要将它们区分为两部分，以便针头都可以朝着同一方向。这项工作通常由妇女和儿童完成。按照如上描述的程序安排，钢针被堆在一起，放在每个操作员面前的桌子上。操作员用左手食指将五到十根钢针在桌上滚动，彼此间留出些许空隙，然后每根钢针按照针头的朝向，被向左或向右地纵向推动。这是通常的程序；按照这一程序，每根钢针都会在操作员的手指下单独通过。一个小小的改动加快了这个过程：操作的孩子在右手食指上带上一个小布帽或指套，然后不断从成堆的钢针里滚出六到十二根针。他用左手的食指将钢针压住，同时用右手的食指轻轻地靠在它们的末端：那些针头朝右的钢针插入了指套；然后孩子松开左手的手指，略微抬起刺入布料的钢针，然后将它们推向左侧。那些针眼朝右的钢针不会插入手指套中，它们被推到右侧的针堆里，然后不断重复这个流程。通过这种简单的设计，手指的每一次动作，都可以从一侧到另一侧，带动五根或六根钢针放入正确的针堆；而在前一种方法中，通常只能移动一根钢针，很少能同时运送两根或以上的钢针。

(13)技术上的额外辅助可能会为工人提供极大的便利，因此出现了各种各样的操作。在这些情况下，最简单的工具或机器结构为我们提供了帮助：几乎在每个车间，工人们都用不同形状的台钳将材料用螺丝牢牢固定以便进行锻造；然而，更引人注目的例子出现在制钉行业中。

某些种类的钉子，例如钉在笨重的鞋底上的钉子，被称为平头钉，需要特定形状的钉头。这种钉头是通过对硬模的敲击制成的。工人用左手拿着铁棒的一端，从中形成钉子的形状；他用右手敲打钉子炽热的一端把它敲成一个点，然后在适当的长度切断，使它几乎成直角。接着他把它放进锤子下面的一个铁桩里，铁桩上面是锤子，下面带有踏板，表面有一个与钉头形状相应的凹槽；在用手中的锤子将铁钉的一部分锤出钉头轮廓之后，工人用脚踩踏板，启动另一把锤子，继而完成钉头的形状；把铁钉放置在预留的洞槽里，通过踏板运动产生的反复撞击，制成铁钉。如果没有用他的脚替代另一只手，工人可能会不得不将铁钉加热两次。

(14) 另一个替代人手的工具，被用于帮助那些被自然或者事故夺去了某个肢体部分的人从事工作。幸运的是，这种状况一般不太普遍。我们现在可以用机器来制鞋，要归功于布鲁内尔先生（Mr. Brunel）的富有想象力的发明。那些有机会观察机械制鞋的巧妙设计的人一定已经注意到了，很多工人尽管失去了手臂或大腿，却仍能够精确地完成他们的任务。一个类似的例子发生在利物浦。在盲人学院里，盲人操作机器编织窗扇线；据说这是一位饱受失明折磨者的发明。我们还可以找出其他例子，说明为同样存在自然缺陷的富裕阶层使用、娱乐或提供指导而做的设计。这些技巧和聪明才智的成果，当运用于缓解自然或意外不幸的严重程度的时候，当为富人提供职业和知识的时候，当它们解除了穷人的贫困和匮乏的额外祸害的时候，理应得到我们的双重赞赏。

(15) 机器对象的划分。对于机器，有一种自然的分类方法，虽然从数量上看可能非常不均匀。它们可以被归类为：第一，那些用来产生动力的机器；第二，那些仅旨在传递力量和执行工作的机器。其中第一类机器非常重要，而且种类非常有限，但有些种类可以容纳许多人。

运动传送类的机械运动媒介，如杠杆、滑轮、楔子等，我们已经证明，无论如何结合，使用它们不会获得任何动力。无论在一个点上施加什么力，都会因摩擦力和其他伴随情况而减小，作用在另一个点上；而且我们已进一步证明，快速运动所获得的力，无论多大，都必须通过施加额外力量得到补偿。这是早已被认定的两条原则，我们应该铭记在心。但是当把我们的努力限制在可能的事物之后，我们仍然如我们所希望的那样，拥有取之不尽的研究领域，并从机械技术中获取优势。这些机械技术对我们行业所施加的影响才刚刚开始，人们可以无限度地追求，这将有助于人类的进步、财富和幸福。

(16)在我们用于产生动力的那些机器中可以观察到，虽然它们对我们来说是庞然大物，但是关于这种动力的两个来源——风力和水力，我们只需利用自然使它们运动；我们改变它们的运动方向使它们服从于我们的目的，但我们既未增加也未减少存在的运动量。当我们让风车的叶片向大风倾斜时，我们抑制了一小部分的大气速度，并把它的直线运动转换成为叶片的旋转；我们因此改变了力的方向，但我们没有创造力。观察船舶的风帆可以观察到同样的现象：风帆形成的运动量与在大气中被摧毁的力完全相同。如果我们利用一股下行的水流来推动水轮，我们就是在利用自然的力量。这种自然力乍看上去毫无用处并且会不可挽回地被浪费掉，但经过一定的审视，我们应该会发现它正在通过其他过程重新被获得。液体从高到低降落，随着地球的自转而形成加速。因此，它会加速地球的每日自转，尽管影响几乎无穷小。如果不计自然蒸发将水输送回其来源，所有来自于地球上的降水下落形成的这些速度增量的总和，会随着时间的流逝变得明显；然后再一次，通过将物质提升到距地心更远的高处，大自然破坏了其用先前方法产生的速度。

(17) 蒸汽的力量是动力的另一种丰富来源，但即使在这种情况下，形成的动力也无法持续。水通过燃料的燃烧，被转化为弹性蒸汽。由此发生化学变化而不断增加的大量碳酸气体和其他气体对动物有害。我们还不太清楚大自然如何分解这些元素，或是如何把它们重新转换成固体形式；但是如果可以用机械力的方法来实现，我们几乎可以肯定，产生它所需的力至少要等于原来燃烧所产生的力。因此，人类没有创造动力；但是，通过利用我们对于大自然奥秘的了解，人类运用自己的才能转移了一小部分的有限的自然能量用于自己的需要；而且，无论是利用蒸汽的调节功能，还是利用火药的迅速、巨大的影响，人类只是在较小的规模上合成和分解自然的力量；而与此同时，自然在不断地反向作用，以便恢复均衡。毫无疑问，即便是在系统的最末梢，均衡也必须不断得到维持。人类活动的参与具有创造的性质，他们在自己短暂的生命期间，渺小却精力充沛；而自然，在广阔的空间和无限的时间内发挥作用，永远沉默地、所向无敌地追求它的事业。

(18) 在说明“所有机械技术只能以牺牲生产时间为代价从而增强传递到机器的力”这一普遍原则的时候，或许我们会想象，从这种机械设计中衍生出来的辅助可能很小。但是情况并非如此：由于机器提供的帮助种类几乎无限，这使得我们无论利用哪种力，都能够令其发挥最大的优势。确实存在一个限度，超出它将无法降低产生任何给定效果所需的必要动力，但是我们在采用任何方法之初极少会出现接近这一限度的情况。在分解盘根错节的树根以作为燃料的时候，根据使用工具的性质，人们消耗的时间会有多么不同啊！扁斧可以将它分成小块，但会消耗一个工人的大部分时间。锯子会更快、更有效地达到相同的目的。而这又会被楔子所取代，楔子在更短的时间内就会揳入。如果环境有利而且工人熟练，那么通过运用少量火药，把它谨慎地放置在木头上的小洞中进行爆炸，可以进一步减少时间和费用。

(19)当移除一定量的物质时，必须要花费一定的力；运输的价格将取决于形成这股力的经济状况。但是，一个国家必须达到高度的文明，才能接近这个经济的极限。爪哇的棉花用帆船运到中国沿海；但是鉴于之前没有将种子分离，由此它携带的四分之三的重量不是棉花。也许这在爪哇可能是合理的，因为它缺乏机械来分离种子，或是因为种子分离在这两个国家的相对运营成本的缘故。但被中国包装的棉花本身，是欧洲人为自己市场运送的等量货物体积的三倍。因此，中国人付出的给定数量的棉花的运费，是采用机械方法的近十二倍。通过适当关注机械方法，运费有可能会减少。

第 2 章　累积力量

(20) 每当完成工作需要的力，超过在其所需的时间内可以生成的力时，必须采取一些机械方法，保留和精简这一过程开始时施加的一部分动力。用飞轮完成是最常见的做法。飞轮实际上只不过是一个轮子，有很重的轮辋，以使其中的大部分重量接近圆周。它需要很大的动力，在一段时间内让它快速运转起来；但如果它的力量集中在一个小的目标上，伴随着相当快的转动速度，就会产生非常强大的效果。在一些铁作坊里，蒸汽机的功率相对于它要驱动的辊轮来说过小，通常的做法是：在炽铁准备好被从炉子中取出移到辊轮上之前，启动蒸汽机，在短时间内快速工作，直到飞轮达到相当惊人的转速。在软化的铁块通过第一个凹槽时，蒸汽机受到非常明显的抑制；在随后和接下来的每个通道中，它的速度都会降低，直到铁块减小到普通的蒸汽机足以滚动它的体积。

(21) 大型飞轮的力被集中于一点时，其强大的效果在我们一位最大的制造商那里奇妙地得到了展示。企业主正在向朋友表演给蒸汽机锅炉的铁板冲孔的方法。他手里拿着一块厚度为 3/8 英寸的铁板，放在冲床下面。在打了几个洞之后，他观察到冲床穿孔的速度越来越慢，便向蒸汽机师喊话询问是什么原因让发动机如此缓慢地运转。人们发现当企业主开始他的实验时，飞轮和冲孔装置刚好从蒸汽机脱离了。

(22)另一种积累力量的方式来自于提升重物，然后让它下落。一个人，即使是用沉重的锤子，也可能只是反复击打桩头而不会产生任何效果。但如果他将一个重得多的锤子提升到一个高得多的高度，尽管重复的次数要少得多，锤子也可以产生预期的效果。

当对木桩之类的大体积物质进行轻微击打时，材料的不完全弹性会导致每次运动中从粒子到后续粒子传递动量的损失；因此，运动所传递的全部的力可能会在到达相反一端之前罄尽。

(23)众所周知，火药在一个小空间内积聚力量；而且，其中的一些影响，虽然从严格意义上讲不是本章讨论的主题，但是在特殊的情况下是如此特别，以致试图解释它们也许是可以得到谅解的。如果枪装满了球，它的后坐力不会像装满小粒子射击时的后坐力那么大；而在不同类型的小粒子中，最小的粒子对肩膀形成的后坐力最大。用一定量的沙子装满枪膛射击形成的后坐力，要比装满等重量的狙击子弹射击形成的后坐力更大。如果给枪上膛的时候，在填充物和弹膛之间留有空间，那么枪支要么剧烈反弹，要么爆炸。如果枪口不小心被插到了地上，以致黏土或者雪堵住了枪口，又或者是因为枪口插入水中射击，几乎可以肯定的结果是枪会爆炸。

产生这些明显不同效果的最终原因在于，每一种力量都需要时间来产生它的效果；而如果弹性蒸汽从枪筒侧面挤出所需的时间，小于填塞物附近的空气冷凝所需要的时间，那么就无法传递足够的力来驱除枪口的障碍，因此枪管必然爆炸。如果恰好发生两种力量几乎平衡的情况，那么枪管只会膨胀；在枪管真的爆炸之前，障碍物让路了。

把一支枪的弹膛装满粉末并用圆柱形填塞物抵住，将枪口充满黏土或其他具有适度阻力的物质，然后通过逐步跟踪扣动扳机后发生的情况，可以看出这种解释是否正确。在这种情况下，爆炸的第一个效果是对所有限制它的东西产生巨大的压力，并推动填塞物穿过一个非常小的空间。在这里，让我们暂时把它视为静止的，并检查它的状况。与填塞物直接接触的那部分空气被压缩了；如果填塞物保持静止，那么整个管内的空气很快就会获得均匀的密度。但这需要一点点时间间隔；因为聚合，下一步填塞物会以声速运动到另一端，然后会从那里产生一系列声波反射回来，加之管内的摩擦，最终破坏运动。

但在第一组声波到达枪口障碍之前，空气不会对它形成压力。现在如果传导给填塞物的速率远远大于声音的速率，那么填塞物近前方的空气会迅速压缩，之后传导到枪口的阻力也会变得很大；在这种情况下相互排斥的空气粒子剧烈压缩，将给填塞物的前进造成绝对的阻力。

如果这个解释是正确的，那么当枪支装上小粒子或沙子的时候，压缩这些粒子之间所含的空气可能会在某种程度上形成额外的后坐力；但后坐力还是主要来自于爆炸向火药周围的物质粒子传导的速率大于声波可以通过它们的速率。这也提供了一个理由解释为什么在爆破岩石的过程中，是用沙子而不是夯实的黏土来填堵岩石上部放火药的小孔。枪管的破坏不是由于流体的性质造成的；在某种程度上，是由于沙子和小粒子在所有方向上受力相等，因而对内部的大部分表面施加了力所造成的。勒·瓦扬(Le Vaillant)和其他旅行者提到了一种情况，似乎也证明了这一点：为了射中鸟类而不弄伤它的羽毛，他们用水装满枪筒，而不是用子弹。

(24)同样的推理解释了在引爆更具威力的爆炸物质时发生的一种奇怪的现象。如果我们在砧板表面上放置少量雷酸银，用锤子轻轻敲击它，它会爆炸；但是人们发现爆炸并不会毁坏锤子或砧板，而是它们与雷酸银相接触的表面被破坏了。在这种情况下，由于爆炸所释放的弹性物质传导的速率可能大于横穿钢铁的波速；表面的粒子由爆炸的驱动无限接近与它相邻的粒子，当强制力被移除时，物体内部的粒子的排斥力驱回那些靠近表面的粒子，力量如此之大以至于它们超越了吸引力的限制，并以粉末的形状分开。

(25) 1)透过松木板点燃牛油灯烛的实验之所以能够成功，也可以采用同样的解释，即通过松木板的波的速度大于通过牛油的波的速度。

2)即使在蒸汽通过安全阀泄漏的过程中，蒸汽机的锅炉有时也会破裂。如果锅炉中的水溅到任何红热的部分，那么在该部分的紧邻区域内形成的蒸汽的传播速度，要大于波通过不那么红热的部分时传导的速度；因此与开枪的例子中所描述的方式相同，一个粒子被下一个粒子所推动，形成几乎无法克服的障碍。如果安全阀关闭，蒸汽机可能会在很短的时间内保持这样的压力，甚至当气压阀开放时，气体释放的速度也可能不足以去除所有障碍；因此，在锅炉压力内可能暂时存在各种力，这些力不止可以将安全阀提升到足够的水平，如果在极短的时间内施加，甚至可能将锅炉本身炸开。

(26)然而，人们在承认这种推理时应该谨慎，也许可以通过追根溯源的方法来仔细审视一些诱因。因为枪被制造得过长可能导致即便没有任何障碍填满枪口，它也会爆炸，这看起来似乎是正确的看法，但并不是一个必然的后果。也可以得到这样的结论：如果枪支在上膛后，空气被从枪筒中挤出，尽管枪口被封闭，枪也不应该爆裂。从原理出发，我们似乎也可以得出如下解释：一个物体在力的推动下，被投射在空气或其他抗弹性介质中，在被推进一个非常短的距离后，也可能会从投射方向上返回。

第 3 章 调控力量

(27) 机器工作速度的一致性和稳定性，对工作效果和持续时间来说都至关重要。第一个例子是设计精妙的蒸汽机调速器，所有熟悉发动机这种令人钦佩的机器的人都会立刻想到它。当发动机的速度增加到可能导致危害或者危险后果时，蒸汽机调速器就有了用武之地；它同样是驱动珍妮纺织机的水车或者排干我们沼泽地积水的风车的调节器。在查塔姆(Chatham)造船厂，用于举起木材的大型平台的下降运动，是由调速器管理的；但当重量非常大的时候，人们通过让它在水中运动，进一步控制调速器的速度。

(28) 在康沃尔郡(Cornwall)，人们利用另一个非常精妙的方法控制蒸汽机的计数器：它被称为“急流”(cataract)，根据一艘船陷入水中所需的时间，由机械师调控蒸汽机阀门的开关，控制液体的流入量。

(29) 为蒸汽机锅炉有规律地供应燃料，也是一种保证蒸汽机功率恒定和节约煤炭消耗的模式。调节这种供应的方法已经取得了几项专利：一般原则是通过储料器，定时向发动机供应少量燃料，并且当发动机工作太快时减少供应。这种设计的一个附带优点是，由于每次投入很少数量的煤炭，烟雾几乎完全被消耗。在某些情况下，灰坑的风门和烟囱也与机器连接，以调节它们的速度。

(30)另一种调节机器功效的装置由轮叶构成，重量轻，但是作用面积大。这种装置快速旋转，很快就会达到均匀的速率；它不能超过这种速率太多，因为任何速度的增加都会更大地增加它在空气中遇到的阻力。钟铃每次报时之间的间隔以这种方式调节，并且叶片的设计是通过改变臂杆或多或少地向移动的方向倾斜，从而改变时间间隔。这种轮叶通常被运用于较小的机械装置中；与重型轮叶不同，它是力的破坏者，而不是保护者。它被运用于音乐盒中的调节器，也被运用于几乎所有的机械玩具。

(31)飞轮或轮叶的作用原理，可以用于制造测量山脉高度的仪器，或许这值得一试，因为如果它获得尚可的成功，那么就会形成比气压计更便携的仪器。众所周知，气压计显示的是大气压力下的汞柱的重量，其底部等于玻璃管的膛径。人们还知道与仪器相邻的空气密度将取决于它上面的空气重量和当地的空气的热量。因此，如果我们可以测量空气的密度和温度，那么在气压计中汞柱的高度就可以通过计算得出。现在，温度计给出了空气温度的即时信息，那么空气的密度就可以通过手表和一个小型仪器来确定。这种仪器中，由恒定力量驱动叶片所产生的转数，应该得到计量。叶片旋转时空气的密度越小，给定时间内它的转数就越大；可以通过在部分真空的器皿中进行实验而形成绘表，辅以计算。从而，如果给出了空气的温度、叶片的转数，就可以得出气压计的相应高度。[1]

---

[1] 对于愿意对此或任何其他工具进行实验的人，我会建议他仔细阅读《英格兰的科学衰落的观察》(*Observations on the Decline of Science in England*)中“观察艺术”一节，第170页，Fellowes，1828。

第4章　增加和减少速度

(32) 人体构造中肌肉的疲劳并不完全取决于每个人使用的实际力量，而是部分取决于力量施加的频率。完成每项操作所需的体力由两部分构成：一部分是驱动工具或仪器所必需的力的消耗；另一部分是动物某些肢体运动所需的力。将钉子钉入一块木头中，所需的体力一部分是提起锤子，推动锤头砸钉子；另一部分是抬起手臂，为了使用锤子而让它运动。如果锤子的重量很大，那么前者将造成最大部分的力的消耗。如果锤子很轻，则用力提高手臂会产生最大的疲劳感。因此确实会有如下的情况发生：某些操作需要的力量虽然非常微不足道，但如果经常重复，则比相对繁重的体力工作更让人疲劳。除此之外，肌肉动作的速度还不能超过一定的程度。

(33) 库仑(M. Coulomb)曾经研究过用肩膀搬运木材上楼梯的搬运工的最佳负荷重量。他还从实验中发现，一个人在没有任何负荷的情况下走上楼梯，而在下楼时依靠自身重力承载负荷，那么他一天可以做的工作，和四个人在最佳负荷下以普通的方式工作一样多。

(34) 人或动物的移动速度与它们的重量之间的比例关系是相当重要的，特别是在军事中。动物调整运动的身体部位的重心、它驱动的工具的重量以及重复这些活动的频率，从而产生最大的效果，这对于节约劳动来说也非常重要。譬如为了节省时间，人们用手臂的相同动作执行两次操作，而不是一次，这种事例发生在制作鞋带标签的简单工作中：这些标签是由非常薄的、镀锡的板铁制成的。以前是用这种长条的材料切成一定宽度，使它们在弯曲时能够刚好把鞋带围起来。近来的做法是将两块钢片固定在剪刀的一侧，这样每一片被切割的铁皮随即被弯成半圆柱形。这种操作所需的额外动力几乎是不可察觉的，它是通过进行切割的手臂的同一运动来执行的。这项工作通常由妇女和儿童来执行；使用改进后的工具，在给定的时间内生产的标签数量是原来数量的三倍以上。①

(35) 每当工作本身很轻松的时候，就有必要为了节省时间而增加速度。用手指扭羊毛纤维是最乏味的操作：在普通的纺纱工厂里，脚的纺线速度是适中的；但通过一个非常简单的设计，脚的纺线速度会非常快。用羊肠线穿过一个大的轮子，然后绕一个小轴，就会引起这种变化。这种设计在很多机器中都很常见，其中一些非常简单。在零售缎带的大型商店里，有必要每隔一段时间进行“盘点”，即测量和重绕每一条缎带。这一操作即使被缩短了，也是足够累人的；但是不花费这种气力，几乎是不可能的。一团团的缝制棉线，既便宜又缠绕得很漂亮，是由一台根据同样的原理制成的机器形成的，只不过步骤就更复杂了。

(36) 从常用的小型仪器转向更大、更重要的机器的时候，由于速度提高而产生的节约变得更加突出。在将铸件转化为锻铁时，一块重量约为百磅的金属被加热至几近白炽，并置于由水或蒸汽动力

① 见《艺术学会学报》(*Transactions of the Society of Arts*)，1826年版。

驱动的重锤之下。它是通过转轴上的凸起物来抬升的；如果锤子只通过它下落的落差来获取动力，那么它每次击打所需要的时间就要长得多。但是由于软化的炽铁在冷却前应受到尽可能多的击打这一重要的原因，转轴上的凸轮或者凸起物被塑以特殊形状，锤子不是被举到一个很低的高度，而是猛然举起，几乎是在它撞到一根大横梁之后的瞬间弹回；而大梁就像一只强大的弹簧，以极快的速度把它推到铁块上，这样就可以在给定的时间内使击打的次数翻一倍。在较小的轮锤下，锻铸是通过用轮锤的锤尾用力击打一个小型钢制铁砧来完成的，轮锤快速反弹，在一分钟内就能击出三百到五百下。在锚的制造过程中，一种类似的设计具有更大的重要性，最近已经得到应用。

(37)在制造镰刀时，刀片的长度要求工人随时移动，以便将它的每一部分快速连续地放在铁砧上。这是通过将工人安置在一个悬浮的座位上来实现的，座位由从天花板垂下的绳索悬挂；这样他就可以通过很少的体力，通过将脚踩压支撑铁砧的挡块或者蹬踩地板来调整他的距离。

(38)有时为了使操作成为可能，提高速度是必要的。例如，一个人可能会在冰面上以极快的速度滑行，但如果他在冰上移动得较慢，冰就无法支撑他的体重。这是因为，时间是造成冰断裂的必要因素：一旦滑冰者的重量开始在任何一点上起作用，由水支撑的冰就会慢慢地在他的脚下弯曲；但是，如果滑冰者的速度相当大，那么他就会在冰的弯曲到达会导致冰层破裂的临界点之前，从承重的地方滑过去了。

(39)如果将非常大的速度传递给船只，产生的效果可能与此没有太大的区别。让我们假设一艘平底船，它的船头与底部之间形成一个倾斜的平面，在静水中停泊。如果我们想象一下，突然有某种很大的力量来推动这艘船，前部的倾斜平面会使它在水中升高；如果力量过大，它甚至可能离开水面，并以一系列跳跃的方式向前推进，就像用于“打水漂”的一块板岩或牡蛎壳。

如果力量不足以把船从水中抛出，但足以使船的底部浮出水面，那么它就会以极大的速度向前滑行，因为在它航行的每一点上，它都需要一段时间才能沉到它通常的吃水量；但在这段时间过去之前，它已经前进到了另一点。因此，由于水在倾斜平面上的反作用力，船头部分就会上升。

(40) 同样的事实是，高速运动的物体没有时间充分发挥其重力的作用，这似乎解释了一种似乎无法理解的情况。有时，当行人被马车撞倒时，车轮轧过而行人几乎没有受伤；不过，如果马车的重量停留在他们的身体上，哪怕只有几秒钟，它也会把人压死。如果上述观点是正确的，在这种情况下，受伤将主要发生在身体被前进的车轮撞击的部位。

(41) 在将矿产品升至地表的操作中，快速是至关重要的。用于抬升矿物的竖井以很高的费用被沉入地下，故而人们当然希望沉入地下的竖井越少越好。因此，需要开采的物质被蒸汽机以相当高的速率升至地面；做不到这一点，我们的许多采矿场就不能工作，也就没有利润。

(42) 一项被称为“镶色玻璃”的窗玻璃制作过程，精巧地展示了高速率对于改变黏性物质形态的影响，这是国内技术领域最引人注目的操作之一。一个工人把铁管蘸在玻璃壶里，装上几磅熔化的“金属”，吹出一个大球，这个球以一个短而厚的空心颈与铁管相连。另一个工人继而在球颈的正对面，把一根铁棒粘在球体上，铁棒的末端被浸在熔化的玻璃里；当它们被牢固地连接在一起时，几滴水就可以把球颈和铁管分开了。贴在球体上的铁棒继而被放在一个发热熔炉的炉嘴上，通过旋转铁棒，球体也随之慢慢旋转，以便均匀地暴露在高温下。这种软化带来的第一个效果是使玻璃本身收缩，并扩大球颈的开口。随着软化的进行，球体随轴旋转得更快；当球体变得非常软且几乎达到白炽的时候，它被从火中移除，而旋转的速度还在不断提高，开口开始摆脱离心力的影响，逐渐扩大，直到最后，开口突然膨胀或“镶嵌”形成一大片圆形的红热玻璃。原球颈将成为球壁的外层，球颈要保持厚度以使膨胀成为可能，并形成圆形玻璃片的边缘，被称为“镶板”。中心的外观形状是一个厚实的饰球或凸起，称为“靶心”；就在这个部位，它与铁棒相连接。

(43)采用减速装置的最常见原因是必须用小功率克服大阻力。滑轮、吊车和许多其他实例也可以在这里被作为例子加以引用，但它们更适合于我们为了说明机器的优点而引用的其他一些情况。作为器械，普通的排烟罩转动的速度太快，无法达到所需的目的；通过车轮传送的办法，可以将其降低到一个更适中的速度。

(44)电报机是以极高的速度在广泛的线路上传送信息的机器。它们一般是为了在战争期间传播信息而制造的，但人类日益增长的需求可能很快就会使它们服务于更和平的目的。

几年前，关于甘巴特先生(M. Gambart)在马赛发现一颗彗星的消息通过电报传到了巴黎：这一消息是在法国经度委员会的一次会议上收到的，夹在内政部长发给总统拉普拉斯(Laplace)的一张便条之中；而拉普拉斯总统收到它的时候，该电报信息的撰写者就坐在他的旁边。这种做法的目的是尽早公布这一事实，并向甘巴特先生保证其最早发现者的殊荣。

出于商业目的，利物浦建立了一种信号系统，可以使每个商人在到达港口之前就可以与自己的船只进行通信。

第 5 章　延长力的作用时间

(45) 延长力的作用时间是使用机器最常见、最有用的作用之一。我们每天花半分钟的时间来给手表上发条，很少深究其中的原理；而其实，借助于几个轮子，力的作用得以延至完整的二十四个小时。在我们的钟表中，我们施加的原始力的作用时间还会进一步延长。较好的钟表，通常只需要每八天上一次发条，偶尔还有些钟表的作用力可以持续一个月甚至一年。在我们的家具中可能会注意到另一个熟悉的例子：用来烤肉的通用炙叉旋转器，能够把厨师在几分钟内施加的力，分配在接下来的一个小时内，从而持续翻转烤肉叉，这样，厨师就可以全神贯注于其他的重要工作。大量的自动化机器和弹簧驱动的玩具可归为这一类。

(46) 对实验哲学家来说，采用旋转器或者轮组弹簧式的小型移动动力，通常十分便捷，并且已经在磁电实验中得到了有效的应用。这些磁电实验需要让金属磁盘或者其他金属物体旋转，从而使实验者毫无障碍地解放双手。在某些情况下，通过滑轮组连接并且通过重物驱动的涡轮叶片，也已应用于化学过程中，以保持溶液处于搅拌状态。此外，可以应用类似设备的另一对象，是为用于光学实验的小型矿物标本进行抛光。

第 6 章　节省自然作用的时间

(47) 制革过程将为我们提供一个令人惊叹的例子，说明通过机器动力加速某些自然作用的过程将产生的重要影响。这种技艺的目的是把一种叫作鞣制的原理与皮革的每一个颗粒结合起来。在通常的过程中，这是通过将皮革浸泡在含有鞣质溶液的坑中来实现的：它们被置于坑中六个月、十二个月或十八个月；在某些情况下（如果皮革很厚），它们被暴露在这一作业中两年甚至更长的时间。显然需要这么长的时间才能使鞣质渗透到厚皮的内部。改进后的工艺是将皮革与棕褐色溶液放置在密闭容器中，然后排出空气。它的作用是排出任何可能包含在皮革毛孔中的空气，并通过大气压力来提高毛细管吸力，迫使鞣质进入皮革内部。这一过程中，额外的力的作用只等于一个大气压，但人们已经做了进一步的改进：装有皮革的容器在排尽空气后，被棕褐色的溶液充满，然后再通过强力泵注入少量的溶液。通过这种方法，可以提供容器能够支撑的任何程度的压力。人们发现，通过使用这种方法，最厚的皮革可以在六个星期到两个月内完成鞣制。

(48) 同样的注入过程也可应用于将木材浸渍于焦油或任何其他能够防止其腐烂的物质之中；或者如果造价不是太高，那么房屋的松木地板也可以浸渍于氧化铝或其他物质中，这将使它们更不容易着火。在一些情况下，用树脂、清漆或者油浸渍木材会有用处；还有一些情况下，浸满了油的木材，可能会有助于机器在加工铁或者钢材的时候，供应恒定而又非常微量的油液。考虑到斯科尔斯比先生（Mr. Scoresby）讲述的有关在我们的一艘捕鲸船上发生的事故，人们可能会对强压力下木材中可注入的物质量形成一定的认识。在那次事故中，鲸在被鱼叉扎中的情况下，连带着捕鲸船直接潜入水底。当重回水面的时候，鲸被杀死了，但船只并没有上升，而是由鱼叉的绳子连接，悬浮在鲸的身下。在把船只打捞起来的过程中，人们发现每块木头中浸透的水已经完全饱和，因此船才迅速沉入水底。

(49)露天进行漂白亚麻布的作业，需要相当长时间。虽然它不需要太多的劳动力，但由于存在因长期暴露而受损或遭抢劫的风险，如果能够形成一种缩短过程的模式是非常可取的。现在实行作业的方法虽然不是机械方法，但却是将科学应用于生产制造的实际用途的一个特别好的例子。因此在提到缩短自然作业所带来的好处时，如果省略了所有关于氯与石灰一起完美应用于漂白艺术的做法，则几乎是不能原谅的。

(50)另一个更严格意义上的机械例子发生在一些国家，那里燃料昂贵，太阳的热量不足以蒸发盐水泉的水。水首先被泵到一个水库，然后通过柴堆，形成细小的溪流。这样，泉水就被分割了，而且呈现为一个大的表面，便于蒸发，而收集在柴堆下面的容器中的盐水比被抽出来的盐水浓度更高。在除去大部分水后，剩下的水分通过蒸腾而挥发。这一过程的成功取决于大气的湿度条件。在盐水从柴堆里落下的时候，如果溶液中空气的含水量和它在看不见的状态下所含的水分一样多，那么空气就不能再从盐水中吸收水分，而抽水所消耗的劳动则完全被浪费了。因此，空气的干燥状态是确定作业时间的一个重要考虑因素。通过湿度计仔细检查空气的状态，可能会带来一些劳动的节约。

(51)在一些木材稀缺的国家，盐水的蒸发是由大量垂直拉伸的绳索进行的。在顺着绳索流淌的过程中，水溶液沉积了其中所含的硫酸钙，并逐渐使它们生锈，因此经过二十年的时间，当绳子几乎腐烂时，它们仍然被周围的沉积物支撑，从而在外观上呈现出大量的小立柱。

(52)在不断改变我们地球表面的自然作用中，有一些作用的加速是有益的。岩石的阻隔减缓了通航河道里的急流，就是其中的一个经典例子。实现这种目标的一个完美的过程，已经在美国得到了利用。把一条船放在湍滩的尽头，被一根牢固地固定在河岸上的长绳子拴紧，让它保在原位。跨越船身，放置一根横轴，横轴的两端各安装一个轮子，轮子与汽船的桨轮相类似。这样，两个轮子和连接它们的横轴在急流经过所形成的力的作用下，将快速旋转。现在让我们想象，用尖头铁将几束木棒的底部包上铁皮，固定在坚固的杠杆末端，伸出船头，如下图所示。

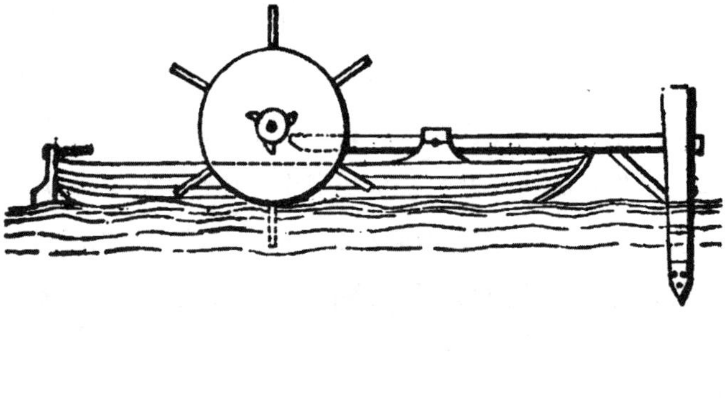

如果这些杠杆可以自由地上下移动，并且如果一个或多个称为凸轮的突出件被固定在轴上，与每个杠杆的末端相对，那么在流水的作用下，轮子将永远连续不断地进行击打。底部包铁的杠杆撞在底部的岩石上，会不断分离出小块，水流马上将其带走。因此，仅靠河流的运动本身，就可以在河底建立一个永恒的、非常有效的撞击岩石的系统。只要一名工人，就可以借助于船舵，将船引导至溪流的任何需要的区域；并且，当因通道被切断而需向急流上游移动的时候，他可以轻易地通过绞盘实现。

(53)当上述的机器目标得以实现并且通道足够深的时候，将设备轻微变化，就可以转换为另一个同样有益的用途。将横轴上的下压部分和凸出部件移除，用木质或金属桶取而代之，使其围住轴的一部分，并且能够任意地与轴本身连接或断开连接。前文所提到的用来固定船只的绳索，现在用来固定此桶；如果横轴上的桶是松开的，那么桨轮只是使横轴旋转，船仍然保持在原位；但是一旦横轴与周围的桶相连接，横轴转动就会缠绕绳索，船只逐渐沿河而上；当有航船需要逆流行进时，这种装置还可以用作船只的拖船。当拖船到达顶峰时，桶就从轴上释放开来，利用摩擦力调节它的速度，船只得以减速。

(54)作为节省人类时间的手段，钟表在仪器中占据很高的地位；因此在大城镇的显眼地方，大量安装钟表会带来诸多好处。不过在伦敦，钟表安装位置的选择往往是错误的。钟表通常被安装的位置，如在拥挤城市里的狭窄街道中一座高耸的教堂尖塔的中部，是非常不合适的，除非教堂在街道的房屋群中突出醒目。安装时钟最合理的位置是，可以让街道中一定高度上的大片区域都可以看得到它，并且就像舰队街（Fleet Street）上的圣邓斯坦老教堂（St. Dunstan）上的钟表一样，每侧都有一个表盘，以便来往的路人都可以注意到时间。

(55)类似的评价也适用于当前用来告知公众接收廉价邮件和普通邮件的邮局位置的那种有缺陷的方式，而对此批评的声音更大。在一些有吸引力的商店橱窗的角落最低处，可以发现一个细窄的切口，上面带有一块黄铜板指示重要的邮局，标识如此模糊以至于它看上去更像是一个阻止它显眼的物件。没有醒目的标志可以帮助焦急的询问者。随着关门的时刻很快就要到来，他将用“最近的邮局在哪里”这类问题来折磨由此经过的人。也许他恰好在关门时间到达邮局，那样他要么赶紧到城镇的一个偏远地方去投递信件，要么放弃通过那个邮局寄信的想法。因此，如果信件是寄往外国的，寄信人可能会损失一周或两周时间等待下一批信件包裹的发出。

在这个例子中以及其他一些情况下，不便之处长期存在并且每天发生；尽管对大多数的个人来说，这种时刻可能是微不足道的，但是这些个别情况加总在一起，就形成了一定的数量，从而涉及庞大而活跃的人口，值得政府去关注。它的补救措施很是简单明了：只要在临街房子的每一个信箱上都安装一个突出的轻铁支架，刻上字母 G.P.（普通邮件）、T.P.（廉价邮件）或者任何其他明显的标志。现在所有私人标志都被禁止伸出到街道上，而这样做是非常适当的。这样，由此经过的人就会立刻知道如果要找到邮局，应该把注意力放在哪里；因此一定要让公众知晓那些在大道上的信箱。

第7章 施加人力无法企及的力，进行人类无法实现的精细操作

(56)使许多人能够在某一时刻发挥全力，需要某种技术和大型的设备；而当这一人数达到数百或数千时，就会出现额外的困难。如果雇用一万人同时行动，就很难发现每个人是否都尽了全部的力量，因此也很难确信每个人都履行了他所应尽的义务。如果还需要更多的人或动物，不仅指挥他们的难度会更大，并且因为要运送食物以维持他们的生计，费用也会增加。

使许多人能够在同一时间内同时发挥力量的困难，通过使用声音的办法几乎可以完全消除。在船上，船夫的哨声执行这项任务。在圣彼得堡，彼得大帝的骑马雕像被安置在一块重达1,400吨以上的巨型花岗岩上。用人力移动它的时候，一名鼓手始终驻扎在山顶，发出工人集体用力的信号。

随后的几年，商博良(Champollion)发现了一幅古埃及的绘画，其中有许多人在牵拉一块巨大的石头，石头上面有一个人，他的手举过头顶，显然是在拍手，目的是保证在同一时刻运用他们的集体力量。

(57)在矿井中，有时需要借助100多人的力量用绞盘提高或降低重物。这些工作是在地面进行的，但指令必须从地下传达，也许

是从200英尺深的地下发出的。然而，这种交流通过信号，可以轻松且确定地完成：通常的装置是一种钟锤，放置在靠近绞盘表面的地方以便每个人都可以听到，一根绳子从轴上穿过，从而可以在地下启动它。

在康沃尔郡的 Wheal Friendship 矿井应用了一个不同的设计：在那个矿井里有一个斜面，在地下约三分之二英里长。信号是通过连续的金属杆传送的，在地下进行敲击，地面上可以清楚地听到。

(58) 在我们所有的大型制造厂中，出现了许多运用蒸汽克服阻力的事例，而如果运用动物的力量作为克服阻力的手段，需要支出的费用则高得多。扭转最粗的缆绳，滚动、锤击和切割大量的铁块，排掉我们矿井的积水，都需要在相当长的一段时间持续运用大量的物理力量。当需要的力很大并且行动的空间很小的时候，也可以求助于其他方法。一个人就可以操作布拉玛（Bramah）液压机产生1,500个大气压的压力；运用这种仪器，已经制成了三英寸厚的锻铁空心圆柱。在将制造蒸汽发动机锅炉的铁板铆接在一起时，必须使接头尽可能地紧密。这是通过使用红热状态下的铆钉来实现的：当它们处于这种状态时，两块铁板被铆接在一起，铆钉在冷却过程中所经历的收缩将它们拉在一起，这种力仅受铆钉本身所用金属的韧性的限制。

(59) 在工程师或制造商的更大型的活动中，这种情况并非绝无仅有。通过蒸汽的作用，人类操控巨大动力的能力得到了充分发展。在操作一些机器时，操作者个人需要动用的力量很小，机器的性能却得以成倍增加；在这种操作需要近乎无限的重复时，就需要相应的动力。这样的“巨大的手臂”，可以扭动“最粗的电缆”，在棉花厂纺织出“几近蛛丝般精细的棉线”。利用这只手臂，可以召唤所向无敌的力量，与海洋和风暴搏斗，成功克服在古老航海模式中从未曾尝试过的危险和困难。同样的引擎，经过更多的调节，可以织制帆布；或者，就像是仙女的手指，它可能有一天会编织出装饰女性身形的最精致的织物。[①]

(60)位于霍利希德街(Holyhead Roads)的议会下院《特别委员会第五次报告》(The Fifth Report of the Select Committee of the House of Commons)为蒸汽船的优越性提供了充分的证据。以下文字摘自一位邮船指挥官罗杰斯船长(Captain Rogers)的证言：

问题：从你的经历来看，你是否完全满意，你指挥的汽轮能够执行任何帆船都不能做的事情？

回答：是。

问题：在你从格雷夫森德(Gravesend)到唐斯(Downs)的途中，从一级轮到军舰，是否有任何船舶能够进行你的汽轮所做的航行？

回答：不，这是不可能的。在唐斯，我们超越了几艘印度商船和150艘无法沿海峡南下的帆船；转过邓杰内斯角(Dungeness)之后，我们又超过了120多艘帆船。

问题：在你执行从唐斯到米尔福德的航行任务的时候，在你所描述的天气情况下，如果那样的天气持续12个月，有任何的横帆船能够执行同样的航行任务吗？

回答：它们绕过海角可能需要很长的时间，可能需要几周而不

---

① 蒸汽机的重要性和多样化的应用，在1824年6月举行的一次公开会议上的演讲中得到了最有力的体现。会议的目的是建立一座纪念詹姆斯·瓦特(James Watt)的纪念碑。演讲内容随后被刊印出来。

是几天。一艘帆船不会像我们一样，在 12 个月内就行驶到米尔福德。

(61) 在银纸上印刷，是制造纸币所必需的过程；但从印刷前所必需的浸湿纸张到进行压模，过程中总有一些不便，很难做到划一。而且在以往将几张纸包裹在一起浸入装水容器的时候，外面的纸张变得比其他纸张湿得多，很容易被撕裂。爱尔兰银行已采用一种方法，避免了这种不便：将要浸湿的全部纸张放在排尽空气的密闭容器中，然后注入水，使每页纸都完全浸湿；然后将纸张搬到挤压机下，挤出所有多余的水分。

(62) 粉碎固体物质并分离不同细度的粉末，是一种常见的技术。因为即便是最好的分级筛选，也不能以足够的细腻程度来实现这种分离，所以必须依靠在流体介质中悬浮的方法来实现。物质被研磨成最细的粉末后，被搅拌在水中，继而将水抽离。悬浮物质中最粗的部分首先沉下去，而需要最长时间下降的物质是最细的。这样，即使是密度很大的金刚砂粉，也被分离成所需要的不同细度。经过焚烧和研磨后的燧石，悬浮在水中，以便与同样悬浮在流体中的黏土紧密混合，形成瓷器。然后，通过加热蒸发部分水分，就构成了我们最美丽的瓷器的塑质化合物，得以留存。一个有意思的现象是，如果这种混合物长时间内没有被用于加工，就会变得无用。这背后的原因还需要做进一步的考察；因为人们发现，最初被均匀混合的硅石，后来聚集在一起变成了小块。这与白垩系地层中燧石的形成相似，值得关注。[①]

① 菲顿博士 (Dr. Fitton) 对这一问题的一些看法载于金船长 (Captain King) 所撰写的《澳大利亚海岸概览》(*Survey of the Coast of Australia*) 第二卷附录，vol. ii, p.397, London, 1826。

(63)粉末沉积的缓慢程度，部分取决于物质的比重，部分取决于粒子本身的大小。物体在通过一种阻碍介质下落时，经过一定时间后，获得一个均匀的速度，称为终端速度。它们继续以终端速度下降：当粒子很小而介质密集时，比如水，很快就能到达这个终端速度。甚至是金刚砂里的一些更细的粉末，在几英尺深的水中，也需要几个小时才能沉积。一些自来水公司泵入我们蓄水池的泥浆，则会悬浮更长的时间。这些事实使我们对河泥的沉积可能在多大程度上散播，有了一些认识：因为任何河流的泥浆进入湾流，如果在一小时内下沉 1 英尺，那么下沉 600 或 700 英尺深之前，它可能会被这条河流携带长达 1,500 英里。

(64)即使是最好的纺纱线，也会有许多细小的棉丝凸伸出来。而当纺纱线被编织成平纹细布时，这些突出的棉丝破坏了它的外观。分别切断这些棉丝几乎是不可能的，但使平纹细布在一个炽热发红的铁制圆柱体上快速通过，则很容易将它们移除。在此期间，平纹细布的每一部分与炽热铁缸的接触时间太短，不能达到燃点；但由于棉丝要细得多，并被压在靠近热金属的地方，就会被烧焦。

淬火去除金属网中的细丝，对于网的完善更加必要。金属网格以中等速度通过一个非常长且狭窄的切口，切口处喷出气体火焰。在火焰的正上方，固定着一个长漏斗，该漏斗与蒸汽机驱动的大型气泵相连。这样，火焰强力穿过网格，它两侧的所有细丝都通过这一操作被烧掉了。在这样使用空气泵之前，网格以同样的方式运动，火焰的冷却阻碍了细丝在上侧的燃烧；这就如同达维氏安全灯里的金属丝网，只是程度不同。空气泵通过加速燃烧气体的气流运动过程，消除了淬去细丝的不便。

第8章　登记操作

(65)我们可以从机器中获得的一个巨大优势是它提供了针对疏忽、懒惰或代理人的不诚实行为的检查。很少有职业比重复计数一系列相同的事实更累人。我们走过的步数提供了一个较好的距离衡量方法，但通过使用一种仪器——计步器来替我们计算我们所走的步数，这种方法的价值得到了极大的提升。这种装置有时还会被用来计算汽车车轮转动的次数，从而表明行驶的距离。一种目的相似但结构不同的仪器，被用来计算蒸汽机的冲程次数和在冲床上铸造的硬币数量。用于计数任何一系列操作的一种最简单的工具，是由唐金先生(Mr. Donkin)设计的。[①]

(66)在一些机构，另一种登记工具被用于轧光和轧花。每周都有多达数千码的印花棉布和布料经过这种操作。而且，由于为这一工序支付的价格很低，所以测量这些棉布所花费的时间价值，将决定相当大的利润比例。因此，在货物迅速通过操作人员的手中时，工厂已经设计了一台机器来测量和登记货物的长度，从而避免了错误计数的所有可能性。

(67)也许在这类发明中，最有用的设计是确定看门人的警惕

---

① 《艺术学会学报》(*Transactions of the Society of Arts*)，1819年版，第116页。

性。这种装置与放在公寓里的时钟相连接。看门人不能接触到时钟，但他得到命令要每小时拉动一根位于他的惯常巡视范围的某个区域内的绳子。这台仪器被赋予了“告密者”这个恰如其分的名字，它告诉业主此人是否错过了任何时间段，以及是在夜间的哪几个小时。

(68)为了实施管理和维护企业主的利益，了解在检查人员或负责人不在场期间获准接触盛酒容器的人所抽走的酒的量往往是非常重要的。这可以通过一种特殊的旋塞来实现——每打开一次，旋塞只会排出一定量的液体，旋塞被转动的次数由一个只有主人才能接触的计数装置记录。

(69)测量没有盛满的酒桶的含酒量，需要消耗时间和劳动，这引发了一种改进。通过最简单的方法，避免了相当大的不便，并且使任何人可以读取包含在任何容器中的加仑数，就像读取温度计的度数一样便捷。一只小的旋塞将酒桶底部与一个窄口玻璃管相连接，玻璃管被固定在酒桶一侧的一只标尺上，升到比酒桶顶部稍高一点的位置。旋塞的插头可以调成三个位置：在第一个位置，它切断与酒桶的所有连接；在第二个位置，它打开酒桶和玻璃管之间的连接；在第三个位置，它切断了酒桶和玻璃管之间的连接，同时打开了玻璃管和置于旋塞之下接取桶内液体的任何容器之间的连接。玻璃管的刻度是在桶和管之间的连接开放的时候，通过将等量的水逐级倒入桶中而划分的。然后，根据玻璃管中每次水量增加时对应的地方在标尺上画线，从而通过实际测量形成刻度。[①] 通

① 这个设计应归功于海霍尔本(High Holborn)的亨基先生(Mr. Hencky)，在他的工场中仍在不断使用。

过检查即可知道每只桶的含酒量，从而免除了冗长的测量过程。这个简单的发明带来了其他的好处：在制作包含不同类型酒的混合酒时，在清点库存以及在收集蒸馏器中的酒时，使用它可以极大地节约时间。

(70)用于确定每位消费者使用燃气量的燃气表，也属于这类仪器。它们有多种形式，但每种形式的燃气表目的都是记录已使用的燃气量。理想的情况是，人们能以适中的价格获得这些仪表，而且每位消费者都使用这些仪表，因为通过使每个购买者只为其消费的东西付费，并通过防止出现我们经常看到的大量浪费燃气的现象，天然气制造商才能够以更低的价格向消费者提供燃气并获得同等利润。

(71)伦敦不同公司出售的水，也可以有效地通过仪表进行调节。如果采用这种系统，现在许多被浪费的水将得到节约，并且避免同一家公司对不同房屋征收不同的水费所造成的不公平。

(72)使用水表的另一个最重要的目标是登记流入蒸汽机锅炉的水量。没有这一点，我们对不同锅炉蒸发量的了解，对不同结构的壁炉的了解，以及对蒸汽机功率的估计，显然是不完善的。

(73)用机器登记操作的另一个目的是确定天然的或人工的物件的平均效果，在这方面机器具有很大优势。例如，气压计的平均高度是通过在 24 小时内以一定间隔登记其高度来确定的。这些时间间隔越短，平均值就越准确；但真正的平均值应该受到每一次瞬间的变化的影响。 为了这个目的，人们提出座钟的想法并制造出来：在气压计的水银杯中放置浮体，在浮体上固定一支铅笔，然后用一张纸缓慢而均匀地在铅笔前移动。几年前，戴维 · 布鲁斯特爵士(Sir David Brewster)提出要悬挂一个气压表，让它像钟摆一样摆动。这样，大气的变化将改变振荡的中心，把这种仪器与正常的时钟进行比较，将使我们能够在观察员不在的任何时间内确定气压计的平均高度。①

约翰·泰勒先生(Mr. John Taylor)发明了一种测量和登记降雨量的仪器，并在《哲学杂志》(*Philosophical Magazine*)上进行了描述。仪器中包含一种装置，内有容器来收集流入水库的雨水。一旦容器装满时，装置就会倾斜，然后再提供另一个类似的容器；当装满时，它以同样的方式将前一个容器再次倾斜。这些容器被清空的次数由一系列轮子记录下来；这样，在没有观察员在场的情况下，也可以测量和登记全年降雨量。

利用风的牵引力、水的牵引力，或者动物或其他自然力的任何不规则和波动的牵引力，也可以设计工具来确定平均马力。

(74)钟表可以被视为用来记录钟摆或天平振动次数的仪器。统计这些数字的装置在技术上被称为擒纵轮，这描述起来并不容易，但为此目的所采用的各种设计却是机械科学最有趣和最巧妙的产物之一。这些工作模型必须扩大规模，才能使得未受过相关教育的读者理解它们的运行；不幸的是，这些条件并不经常得到满足。布拉格大学收集的仪器中有一套精美的此类模型。

人们已经制造出这种仪器，将其运动延长至相当长的时间，不

① 大约七八年以来，没有人发现戴维·布鲁斯特爵士的提议。我把一个普通的八天时钟进行调整，用一个气压计作为钟摆，它留在我的图书馆已有好几个月，但我把观察结果放错了地方。

仅记录一天中的时间，而且登记一周、一月和一年中的日子，并标注若干天文现象的发生。

重复时钟和重复手表可以被认为是登记时间的工具。只要所有者需要，就可以通过拉一根绳子或通过一些类似的应用来传达他们的信息。

一种装置最近被应用于手表，每当被置入一个擒纵器时，秒针就会通过它在刻度盘上留下一个小的油墨点。因此，当人的眼睛专心地固定在要观察的现象上时，手指会在手表的表盘上记录现象开始和结束的时间。

(75)有几种工具被用于在提前设定的时段提醒观察者注意。与钟表相连的各种警报器都属于该类型。在某些情况下，人们希望能够对它们进行设置以便在许多连续和遥远的时间点发出通知，例如某一恒星到达子午线的时间。格林威治皇家天文台就在使用这种时钟。

(76)地震是一种频繁发生的现象，无论是因为其可怕的破坏力还是从它与地质理论的联系来看都引人关注，这使得拥有一种可以指示地震方向及强度的仪器变得很重要。在敖德萨(Odessa)发生了一场夜间地震后，几年来的观察表明，有一种简单的仪器可以用来确定地震的方向。

敖德萨一所房子里，一个房间的桌子上放着一个未盛满水的玻璃花瓶；由于玻璃很冰冷，容器内部水面以上的部分挂满了露珠。早上三点到四点之间发生了几次明显的地震冲击；当观察者起床时，他说地震在水中引起的震动把露珠从玻璃的两个相对的方向刷掉了。连接这个波浪的两个最高点的线，当然也就是震波所走的路线。偶然注意到这种情况的一名敖德萨的工程师提出，[1] 在容易遭受地震的国家放置一些玻璃器皿，器皿的一部分盛入糖浆或一些油质流体，这样当来自地球的任何横向运动传达给它们时，玻璃上附着的液体应当能使观察者在一段时间后确定震动的方向。

为了获得地球垂直震动的量度，可以将重物附着在螺旋弹簧上，或者将钟摆保持在水平位置，然后运动一个游标来指示极端偏差。然而，这甚至不能得出相对准确的量度，因为地球表面上升或下降的速度差异将影响仪器。

① *Memoires de l'Academie des Sciences de Petersburgh*, 6e serie, tom. i, p. 4.

第 9 章　使用材料的经济

(77)所有机械操作的精确执行，以及由此制造的物品的精确相似性，在原材料的消费方面产生了一定程度的经济。在某些情况下，这非常重要。最早把树干切成木板的方法是用斧头或锛子。树干可能首先被分成三到四部分，然后每一部分都会被这些仪器缩减成一个均匀的平面。运用这样的手段，生产木板的数量可能不等于这个过程中消耗的原材料的数量：而且如果木板很薄，肯定会远远低于它。一种改进的工具完全逆转了这种情况：在将一棵树转化为厚木板时，锯子会浪费很小的部分；即使把它减少到只有一英寸厚的木板时，浪费也不会超过原材料的八分之一。当木板的厚度进一步减少时，比如切割木材用于贴面的情况，所破坏的材料的数量再次开始在所使用的材料中占相当大的比例，因此，已经采用具有非常薄的刀片的圆形锯，来实现这种目的。为了进一步节约更有价值的木材，布鲁内尔先生(Mr. Brunel)设计了一台机器，通过一个刀片系统，在连续的刨花过程中切割薄木片，从而使整块木材都可被利用。

(78)在过去 20 年中，印刷机的迅速改进为节约耗材提供了另一个实例，这一点已经通过测量得到了很好的证实，并留下了让人感兴趣的文献。在旧式的着墨方法中，印刷工利用一些填充和覆盖皮革的大的半球从油墨区取出一小部分油墨后，再不断向不同方向滚动球，以便一层薄薄的油墨可以均匀地分布在它们的表面。他再次通过滚动把油墨转移到印刷活版上。在这样一个过程中，即使是技能娴熟的操作者，也不能避免靠近球边缘的大量油墨没有被转移到活版上，反而变得坚硬和无用，成为厚厚的黑色外壳，被去除掉。此外，还产生了另一个不便之处：油墨的散布量无法测量，油墨球相互接触的数量和方向取决于操作者的意愿，因而通常是不规则的，这就不可能在活版上形成一层均匀的油墨，使其数量恰好足够印刷使用。用胶水和糖浆混合形成弹性物质，制成圆柱形滚筒以取代油墨球，在油墨的消耗方面产生了相当大的节约；但最完美的经济只能由机械作用形成。当蒸汽驱动的印刷机被投入使用时，人们发现这些滚筒的作用很好地适应了它们的职能，并且形成了一个油墨库，每次印刷时一个滚筒从中定时抽取少量油墨，三到五个其他滚筒将这部分油墨均匀地分散在一个板坯上（最巧妙的工艺，几乎每种印刷机都不相同），然后另一个运动的滚筒在板坯上蘸足墨汁，在纸张印刷之前反复通过活版。

为了说明这种着墨方案可以把适量的油墨置于活版之上，我们必须证明：首先，墨量不是过少，这很快就会从公众和书商的投诉中被发现；其次，墨量不是过多，这一点已经通过实验得到了满意的验证。在印刷单面纸张几个小时后，油墨已经足够干燥，可以在另一面进行印刷。由于使用了相当大的压力，纸张在第一面印刷之后被放置在衬垫上，由一页称为“间纸”的纸张保护，防止弄脏它。这张间纸连续迎来每一张要打印的作品，根据它们的干燥程度或数量，从它们那里或多或少地粘取油墨。在前一个过程中，经过大约一百次印刷后，有必要更换间纸，因为那时它已经变得太脏，无法进一步使用。在新的机械印刷方式中，不需要使用这种间纸，而是使用一层织物作为替代品；这种方式下，五千次印刷都无须替换织物，而且还曾发生过织物足够清洁使印刷达两万次的情况。这就证明了在机器印刷中，纸张上多余油墨的数量是如此之少，以至于五千倍的油墨，在某些情况下甚至是两万倍的油墨，才会令一片干净的布染污到无法使用。[①] 以下是在大都市最大的一所印刷厂进行的关于上述过程效果的准确实验的结论：[②] 采用球着墨的旧方法，印刷 200 令纸；用印刷机于活版着墨的方法，印刷 200 令同样的纸，用于同样的书。机器与球消耗的油墨量之比为 4∶9，或者说不到一半。

① 为了获得最好的印刷质量，采用旧的方法时，需要每印十二次就更换一次间纸。在机械印刷同类工作中，则是每印刷 2,000 张更换一次织物。

② 这个实验是在斯坦福街（Stanford Street）克劳斯先生（Mr. Clowes）的工厂进行的。

第 10 章　同类工作的同一性和不同工作的准确性

(79) 没有什么比用同样的工具制造完全一致的物品更了不起了，但同时这也在意料之中。如果要使圆形盒子的盖子适合于下部，可以在车床上通过逐步推进滑动支架的工具来完成；通过实验可以找到盒子与其盖子之间的适当紧密程度。调整后，如果要制作一千只盒子，则不需要额外花费精力：工具总是会被带动到同一终点，每个盒子将同样适用于每个盖子。同样的一致性也遍及全部印刷术；源自同一模块或同一铜版的印刷，具有任何手工劳动都不能产生的相似性。最微小的痕迹被转移到所有的印刷物中，不会因操作者的不专注或不熟练而发生遗漏。用来切割捕鸟器的卡片垫的钢制冲床，如果它能一次准确地执行它的任务，就可以不断地重复制造相同的精确圆垫。

(80) 机械执行其工作的准确性也许是其最重要的优点之一；而我们也可以说，这一优点的很大一部分可以被解释为节省时间，因为通常情况下，工具的任何改进都会增加在给定时间内完成的工作量。如果没有工具，也就是说仅仅靠人手的努力，毫无疑问，有许多事情是不可能做到的。把最简陋的切割工具交到人手中，它的力量都会扩大，许多东西的制造就会变得容易，而其他东西的制造则可能需要付出巨大的劳动。把锯子加到刀或斧头上，额外的工作成为了可能，一项新的困难的工作被纳入视野，而之前的许多工作都变得容易。这种说法甚至适用于最完美的工具或机器。一个有锉刀和抛光工具的非常熟练的工人，有可能从一块钢锭中刻出一个圆柱体；但这需要的时间将如此之长，失败的次数可能如此之多，以致在所有实际用途中，这种钢柱的生产模式可能被认定为不可能。同样的过程，借助车床和滑动支架，正是数百名工人的日常工作。

(81)在所有的机械操作中，转动的操作是最完美的。如果两个物体表面相互作用，无论它们在开始时的形状如何，它们都势必成为球体的一部分。它们中的一个可能变成凸的，另一个变成凹的，具有不同的曲率。平面是凸度和凹度的分割线，并且是最难达到的；圆比直线更容易实现。在计算望远镜的镜面时也有类似的困难：抛物线是分割双曲线与椭圆图形的表面，它是最难形成的。如果其末端是纺锤体，而不是圆柱体，被压入一个不是圆形的孔中并不断转动，那么这样的两个物体中就容易形成锥形，或有圆形的部分。如果一个三角形尖头的铁片在一个圆孔中转动，其边缘将逐渐磨损，它将变成锥形。这些事实，即使不能作为解释，至少说明了车床的卓越工作能力所依赖的原理。

第 11 章　复制

(82) 上文最后提到的能够形成卓越机械制造产品的两大源泉取决于一项原理，这项原理渗透到制造行业的很大一部分，而且制造产品的廉价程度似乎很大程度上取决于这项原理。这里所提到的原理是从最广泛的意义上讲的复制原理。在某些情况下，几乎无限的痛苦都是针对原作的。一系列复制品从原作中孕育而生，这些复制品的数量越多，制造商就能对原作付出越多的关心和心血。因此，可能发生的情况是，实际完成这项工作的仪器或工具的成本将是其每一个单独样品价格的五千甚至一万倍。

由于复制系统具有如此重要的意义，而且在业界有如此广泛的应用，因此为了便捷，可以将大量使用复制系统的过程进行分类。然而，下面的列举并不是一个完整的列表；说明性文字仅给出了尽量简短的细节，目的在于给予适当关注，使主题易于理解。复制工作在下列情形下进行：

凹版印刷	冲压
凸版印刷	冲孔
铸造	拉伸
模塑	变化尺寸的复制

凹版印刷

(83)印刷术尽管有着众多的门类，但本质上是一种复制艺术。为数众多的印刷技艺可以分成两个大类别：凹版印刷（如铜版印刷）和凸版印刷（如雕版印刷）。

(84)铜版印刷。在这种情况下，复制是通过把铜上的凹痕和线条中的一层厚厚的墨水，用压力转移到纸上。艺术家有时会倾注一两年的精力雕刻一只盘子；而在某些情况下，这只盘子的完美复制品不会超过五百件。

(85)钢版雕刻。这种艺术与铜版雕刻相似，只是复制品的数量远不那么受限。一张钞票制成铜版，印制不会超过三千次，之后的印刷品质就会有明显的恶化。我们的一位最杰出的艺术家[①]对钢版印刷的两张钞票进行了仔细检查，其中一张取自前期印制的一千张，另一张是在印完七八万张之后取样的。他发现很难有信心地说出，哪一张是先印制的。

(86)乐谱印刷。乐谱通常是用白镴板印刷的，上面的字符由钢制印刷机印制而成。这种金属比铜要软得多，容易划刮，容易留下一小部分墨水。这就是印刷的乐谱外表肮脏的原因。考珀先生(Mr. Cowper)最近发明了一种新方法，可以避免这种不便。改进后的方法使字符更清晰，仍不失为一种复制的艺术；但它是通过凸版印刷来实现的，几乎与下文第96节将要描述的版块印花相同。用

① 已故的洛里先生(Mr. Lowry)。

白镴板印刷乐谱的方法虽然是目前最常用的方法，但并不是唯一的方法，因为乐谱有时是用石头印刷的，有时也用活字印刷，有时在纸上印刷音乐字符，然后再印刷线条。后两种音乐印刷模式的样本可以在帕尔马的博多尼印刷厂印刷字体的精美印模收藏中看到。尽管人们对这项工作的执行给予了极大的关注，但由于使用了活字，当字符和行同时印刷时，线条的连续性被中断是显而易见的。

(87)圆筒印花。印花棉布上的许多图案都是从直径约为4英寸或5英寸的铜柱上印刷出来的，所需的图案以前就刻在铜柱上。圆筒的一部分暴露在墨水中，同时一片非常薄的钢制弹性刮刀，通过压力被作用于另一部分，在到达布料之前，从铜柱表面去除所有多余的墨水。一张长度为28码的印花布在这台印刷机上滚动，在四五分钟内可印刷完毕。

(88)用穿孔的金属板印刷或模版印刷。人们有时在很薄的黄铜上打孔印出字母——通常是以名字的形式；这可以放置在任何需要标记的物品上，然后用蘸了些许油漆的刷子在黄铜上刷过。油漆可以进入那些被切掉的部分。这样，名称的副本就出现在下面的物品上。这种提供粗糙复制品的方法，有时被用于墙纸上，更常见的是用于镶边。如果需要部分匹配一个原有的图案，这也许是最为经济的生产方式。

(89)树叶在纸上的彩色印痕可以通过凸版印刷来制作。叶子的选择有很大的不均匀性：这些叶子的凸起部分被用一个墨球覆盖，墨汁是在亚麻籽油中磨碎的一些颜料的混合物；然后把叶子放在两张纸之间，轻轻按压，叶子两边凸起部分的印痕就出现在相应的纸张上。

(90)在格拉斯哥染色的漂亮的红色棉布手帕，其图案是通过类似于模版的工艺得到的，不同的是，不是从图案上印制，而是采取从已经染色的布料上释放出部分颜色的反向操作。许多手帕被巨大的力压在两块金属板之间。根据预期的图案，金属板上同样有着圆形或菱形的孔。上边的金属板周边围有边框，然后在该板上倒入具有释放红色染料性能的流体。染料通过金属的洞，也透过了印花棉布；但是，由于对整张金属板施加的巨大压力没有移除，因此染料不会扩散到图案之外。在此之后，将手帕洗净，每一块手帕的图案都是这一过程所使用的金属板上孔洞图案的复制品。

另一种方式是，通过先前染过色的布释放染料形成图案，然后用糊糊把图案印在上面。再把它放入染缸中，染出统一的颜色。但是糊糊会保护棉纤维不受染料或媒染剂的作用；当这样染色的布经过认真漂洗后，糊糊就会溶解，糊糊曾经覆盖的部分均未被着色。

凸 版 印 刷

(91)这第二种印刷术类别，较之刚才介绍的技术，在印刷中的应用更为普遍。

(92)木版印刷。在此情况下，黄杨木块是形成图案的材料：图案被勾勒在木块上，工匠用锐利的工具，把除了要在印模上表现的线条之外的所有其他部分都切掉。这正是铜版雕刻的相反过程——在铜版雕刻中，要表现的所有线条都要被切掉。墨水不是用来填充木材中切割的孔洞，而是会在残留的木材表面扩散，然后从那里转移到纸上。

(93)活版印刷。这是在所有的印刷技术中最具影响力的技术。它有一个独特的特点，那就是形成图案的各个部分还可以继续进行无限的细分。在根据图案印制数千份副本之后，同样的单个元素可以一次又一次地以其他形式排列，从而提供数量庞大的原件。其中每一份原件都可以生产数千份复印本。它还具有木刻与凸版共同使用的优势，可以一次提取两者共同作用的印刷品。

(94)铅版印刷。这种制作副本的方式与前一种非常类似。有两种生产铅版的模式。最普遍采用的方法是，在活版上涂上石膏形成模具，然后用模具铸造铅版。法国采用了另一种方法：不是用活字来组成作品，而是用活字铜铸模来制作；每一个字模实际上都是一块与活字体积相同的铜块，并且字母下沉至表面以下而不是在浮雕中凸出。很明显，可以从这种字模的排列中很快得到铅版。这种方案的缺点在于，保存数量如此之大的字模需要花费很高的费用。

由于最初的构成不易改变，所以只有在需要大量复制品的情况下，或者作品由数字组成因而确保准确性非常重要的情况下，铅版印刷才能发挥优势。但是也可以不时地对其进行微调，这样通过逐步消除错误，数学表格可以最终变得完美。这种复制的方式与活字复制方式一样，具有可以使用木刻的优点：铅版中的木刻印品与活字印品同样完美。这种结合是相当重要的，它不能用铜雕来完成。

(95)书籍刻字。书背上的镀金字母是通过在皮革上放一片金箔，然后将事先加热过的黄铜字母压在上面形成的；这会使它下面的金箔直接附着在皮革上，而其余的金属则很容易擦掉。当同一本书有大量的复印件需要刻字时，人们发现用黄铜模版刻制一个完整的标题比较便宜：把黄铜版放在印刷机上，保持高温，每张书籍封面上都有一片小的叶金被放在适当的位置，然后依次移至黄铜下，进行压印。读者手中图书封底的刻字就是以这种方式实现的。

(96)版块印花。这种复制方式用铜丝构成各种形状，将铜丝末端固定在木块上，然后进行凸版印刷。它们都具有统一的高度，大约比木材表面高出八分之一英寸，并由制造商排列成任何所需的图案。如果把木块放在一块细毛织物上，在织物上均匀地涂上任何颜色的墨水，凸出的铜线就会获取一部分墨水。当它们被应用到要印染的印花布上时，铜线上的墨水就会转移到布上。按照以前的印花方法，只能使用一种颜色；但按照这种方案，比如玫瑰花用一套木版块印刷后，叶子可以用另一套不同的木版块印刷成另一种颜色。

(97)油布印刷。在构成油布基底的帆布上涂满一层均匀色调的油漆之后，它所经过的其余工序是一系列的凸版印刷，包括在木版块上形成图案，这与印花机使用的木块非常类似。每种颜色都需要一组不同的木块，那些颜色最多样的油布也最为昂贵。

我们将简要地看到，还有其他几种印刷方式，也属于复制的艺术；它们虽然不是严格意义上的凸版印刷，但与铜版印刷术相比，它们与凸版印刷更为相似。

(98)信件复制。在执行此过程的一种模式中，要将一张很薄的纸弄湿，放在要复制的信件上。然后，两张纸共同通过一台滚压机，一张纸上的部分墨水就会转移到另一张纸上。当然，这一过程之后，得到的文字是反向的；但是因为它被转移到的纸张很薄，字符会透过纸面，因此从另一面就可以看到正确的内容。复制信件的另一种常见方式是，在一张薄纸和要寄出的信纸之间，放一张两面都有油烟物质涂层的纸。如果在上面或者薄纸上用任何硬尖的东西写字，那么这样写出的字将从黑纸上印在与之相邻的两页纸上。在这种情况下，作者保留的上一页纸的半透明性，是使纸张背面的文字清晰可辨的必要条件。这两种技艺的应用范围都非常有限，前者可以提供两到三份副本，后者少则可以同时提供两份副本，多则可以提供十到十五份的副本。

(99) 瓷器印刷。这种复制的艺术应用的范围极广。由于要印制的表面通常是弯曲的，有时甚至是凹陷的，所以墨水或油漆需要首先从铜转移到一些柔性物质上，如纸张，或胶水和糖浆的弹性混合物，然后几乎是即刻转移到未烘烤的陶瓷坯胎上，使它更容易粘在那里。

(100) 平版印刷。这是另一种可以生产几乎无限数量副本的模式。提供拷贝的原件是一幅画，画在一块稍微多孔的石头上，用于描摹的墨水由油脂材料制成，以便当水浇在石头上时不会弄湿图画的线条。当涂有油性油墨的滚筒通过之前浸湿的石头时，水会阻止油墨黏附在未覆盖的部分；而绘图中使用的油墨的性质会使油墨黏附在石头上。在这种状态下，如果把一张纸放在石头上，然后在压力机下通过，印刷油墨就会转移到纸上，使绘画中使用的油墨仍然附着在石头上。

(101) 平版印刷的一个应用似乎还没有得到足够的重视，也许还需要进一步的实验来完善它，这就是对刚从其他国家运来的作品的重印。几年前，一份巴黎的报纸一到布鲁塞尔就以平版印刷的方式重印。趁着墨水还新鲜，下面这些操作可能较容易做到：只需将一份报纸放在石版上；通过滚压机对其施加巨大的压力，就可以将足量的油墨转移到石版上。通过类似的方法，报纸的另一面可以复制到另一块石头上，然后这些石头将以通常的方式提供印刷。如果能把每千份石材印刷的价格降低到与活字印刷品相同，那么采用这种印刷方法就有很大的优势，可以为拥有相同语言的遥远国家提供作品，因为可以通过转印墨水的方式获得复制品。例如，一部通过活字印刷的英国作品在本国出版的当天，就可以用石材在美国印刷出版。

(102)将这样一种方法用于复印古籍和珍本是备受期待的。然而，这需要牺牲两本书，因为每印一页必须销毁一页。这种小规模复制旧作的方法，特别适用于数学表格，因为表格的排版费用总是很高，而且容易出错，但墨水从印刷过的纸张上继续转移到石头上的时间，必须通过实验来确定。破坏旧书墨迹的油脂部分，似乎是最大的障碍；如果墨迹中只有一种成分而且能被及时去除，也许可以寄希望于能够最终发现一种化学方法来修复它：但如果这一点不成功，可能人们会尝试找到对留在纸上的墨水中的碳有很强亲和力而对纸本身的亲和力很小的物质。[①]

(103)平版印刷品偶尔也有彩色的。在这种情况下，每种颜色似乎都需要一块单独的石头，而且必须相当小心，或采用非常好的机制来调整纸张以适应每种石头。如果发现任何两种墨水相互不黏附，可以用一块石头印两种墨水；或者如果第二种颜色及随后颜色的墨辊印制的部分映像被前一种颜色的墨水的对应部分所阻隔，那么可以用同一块石头印出几种颜色。但这些原则除了适用于粗糙的表现对象之外，似乎没有太大的发展前景。

① 我拥有一张表格的平版重印物，从字体来看，似乎已经有些年头了。

(104)套印。用木块或铅版印刷时，有时人们认为有必要把同样的图案反着印在纸的背面。这样做的效果，技术上称为套印，其效果是使它看起来好像墨水已经穿透了纸张，并使图案在另一面可见。如果所选的主题包含许多细线，乍一看，在同一张纸的背面找到绝对精确的位置以使得两个图案检测不出任何细微的偏差，似乎很难做到；然而，这个过程非常简单。用来印刷的木块总是通过铰链被准确地带到同一个位置，这个位置被一块薄薄的皮革覆盖。木块继而被着了墨，继而被带动到这个位置，在皮革上印下图案；然后它被翻转过来，第二次上墨，将要印刷的纸张放在皮革上，当木块再次下降时，纸张的上表面由木块印刷，其下表面从皮革获取映像。很明显，这种印刷方式的完善在很大程度上取决于能否找到像皮革这样的柔软物质，这种物质能从木块上汲取尽可能多的墨水，这些墨水在印刷 50 张纸后才会殆尽。这样得到的映像通常下侧比较模糊；为了在某种程度上弥补这一缺陷，在第一次印刷时木块着墨要比在第二次印刷时更多。

铸　造

(105)铸造，是在流体状态下将物质浇注到一个模具中，直至它们变得坚固，这本质上也是一种复制的艺术；所产生的物体的形状完全取决于模具的图案。

(106)铸铁和其他金属。取材于绘画的木制或金属图案是用来制作铸模的原型。因此，事实上，铸件本身就是铸模的复制品，而铸模是图案的复制品。在为精度要求较低的目的而铸造的金属铸件中，如果这些铸件后续还要为精度较高的机器而加工（在我们提到的许多工艺中都会发生这种情况），那么生产的东西一开始并不是确切相似的，而且这也不是必需的。当金属在冷却过程中收缩时，图案就变得比预期的复制品大；而当把它从制模的型砂中取出时，它所留下的空腔的大小就会有一些细微的差别。在较小的工程中，如果精度要求更高，而且在很少或不需要进行后续操作的情况下，则使用一种悉心铸形的金属模具。这样，在铸造需要是完全球形和光滑的子弹时，人们使用了一种铁制工具，其内部已经切割出空腔并经过小心研磨；为了避免冷却时的收缩，留下了一个喷射口，它可以供应由此引起的金属不足，然后再被切断。儿童的铅制玩具是用开放的黄铜铸模铸造的，上面雕刻或凿出了要制造的形象。

(107) 尚特里先生（Mr. Chantrey）采用了一种非常出色的方式，用青铜来表现最精致的小段蔬菜枝节。一条冷杉、冬青枝的一根树枝、卷曲的西兰花叶或任何其他蔬菜制品，它们的一端被悬挂在一个小纸筒中，纸筒放在一个与其形状相似的铁皮盒里作为支撑。最好的河泥，被小心地从所有较粗的颗粒中分离出来，并与水混合，使其具有奶油的稠度，一次一小份地倒入纸筒中，每次加入后小心地摇动植物几下，以便它的叶子可以被覆盖并且不留下气泡。接下来，晾干植物和它的模具，纸张的易弯曲特性使土壤涂层从外面收缩。晾干后，用一种更粗糙的物质裹住它；最后，我们用一个完美的模具嵌入所有带叶的细枝。这个模具被小心地干燥，然后逐渐加热到红热。在一些叶子或嫩芽的末梢，移除预留的金属丝以提供通气孔。在强烈燃烧状态下，一股空气被引入树梢末端形成的孔中。结果是，被火烧成木炭的木头和树叶随即被气流转化成了碳酸；过了一段时间，植物所含的全部固体物质被完全除去，留下一个中空的模子，在它的内部有曾经放置的蔬菜的所有最细微的痕迹。这一过程完成后，模具仍保持在接近红热的温度，然后放入液态金属。液态金属的重量使极少量在高温下仍保留的空气通过气孔排出，或把其压缩到多孔物质的孔隙中，从而形成模具。

(108)当要铸造的物体的形状特殊使模型无法从它的砂制模具或石膏模具中取出时，就有必要用蜡或其他易熔性物质来制作模型。型砂或石膏被塑造成这个图案，然后加热，蜡通过一个特意留下的开口被排出。

(109)人们有时想要确定软体动物所寄居的内腔的形状，如螺壳和各种珊瑚。这可以通过填充可熔金属，然后用盐酸溶解外壳物质来实现；这样，金属固体将保留下来，完全填充整个内腔。如果用银或任何其他难熔金属来制造的话，则可以用蜡或树脂填充外壳，然后溶解掉外壳；剩下的蜡状形式可以用作制作石膏模具来铸造金属模型。这些操作需要一定的精确性，也许只有在排空气体后才能填充微小的空腔。

(110)用石膏浇铸。这是一种适用于多种目的的复制模式：制作精确的人体模型、雕像或稀有化石，最后一点最近得到了极大的应用。在所有的铸造中，第一道工序是制作模具，而石膏这种物质几乎总被用来制作模具。它所具有的保持流动状态时间很短的特性，使它非常适合这个目的；而通过在原件的表面上涂油，即便原件的材质是石膏，也可以有效地防止黏着。在被复制的物体周围形成模子，分块取出，然后重新组合，就形成了复制品的模子。这一过程为最优秀的艺术作品提供了额外的效用和价值。因此，威尼斯学院的学生可以欣赏保存在慕尼黑美术馆中的埃吉纳雕像，以及我国博物馆引以为傲的帕台农神庙的大理石雕像。欧洲大陆的许多学院都装饰着埃尔金大理石雕像的石膏铸件；这种慷慨的馈赠，源自一种廉价、永久和受欢迎的技术应用。

(111)用蜡浇铸。这种复制模式，在适当的着色的帮助下，提供了对许多自然、历史主题最成功的模仿，并赋予它们一种真实的气氛，甚至可能骗过受过最高等教育的人。许多杰出人物的蜡像都在不同的时间展出过，它们的传神之处在某些情况下是最引人注目的。但是，如果你想看蜡像复制艺术达到的最完美境界，就应该去看看园艺学会展厅里的各种各样美丽的水果，新品种莱佛士花(Rafflesia)的华丽花朵模型，巴黎植物园(Jardin des Plantes)的解剖画廊和佛罗伦萨博物馆的蜡像模型，或者是博洛尼亚大学(University of Bologna)的病态解剖学收藏。蜡仿艺术通常不能像许多类似操作那样生产大量复制品。这一数字受随后的程序限制。它的后续工序不再具有可由工具或模具复制的特点，因此变得更昂贵。对于每一件作品来说，只有造型是通过铸造来完成的；着色必须是在艺术家的技术指导下，通过彩铅来完成。

模　　塑

(112)这种被广泛采用的技术方法，可以制造大量外部形状完全相似的个体。所使用的物质，无论是天然的还是人工制备的，都处于柔软或可塑的状态；然后它们被机械力压缩，有时在加热辅助下，放进所需形状的模具中。

(113)砖块和瓷砖。一个长方形的木箱，固定在砌砖工的长凳底部，作为制砖的模具。砖块所用的一部分塑料混合物是由非熟练工准备的：工人先往模具里撒一点沙子，然后用力把黏土扔进模具里；同时用手指快速地加工，使其完全贴合边角。接着，他用一根沾湿的棍子刮去多余的黏土，灵巧地把新成型的砖块从模子里抖出来放在一块木板上，再由另一个工人把它移到指定的地方烘干。在天长的夏日，一个技艺高超的模塑工，有时一天会完成一万到一万一千块砖头，但一般来讲，一天可以完成五千到六千块。各种类型和形状的瓷砖是用更精细的材料制成的，但都是用同样的成型方法制成的。在孟加拉邦古都古尔市的废墟中，人们发现砖上有凸出的高浮雕装饰物。这些装饰物似乎是在模具中形成的，随后用琉璃上釉。在德国，砖墙也用各种各样的装饰物做成。位于柏林的圣斯蒂芬诺教堂(St. Stephano)的檐口，由大块砖砌成建筑师要求的形状。在格雷律师学院路(Gray's Inn Lane)的库比特公司(Messrs Cubitt)，花瓶、飞檐和高度装饰的柱顶就是这样建成的，其在弹性、硬度和耐用性上可与石头本身相媲美。

(114)浮雕瓷器。这些精美的陶器样本中，有很多构成了我们早餐和正餐餐桌的物品，其中许多形式是无法在陶工的车床上完成的。盘子边缘上的浮雕装饰物、它们的多边形形状、许多花瓶的凹槽表面，通过手工制作将非常困难且成本高昂；但当用软材料压制成硬模具时，它们就变得简单起来，成本也相对较低。在制造模具时所付出的细心和技巧，换来了产品的大批量生产作为回报。在瓷器制造厂的许多作品中，只有一部分是模制的，例如盘子的上表面，而下表面是用车床加工的。在一些情况下，手柄或少数装饰物是模制的，而制品的主体部分是车床加工的。

(115)玻璃印章。雕刻宝石的过程需要相当长的时间和技能。因此，这样产生的印章永远不会变得普遍。然而，已经出现了具有不同程度相似性的仿制品。给玻璃着色也许是模仿中最成功的部分。一根小圆柱形彩色玻璃杆在吹风管吹出的火焰中加热，直到末端变软。然后操作人员用一把钳子将其夹住，钳子用于印章的一端雕刻了浮雕。如果精心准备好模具并且注意适当加热玻璃，那么这样制作的印章将是不错的仿制品；通过这种复制系统，仿品的数量成倍增加，以至于普通的这种印章在伯明翰以三便士一打的价格出售。

(116)方形玻璃瓶。圆形玻璃容器通常很容易通过吹制时空气的膨胀而产生。然而，在许多情况下，必须把瓶子做成正方形，而且每个瓶子都能容纳完全相同数量的液体。人们也经常希望在瓶身上印上药名或其他液体的制造商的名字。按规定尺寸准备一个铁模或铜模，模内刻有所需名称。这种模具在加热状态下使用，打开时会分为两部分，以便插入圆形的、未完成的瓶子。在将瓶子从吹管的铁管末端取下来之前，将处于非常柔软状态的瓶子放入模具中。随后关闭模具，通过向瓶中大力吹风，瓶壁被迫向四周扩张。

(117)木制鼻烟盒。用设备制作装饰的、仿雕刻作品的或是由车床刻出曲线花样的鼻烟盒，售价如此便宜，足以证明它们只是仿制品。用来制作鼻烟盒的木材或兽角，在水中长期沸腾进行软化；然后在软化的状态下，它们被用力压入铁制或钢制的模具中，在铁模或者钢模上刻有所需的图案。在模具里它持续经受巨大的压力，直到干燥。

(118)兽角制成的刀柄和伞柄。由于水和热的作用，兽角具有变软的特性，适合于许多用途。它被压成模具，做成带数字的浮雕，适应于它要应用的对象。如果兽角是弯曲的，它可以被弄直；或者如果是直的，它可以弯曲成任何装饰或应用时可能需要的形状；通过使用模具，其形状可以变得多种多样。普通的刀子、弯曲的伞柄，以及许多其他使用兽角的物品，都证明了复制艺术使这种材料制成的东西变得便宜。

(119)龟甲制模。同样的原则也适用于由龟壳或陆龟壳制成的物品。然而，由于原材料的价格要高得多，所以复制原理很少应用于此；对于少数的雕刻需求，通常是手工完成的。

(120)制作烟斗。这种简单的艺术几乎完全是复制。模具由铁制成，分为两个部分，每个部分包含口柄的一半；通常可以观察到这些部分的连接线从管道的一端纵向延伸到另一端。连通斗钵壁的孔是由一根长的金属丝穿过黏土，然后将其封闭在模具中形成的。有些模具内部有数字或名称，这些数字或名称在成品管上形成了相应的浮雕图形。

(121)棉布压花。单色的印花棉布上遍布凸起的花纹，尽管这在国内很少使用，但是在国外的一些市场上，需求量却很大。为了产生这种外观，要使棉布在两个辊子之间通过，其中一个辊子上用凹版画出要转移到印花布上的图案。布中的棉质被强力压入如此成型的空腔中，并在长期使用后仍保持图案。本书封面上的波纹外观也是以类似的方式产生的。用螺丝将一个预先切割了波纹设计的青铜圆筒压在另一个由几块牛皮纸组成的圆筒上，这些牛皮纸被紧紧压缩在一起并精确地转动。使两个圆筒快速旋转，略微打湿纸筒，几分钟后，它便从上面的金属筒上印取图案。接下来上釉的印花布在两个辊子之间通过，其光滑表面与金属圆筒接触，金属圆筒通过内部的加热铁块而保持高温。棉布压花有时也通过将两块叠加起来进行，使一块棉布的纵向螺纹与另一块棉布的纵向螺纹成直角，然后在平辊之间压缩棉布。一件布料的螺纹会在另一件的螺纹上产生凹痕，但它们不及用前一种方法产生的印花那样深。

(122)皮革压花。这种通过雕刻在钢辊上的图案进行复制的技术，在大多数方面与上文的方法相似。皮革被压入空腔中，而所有与空腔不对应的部分则在辊子之间被有力地压缩。

(123)锻造。这是铁匠应用的复制艺术。为了使自己的钢铁能按顾客的要求制成各种形状，铁匠用小块的钢制成不同形状的凹腔，这些凹腔被称为铁模，通常成对使用。因此，如果想要打造一个圆螺栓而螺栓末端为直径较大的圆柱体并且具有一个或多个突出轮缘的话，他可以使用相应的模锻工具，加热铁棒的末端并通过沿轴线方向敲击末端（技术上称为镦粗）使其变厚后，将棒头部分放置在焊架上；当助手把另一部分放在红热铁块的顶部时，他用锤子敲击数次，并不时地把棒头旋转四分之一圈。这样，被加热的铁块就在击打的作用下变成了模具的形状。

(124)压力雕刻。这是复制艺术中最出色的例子之一，适用的范围几乎是无限的。最出人意料的是，雕刻工艺的精妙之处，以及雕刻工具的精确程度都可以从钢具转移到铜具，甚至从硬钢转移到软钢，用来雕刻最细腻的痕迹。我们要感谢珀金斯先生（Mr. Perkins）的众多发明，这些发明一经问世，就使这门艺术达到了近乎完美的境界。雕刻首先是在软钢上进行的，软钢经过特殊工艺硬化，丝毫不损害浮雕的精致性。随后，一个用软钢制成的圆筒，被很大的力压在硬化的钢制雕刻上，以使圆筒在上面非常缓慢地前后滚动，这样就得到了浮雕的图案。接下来硬化圆筒，注意不让它受损伤。如果在连续的铜板上用强大的压力缓慢地来回滚动，它将在上千张铜板上留下原来钢制浮雕的完美的复制品。因此，从同一设计中生产的拷贝数可以增加一千倍。但即便如此，也远远没有达到扩大这一过程的极限。带有浮雕图案的硬化钢辊可在软钢板上留下第一步的印刷，这些被硬化的钢辊继而承载了原始雕刻，反过来成为其他辊子的母体，每个辊子产生的铜板都与原型相似。一幅原始版画的复制品可能因此而成倍增加，这几乎混淆了人们的想象，而且似乎对所有实际用途来说都是无限的。

这种出色的技术最初是由珀金斯先生提出的，目的是使伪造纸币成为一件非常困难的事情。有两个原则特别适合于这一目标：第一，所有印痕的完美一致性，从而最细微线条的任何变化都会立即引起注意；第二，原版的版画可以由几个在各自部门最杰出的艺术家共同劳动而成。因为每一种设计只需要一幅原作，所以与大量的复制品相比，即使是最精细的雕刻品，费用也微不足道。

(125)但是，必须承认，复制本身的原理为模仿任何雕刻或印刷图案提供了便利，无论雕刻或印刷图案是多么地复杂；因此，对这个难题，为防止伪造而设计的任何办法似乎都无法有效地消除。在试图最完美地仿制钞票时，第一个过程是将它要印刷的一面向下放置在一块石头或其他物质上，通过滚压机，它可以被牢固地固定。下一个目标是找到一些溶剂，它应该可以溶解纸张，但既不影响印刷油墨也不伤害它所附着的石头或物质。水似乎不能有效地做到这一点，也许弱碱性或弱酸性溶液可以被用来尝试。然而，如果这一点能够完全实现，并且如果用来保留图案的石头或其他物质具有的特性能够使我们把图案印制出来，那么显然可以制作出无数张伪钞。最近与黑色铅笔一起用于备忘录的素瓷，似乎在某种程度上适合于这种实验，因为通过调节瓷釉的稀释程度，它的孔隙率可以减少到任何要求的程度。

（126）金银铸模。珠宝商使用的许多模子都是由金属薄片构成的，金属薄片在通过钢辊之后成形，钢辊上有压花或雕刻的图案，从而获得了想要的模具的一系列副本。

（127）装饰纸。金色或银色或饰有各种图案的纸张，用于作为图书的封面和许多装饰用途。上面的图案是由纸张在雕刻辊之间通过的同样过程产生的。

冲　　压

（128）这种复制方式在技术领域中得到了广泛的应用。它通常是通过大型压力机与螺丝和重型飞轮来执行的。印制复制品的材料通常是金属，有时在热的时候执行该过程，在一种情况下，则是当金属处于固体和液体之间的状态时执行该过程。

（129）硬币和奖章。作为货币流通的所有硬币都是通过这种复制方式生产的。螺旋压力机可以通过人工、水或者蒸汽来运转。几年前在加尔各答建立的造币厂一天能造出 20 万枚硬币。奖章的浮雕通常比硬币高，其制作方法则类似；但一次冲压不足以使其达到完美，而第一次冲压产生的金属压缩使其很难在不损伤模具的情况下承受多次后续冲压。因此，在冲压之后，将其移入炼炉，在炼炉中小心地将其加热至红热并退火，然后再次将其放置在模具之间，并接受额外的冲压。对于那些数字非常凸出的奖牌，这些过程必须重复多次。迄今为止，一枚最大的奖牌在完成之前经历了近百次的磨合。

(130)军事装备和家具的装饰品。这些模具通常是黄铜制的，用实心铜板或薄铜板冲压而成，方法是将其放置在模具之间，并使重物从 5—15 英尺的高度落在上面的模具上。

(131)纽扣和钉头。带有凸起或其他装置的纽扣是用同样的方法制成的，一些普通的纽扣通过对模具的冲压获得半球形。通过这些方法也可以形成球形或多面体形状的钉头。

(132)在法国被称为“clichée”的复制过程。这种奇怪的复制方法通过冲压被应用于奖牌，在某些情况下，还用来制作模版。在铅、锡和锑的几种合金到达熔点之前，存在一个温度范围，在该温度下，该化合物既不是固体也不是流体。在这种糊状的状态下，它被放置在一个模子下面的盒子里，模子以相当大的力量落在它上面。这一冲击使金属进入模具的最细线条中，而模具的低温立即使整个物体凝固。一部分半熔化的金属通过吹炼散布在各个方向，并保留在执行该工艺的箱子的侧面。这样制作的作品锐度值得称道，但脱离压印机时却不是一件成品；它的侧面参差不齐，必须修整，它的厚度也要在车床上打磨均匀。

冲　孔

(133)这种复制方式通过击打或压力驱动钢制冲头穿过要切割的物质。在某些情况下，其目的是复制孔径，而与印版分离的物质将被去除。在其他情况下，切下的小块是工人加工的对象。

(134)切割锅炉铁板。用于此目的的钢冲头直径从八分之三英寸到四分之三英寸，并从一块厚四分之一英寸到五分之一英寸的铁板上冲出一个圆盘。

(135)切割镀锡铁。制作普通罐头和日式器皿的镂空装饰图案，很少由制作它们的工人打孔。在伦敦，在螺旋压力机中冲压出这些图案的技术成为一个独立的行业；因此，大量的铁皮被打孔，用于漏锅、葡萄酒过滤器、托盘的镶边和其他类似的用途。这一技术的完美性和精确性是非凡的。同样，铜片也可以被打上直径约百分之一英寸的小孔，其数量众多以至于切割下的金属片要多于残存的金属。锡板可以在每平方英寸上打三千多个孔。

(136)装饰我们家具的黄铜和紫檀木镶嵌板，有时被称为镶嵌木料，在某些情况下是通过冲压制成的。但是在这种情况下无论是切割掉的部分还是保留下来的部分，在许多情况下都是可以使用的。在剩下的用冲孔复制的例子中，所使用的都是切割掉的部分。

(137)枪支上的卡片。用一张薄卡片的圆盘代替纸张，以代替捕鸟器的电荷，这一做法具有相当大的优点。但是，如果没有一个简单的方法来制作无限数量的卡片，使每一张卡片都与枪管的孔完全吻合，那就没有什么用处了。用于这个目的的小型钢制工具切割出与切削口相似的无数个圆环，每个圆都精确地契合相应的枪管。

(138)烫金纸制装饰。商店出售的用于装饰的纸制和纸板制成的金色星星、树叶和其他物件，以及其他精美制品，都是用各种形状的冲头从镀金纸上切割下来的。

(139)钢链。钟表中用于连接主弹簧和保险丝的链条，是由小块钢板组成的。每一块钢板的尺寸必须完全相同，这一点非常重要。链环有两种：一种是由一块长方形的钢片组成，上面有两个孔；另一种是由两块相同的钢片连接而成，它们彼此平行放置，相距很小，用两个铆钉固定。这两种链环在链条中交替出现：单件的每一端置于双件的两端之间，并通过穿过所有三件的铆钉与之相连。如果双链环的零件上的铆钉孔不是精确等距的话，那么链条就不直，因此将不适合其用途。

拉　伸

(140)在这种复制品中，复制品和原件之间几乎没有相似之处。只是被制造出来的东西的横截面与它所穿过的工具相似而已。当要处理的物质很硬时，它们必须频繁地连续穿过几个孔，在某些情况下，有必要每隔一段时间对它们进行退火。

(141)拉丝。要转化成金属丝的金属是圆柱形的，通过钢板上的圆孔用力拉拔：在每个通道中，金属丝都会变小。完成后，它在任何位置上的截面都是它通过的最后一个孔的精确副本。在一些较大的金属丝上，有时可以沿着纵向看到细纹。这些缺陷是由拉伸板孔中的轻微缺陷引起的。就应用此技术的许多用途而言，如需要截面为正方形或半圆形的金属丝，制造的方法是相同的，只是在这种情况下，金属丝所穿过的孔本身为正方形或半圆形，或金属丝所需的任何其他形状。有一种金属丝，其截面类似于一颗有六到十二条射线的恒星，这种金属丝被称为小齿轮线，供钟表匠使用。将所有射线从一小块金属线上锉掉，只保留靠近一端约半英寸处的射线：这就构成了一个钟表的小齿轮；在穿过了拉丝板后，它的叶状结构或齿状部分已经抛光完毕。

(142)拔管。直径均匀的管道的成型技术在执行方式上与拉丝相差无几。将黄铜薄板弯曲并焊接成空心圆筒。如果要求外径是均匀的，则通过一连串的孔将其拉伸，如拉丝时的做法；如果内径是均匀的，则一系列称为芯轴的钢管要穿过铜管。在制造望远镜的管筒时，必须使内外均匀。因此，钢制的芯轴首先进入管中，然后通过一系列孔将铜管拉伸，直到外径减小到所需的尺寸为止。形成管道的金属在这些孔和内部的钢筒之间冷凝。当钢筒被抽出时，其内表面看起来是抛光的。铜管在这个过程中有相当大的拉伸，有时甚至是最初长度的两倍。

(143)铅管。输送水的铅管以前是用铸件制成的，但人们发现，用上文描述的方式把铅管从孔中拉出来，成本低廉，效果又好。一个直径五六英寸、长约二英尺的铅筒，其轴线上铸有一个小孔，将一个大约十五英尺长的铁制的芯轴强行推入孔中，然后通过一系列的孔拉伸，直到铅从芯轴的一端拉伸到另一端，并且粗细与管道的尺寸成适当比例。

（144）轧钢。当需要厚度大于金属丝的铁制圆柱体时，它们是由锻铁在辊子之间通过而形成的，每个辊子上都有一个半圆柱形的凹槽；由于这种辊子很少能精准接触，所以在这样制造的圆柱体上通常会观察到一条纵向线。这样，铁条被塑造成为在商业中出现的各种形状，如圆形、正方形、半圆形、椭圆形等。一种特殊的模制品是这样形成的，它的截面类似于将两个相邻的玻璃片分开的窗框部分。它比木材坚固得多，可以大大减少厚度，由此对光线的阻碍较小。它被广泛用于天窗。

（145）有时候人们要求这样生产的铸铁不要厚度始终保持一致。铁路的铁轨就是这种情况，铁轨中部需要更大的厚度，因为这里与支撑物距离最远。这种形状是通过在需要额外强度的部位，将滚筒上的凹槽切割得更深而形成的。这样，如果环绕辊子的中空铸件可以展开，就会成为塑造所需形状的铸铁模具。

（146）粉丝状物。这种糊状物的各种形状是通过将其压入镀锡板上的孔洞而形成的。糊状物经过孔洞后，以长丝的形式出现在另一侧。厨师用同样的方法为餐桌准备黄油和装饰性糕点，糖果店用同样的方法制作各种成分的圆柱形和菱形花纹。

变化尺寸

（147）比例绘图。这种复制方式主要用于图纸或地图：仪器很简单，虽然通常用于缩小，但也可以放大副本的尺寸。在伦敦展出的一个自动机器人，在很短的时间内，可以画出参观者的侧身像，这是受这一原理机制调节的：在与拍摄侧貌的人所在座位相对的墙壁上有一个小孔，里面隐藏着一台投影绘图仪，它被放置在相邻的一个房间里；一名助手，通过移动头部轮廓上的一个点，使与绘图仪相连的机器手，追踪一个相应的面部侧影。

(148)车削。车削技术本身也许可以归为复制的艺术。一根被称为芯棒的钢轴，中央连接一个滑轮，一端由圆锥形点或圆柱形轴环支撑，另一端穿过另一个作为支撑的轴环。伸出后一个轴环的芯棒末端被拧入一个螺钉，通过这个螺钉可以连接各种工具(称为卡盘)。这些卡盘的用途是容纳要进行车削操作的各种材料，并且具有多种形式。带有卡盘的芯棒通过一条皮带带动旋转，皮带穿过与之相连的滑轮，同样也穿过一个较大的轮子，轮子可以通过脚、蒸汽或水力连接驱动。在芯棒上进行的所有工作都会在一定程度上造成芯棒形状的不规则；而只有在芯棒与其轴环具有相同精度的时候，才能确保每个作业部分本应存在的完美圆形截面。

(149)刻花机车削。这种高雅的艺术在很大程度上依赖于复制。被称为“花环”的金属圆板，表面和边缘上有各种凹痕，被固定在芯棒上，可允许纵向或横向移动；一个被称为“触点”的固定障碍物，用弹簧压着花环，迫使芯棒跟随其凹槽运动，从而使刀具在工件上刻出相同的图形。切割工具与中心的距离通常小于花环的半径，这导致复制品尺寸大大减少。

(150)复制模具。车床在法国早已广为人知，最近在英国造币厂用于复制模具。一件钝器通过非常缓慢的螺旋运动依次穿过要复制的模具的每个部分，并由重物压入所有的型腔中；而一处由机器连接的切割口则横穿一块软钢的表面，以相同的尺寸或缩小的比例切割原始模具装置。副本的卓越程度，随着按原件比例的缩小而成倍增加。一件用于制造五便士硬币的模具可以仿制出一件不错的用于制造六便士硬币模具。但这台车床的主要用途是制造所有粗糙的零件，只留下更精细和更富有表现力的线条供艺术家发挥技巧和天才。

(151)鞋楦制造机。为了制造鞋楦，人们推出了一种原理上没有什么不同的工具。右脚鞋楦的一个模型放在器械的一个部分里，当机器启动后，将先前用螺丝调整过的两块木头，按需要切割成比原来或大或小的鞋楦。尽管模型是右脚的，只需插入一个轮子使两块要切割成楦头的木头进行逆向运动，就可以制造左脚的楦头。

(152)复制半身像的发动机。许多年前，已故的瓦特曾建造一个发动机来制作半身像或雕像的复制品，以自娱自乐。这些雕像的大小要么和原来的一样，要么按比例缩小。他复制的对象是多种多样的，有些成果已经展示给了他的朋友们，但从未描述其产生机理。最近，霍金斯先生(Mr. Hawkins)也发明了一种类似的机器，他随即把它交给了一位艺术家，来用象牙复制各种半身像。将雕塑家的塑像以不同的尺寸放大的技术，再加上通过铸造技术廉价地获得塑像，使购买雕像变得便宜，有望使他的作品增值，并更广泛地传播拥有雕像带来的乐趣。

(153)螺丝切割。当在车床上用芯棒上的螺钉进行此操作时，这本质上是一种复制的艺术。但复制的只是给定长度的螺纹数；螺纹的形式、要切割的螺钉长度和直径，则完全独立于复制用的原螺丝。还有一种方法是用一个花样螺钉在车床上切削螺钉，该螺钉通过轮子与芯棒连接，引导切削点。在此过程中，除非芯棒的旋转时间与引导切削点的螺钉的旋转时间相同，否则给定长度内的螺纹数将不同。如果芯棒的移动速度比切割点快，则生产的螺杆将比原件细；如果芯棒移动速度慢，则副本将比原件粗。由此产生的螺杆可以更细或更粗，它的直径可以更大或更小，其螺纹数可能与复制螺杆的螺纹数相同或更多。然而，在这种情况下，原始螺钉中存在的所有缺陷将准确地传递给从其产生的每一个单独的螺丝。

(154) 变化尺寸的铜版印刷。几年前，一些尚未公开的复制艺术的奇特样品从巴黎被带回英国。那座城市的一位名叫戈诺尔(Gonord)的钟表匠发明了一种方法，使他可以从相同的铜版印模中提取不同尺寸的印张，该印张比原始设计的尺寸更大或更小。我获得了四幅这种圆形鹦鹉图，把它们交给已故的洛里先生，他是一位雕刻师，以技术高超和为了丰富艺术而发明的许多机械装置而闻名。几副印品的相对尺寸分别是 5.5、6.3、8.4、15.0，因此最大的印品几乎是最小印品线性尺寸的三倍；洛里先生向我保证，他没有发现哪个印品中有线条与其他印品中的线条无法对应。墨量似乎有所不同，但雕刻的痕迹却没有差别；而且，从外观上可以推测，第二大的那个印品是原版的铜版印刷。执行这种奇异操作的方法尚未公布，但当时形成了两个值得注意的猜想。据推测，艺术家掌握了某种方法，可以将铜版线条上的墨水转移到某种液体的表面，并将液体中的影像重新转移到纸张上。如果能做到这一点，印刷品的尺寸将与从中提取的铜版完全相同；但如果液体装在一个倒锥形的容器中，容器底部有一个小孔，液体在容器中可以通过锥的顶端逐渐抽出或添加而降低或升高，在这种情况下，油墨附着的表面会减小或增大，在这种改变的状态下，印模可能会重新转移到纸上。必须承认，这种推测性的解释可能会遇到相当大的困难，因为尽管从液体表面取印模的逆操作与制造大理石纹纸的技术有相似之处，但需要证明将墨水从铜版转移到液体的可能性。

另一个更合理的解释是基于胶水和糖浆混合物的弹性，这种混合物早已被用于将版画转移到陶器上。据猜测，铜版画的印模被印在涂满这种混合物的一大张纸上，然后将这张纸向两个方向拉伸，这样扩大的墨迹被转移到纸上。如果要求副本比原件小，那么必须先拉伸弹性材料，然后从铜版上获得印痕；张力消失时，它会收缩，从而缩小图案尺寸。在所有情况下，一次转移可能都不足够，因为胶水和糖浆成分的延展性虽然很大，但仍然有限。也许质地和厚度均匀的印度橡胶比这种混合物的效果更好；或者墨水可能从铜版转移到这种树胶瓶子的表面，通过向瓶子中注入空气而使瓶子膨胀后，可能会把放大的印痕转移到纸上。由于以这种方式制作印模需要相当长的时间，而且要使所有印模的尺寸完全相同可能会出现一些困难，所以如果只执行一次上述的放大或缩小的操作部分，就可以使制作过程更加确定和迅速。另外，将图案从它转移到石头上，取代用柔软物质印刷，这样，相当一部分的作品就会变为一种广为人知的平版印刷术。这个想法得到了以下事实的证实：在另一组由若干不同尺寸的圣彼得堡地图组成的样本里，某一尺寸的所有印刷品中都出现了一条很短的线，显然是一种偶然的缺陷，但在尺寸不同的印刷品上却没有出现。

(155)雕刻奖章的机器。很久以前就有人发明了这种工具，在《图尔讷手稿》(*Manuel de Tourneur*)中就有它的描述，这种工具也被用来制作奖章和其他浮雕的铜版雕刻。将奖章和铜块垂直固定在两个滑板上；相互连接，使得当固定奖章的滑板用螺丝垂直抬起时，固定铜块的滑板在水平方向上等量地向前推进。把奖章固定在垂直滑板上，面向铜块，并略高于铜块。

在铜块上方水平放置一根横杆，一端置于描针处，另一端置于短臂处，短臂与横杆成直角，上面有一个金刚石笔头；这样，描针可以触到与横杆垂直的奖章，金刚石笔头可以触到与短臂垂直的铜块。

在这种安排下，横杆自身可以平行移动，从而也可以平行于铜块移动。如果描针经过奖章的平坦部分，金刚石笔头将在铜块上画一条等长的直线；但是，如果描针经过奖章的任何突出部分，则金刚石笔头偏离直线的距离将完全等于奖章在其余表面上方相应点的高度。因此，通过该描针在奖章上的任何线条的传递，金刚石笔头将通过该线条将奖章的一部分勾画到铜块上。

将一个螺钉连接到这个设备上，如果用螺钉将奖章提升很小的量，铜块将以相同的量前进。这样，可以绘制新的剖面线；并且，通过继续这个过程，铜块上的一系列剖面线形成了一个平面勋章的样子：图形的轮廓和形状是由线条的弯曲度或它们的接近或不接近引起的。这种雕刻的效果非常惊人，并且在一些样本中形成了很明显的浮雕效果。它已经应用于平板玻璃上；而且，除了在某些光线下，金刚石所描绘的细纹是看不见的，这使得人们更加好奇。

从上文描述可以看出，铜版上的雕刻必然变形；也就是说，奖章各点在铜块上的投影，不会与其在平行的平面上的垂直投影相同。突出部分的位置将比不那么突出的部分改变得更多；奖章的浮雕越大，其雕刻的图案就越扭曲。贝特先生的儿子约翰·贝特先生发明了一种改进的机器，为此他获得了专利，在这种机器中，这种失真从根源上得到了补救。

由于奖章或半身像上的浮雕太高而造成的不便，可以通过一些机械装置加以补救，这种装置会使得金刚石笔头偏离右线（这条线将记录描针何时跨过平面），不是与奖章平面上方相应点的高度成正比，而是与它在另一个平行平面上方的高度成正比，该平行平面在其后方已移除合适的距离。因此，半身像和雕像可以改变至任何所需的浮雕高度。

（156）前文描述的机器自然引发了一些其他想法，似乎值得考虑，又或值得进行一些实验。如果将一枚奖章放在绘图仪的描针下，用雕刻工具代替铅笔，用铜版代替纸张；并且通过某种机制，在垂直平面上滑动的描针可以随着奖章的不同高度而增加或减少刻线的深度，以便与奖章上相应点的实际高度成比例，那么至少可以制作出没有任何变形的雕刻，尽管它可能会遭受其他反对意见。如果用任何类似的方法代替线条，我们都可以在铜块的每个位置上制作一个点，该点的大小或深度随奖章相应点在其平面上方的高度而变化，那么新的雕刻将会产生。另外，其他的方法还有，可以使用描针绘出直径很小的圆形，直径随着奖章上给定平面上的点的高度而变化；或者使雕刻工具包含三个等距的点，其距离根据某种确定的规律增加或减小，取决于奖章平面上方的点的高度。也许很难想象这类雕刻的效果，但是它们都将具有共同的特征，即通过平行线投射所代表的物体；而墨迹的明暗度要么随点与某个给定平面的距离而变化，要么随几个相邻点与同一平面的距离而变化。

（157）用海拔相等的线条绘制的阴影地图系统与这种描绘奖章

的模式有一些相似之处，如果应用于奖章绘制，将产生不同类型的雕刻外观。想象一个平面位于奖章的上方，与奖章本身相隔一定距离，奖章的投影落在上面，与奖章本身相连，将产生一个与奖章相类似的雕像，它的所有倾斜部分将是黑暗的，与其倾斜度成比例。想象一个虚构的球体或其他实体代替虚构平面，与奖章中的图形相交，可以构思出其他类型的雕刻品。

(158) 毛毛虫做的蕾丝。居住在慕尼黑的一位工程师发明了一种极不寻常的制造方法，在某种程度上与复制有关。这种东西由蕾丝和面纱组成，上面的图案是开放性的，完全由毛毛虫制成。以下是采用的方法：他把植物的叶子做成糊状，这是他所使用的那类毛毛虫的常见食物，然后把它薄薄地铺在石头或其他扁平的物质上。接下来，他用蘸有橄榄油的骆驼毛笔，在糨糊的涂层上画出他希望昆虫留下的开放性的图案。然后把这块石头倾斜放置，在底部放一些毛毛虫。他选择的是一种特殊的物种，它会织出一张结实的网；这些毛毛虫从底部开始吃东西并盘旋到顶部，小心地避开油接触到的每一部分，但会吃掉剩下的糊状物。这些面纱极其轻盈，再加上一定的强度，确实令人惊讶。其中一件的尺寸是 26.5 英寸乘以 17 英寸，重量只有 1.51 格令。与其他织物相比，这种轻巧程度会显得更突出。制作这些面纱的原料一平方码重 $4\frac{1}{3}$ 格令，而丝绸纱布一平方码重 137 格令，最细的淬火丝网一平方码重 262 格令。下表中提到的女式彩色细棉布连衣裙，每件价值 10 先令，每件重 6 盎司；制作它们的棉花重量接近 $6\frac{2}{9}$ 英制盎司。

以下各件物品的一平方码重量[①]

商品描述	每码价值		每平方码的重量	每平方码所需棉花的重量
	（先令	便士）	（格令）	（格令）
毛毛虫面纱	—		$4\frac{1}{3}$	—
真丝纱布 3—4 幅宽	1	0	137	—
细麻布	—		551	—
6-4 号提花细棉布	2	0	618	670
女式彩色细棉布连衣裙	3	0	788	875
6-4 号细麻布	1	2	972	1,069
9-8 号印花布	0	9	988	1,085
1/2 码本色布	0	8	2,240	2,432

（159）以复制为基础的技术的列举还远不够完整，但或许可以用读者正在研读的这本书作为例子来结束，尽管可能很少有人注意到这些书页重复印制的数量。

1）它们的印刷品是由铅版复制的。

2）这些铅版是通过铸造技术从巴黎石膏制成的模具中复制的。

3）这些模具本身是由排字工人组建活版，然后以液态浇铸石膏而复制的。

（正是在这里，知识部门和机械部门联合起来。然而，作者作品的仿制奥秘并不是我们调查的内容，尽管可以公平地说，在许多

① 其中一些权重和衡量标准是根据下议院关于印染棉花商品的委员会报告中的声明计算得出的；并且假定给定的布料的宽度是实际宽度，而不是零售商店所称的宽度。

情况下，其思想复制使得机械复制相形见绌。）

4）这些活版是最相悖思想、最矛盾理论的忠实载体，它们本身是从称为铸模的铜制模具中铸造而成的。

5）这些铸模的下部带有字母或字符的印记，是通过冲压从具有相同字符的钢制凸字冲头中复制而来的。

6）这些钢制冲头本身并非完全不受重要技术原理的约束。冲头中存在的许多空腔，例如字母 a、b、d、e、g 等冲头中间的空腔，也是由其他凸字的钢冲头制成的。

如此，我们已经追溯了铅版复制印刷的机械技术的六个连续阶段；与在所有其他制造部门一样，复制原理在这里也有助于保证所生产作品的统一性和廉价性。

第 12 章　论观察制造方法

(160)现在，在回顾了规范机械科学在生产制造业产品的大型企业中成功应用的机械原理之后，对于那些因为见识和好奇心而希望研究本国或其他国家工厂的人，我们仍然可以提出一些问题并给出一些意见。

在收到信息后必须尽快全部记录下来，特别是在涉及数字的情况下，这非常重要——这句话适用于几乎所有的调查。尽管可能不存在丝毫的质疑，但在参观一家企业时，这样做往往是不可能的；仅仅是在口头交流时记录信息的行为，就可以对机器的检查构成极大的干扰。因此，在这种情况下，最好事先准备好要问的问题，并为答案留出空间，答案可以很快插入，因为在许多情况下，答案只是数字。那些没有尝试过这种计划的人会惊讶于利用这种方法，即使是通过简短的考察，也可以获得大量的信息。每种制造业需要不同的问题清单，最好在第一次访问之后再制定。下面的提纲具有普遍适用性，可能足以说明问题；为了节省时间，可以方便地把它打印出来，并以袖珍书的形式装订成一百份，作为待加工的框架。其中大约有二十条，属于一般性的询问。

一般性的询问

任何机械领域的描述性提纲都应包含以下几点信息：

简要介绍它的历史，特别是其发明日期和引入英国的日期。

简短指出所用材料经历的先前状态、采购地点、给定数量的价格。

[现在必须根据将在第(161)段中给出的计划依次描述各种过程，之后应提供以下信息。]

同一物品是在一个机构中生产的，还是在不同机构中生产的？其处理过程是否有所不同？

货物有哪些缺陷？

使用什么替代品？

厂主允许怎样的浪费？

对制成品的优劣有哪些检验标准？

给定数量的重量，以及与原料重量的比较。

工厂的批发价。

通常的零售价。

谁提供工具，厂主还是工人？谁维修工具，厂主还是工人？

机器的费用是多少？

每年的损耗是多少，持续时间如何？

它的制造是否有任何特殊的行业？在哪里？

它是在工厂制造和修理的吗？

在所有参观的工厂中，说明工序的数量，以及在每道工序中雇用的人员，以及制成品的数量。

英国每年生产多少？

投资于工厂的资本多还是少？

请指出这个工厂在英国的主要位置；以及如果它在国外发展也很好，它建立的地方。

关税、消费税，或赏金（如有），以及过去几年的任何调整；连续几年的进出口额。

是否进口性能相对优越、旗鼓相当或相对低劣的同种商品？

制造商是否向中间商出口或销售，然后由中间商向店主供货？

它主要运送到哪些国家？哪些货物有退货行为发生？

（161）每一种工艺流程都需要一个单独的框架，下面的大纲将足以满足许多不同的工厂：

工艺（ ）制造（ ）

地点（ ）名称（ ）

日期（ ）

执行它的模式，必要时附有工具或机器的草图。

操作机器所需的人数。

操作人员是男人、女人，还是孩子？如果都有的话，各自的比例是多少？

每个人的工资是多少？

他们每天工作多少小时？

日夜不间断地工作是正常的或者说必要的吗？

劳动是计件还是按日完成？

谁提供工具，厂主还是工人？谁修理工具，厂主还是工人？

需要什么程度的技能？多少年的学徒？

每天或每小时重复操作的次数。

每千次的故障数量。

工人或厂主是否因物品破裂或损坏而遭受损失？

他们怎么办？

如果同一过程重复若干次，则请在每次重复时说明重复时的损失（如有）。

（162）在此框架中，为了能用铅笔在正确的答案下面划线，问题的答案在某些情况下会被打印为“谁修理工具，厂主还是工人”。在填写需要数字的答案时，应格外小心。例如，如果观察者手握手表站在一个头戴徽章的人之前，那么工人几乎肯定会提高他的速度，而估计值就会过大。询问工人对每日合理工作量的看法将产生更好的平均值。如果无法确定这一点，则当工人完全不知道有人在观察他时的表现，可能会经常被用于计算在给定时间内的操作次数。因此，由织机的运动发出的声音可以使观察者即使在织机所在的建筑物外，也能计算每分钟的冲程数。库仑在进行此类观察方面具有丰富的经验，他告诫那些可能重复进行实验的人不要被这种情况所欺骗：“那些不愿重复实验的人，在连续工作几天后，需要时间来测量结果。在工人不知道自己正在被观察的情况下，在一天中的不同时间去观察他们。人们不大可能在几分钟内就发现自己在计算速度或实际工作时可能犯错误的风险有多少。”（《研究所的回忆》，第二卷，第 247 页）经常发生的情况是，在对这些问题的一系列回答中，有些问题虽然是直接回答的，但其答案也可以从其他已给出或已知的问题中通过简短的计算得出。我们应始终利用这些检验以确认这些陈述的准确性；或者，当它们不一致时，纠正明显的异常情况。在把问题清单交给一个承诺提供关于任何主题的信息的人时，在某些情况下，最好对他的判断是否正确做出估计。这些问题中，其中一些可能间接地依赖于另一些，可能会有一两个问题的答案可以通过其他方法获得。这一过程也不是没有它的优势，因为它使我们能够确定自己判断是否有价值。在我们应用度量或数字之前，形成对任何物体的大小或发生频率的估计的习惯，往往可以在很大程度上固定注意力和改进判断。

第二部分

论制造业的国内政治经济

第 13 章　制造与制造业的区别

(163)规范机械应用的经济原理，以及管理我们所有伟大工厂内部的经济原理，正如前一部分中解释的那些机械原理一样，对于一个伟大商业国家的繁荣是至关重要的。

对每一个试图制造任何消费品的人来说首要目标是，或应该是，以完美的形式生产它；但为了使自己获得最大和最永久的利润，他必须尽一切努力，使他创造的新的奢侈品或必需品对消费它的人来说是便宜的。如此获得更多的购买者，将使他在某种程度上摆脱时尚的反复无常；同时，更大的数量提供了更大的利润，尽管每个人的贡献会减少。为了使制造商能够确定他所生产的产品的特定降价将获得多少额外的客户，对于那些从事统计调查的人来说，再怎么强调收集数据的重要性也不为过。在社会的某些阶层，价格的降低不会带来更多的顾客；而在其他阶层中，极少量的降价将扩大销售，从而产生可观的利润增长。《税务调查专员的第十四次报告》(14th Report of the Commissioners of Revenue Inquiry)提供了用来帮助形成不同收入人群数量表格的计算材料，其中包括遗产办公室在一年内证明的个人财产数额、各类遗嘱人的人数，以及从长期资产中获得股息的各阶层的人数统计。这样一张表，以曲线的形式进行展示，即使是近似值也可能是有用的。

(164)制造和制造业这两个术语之间有很大的区别。前者指的是少数人的生产，后者指的是很多人的生产；下议院委员会收到的《关于工具和机械出口》(Export of Tools and Machinery)中提供的证据，充分说明了这一区别。莫兹莱先生(Mr. Maudslay)当时曾说过，海军委员会曾向他提出申请，要求他为船只制造铁油箱，他认为这不属于他的业务范围，所以他相当不愿意这样做；然而，他答应进行尝试。油箱上铆钉的孔是用压力机手工打孔的，每个油箱需要 1,680 个孔，每个孔花费 7 先令。海军委员会需要大量的油箱，建议他每周提供 40 个油箱，持续数月。订单的庞大规模使他认为，为这一急迫的业务启动生产来制造工具是值得的。因此，莫兹莱先生提议委员会给他 2,000 个油箱的订单，以每周 80 个的速度供应。命令下达了；他制造了工具，把每个油箱的铆钉孔打孔的费用从 7 先令减至 9 便士；他每周供应 98 个油箱，为期 6 个月，每个油箱的价格从 17 英镑降至 15 英镑。

(165)因此，从更广泛的意义上说，如果某一商品的制造者希望成为制造商，那么他必须遵守除成功执行工作所依赖的机械原理以外的其他原理，并且他必须仔细安排工厂的整个系统，以使他出售给公众的物品可以以尽可能低的成本生产。如果一开始他不被如此遥远的动机所驱使，那么在每个高度文明的国家中，他都将受到强有力的竞争刺激而被迫遵守制造业所在国的国内经济原则。他所制造的商品价格每下跌一次，他就会被驱使以节省某些过程的费用作为补偿；在这种探索中，他的聪明才智将得到加强，因为他希望能够比他的竞争对手售价更低。在很短的时间内，由这种改进所带来的好处，仅会被那些用聪明才智实现独创发明的人享有；但当充分的经验证明了它们的价值时，它们将被普遍采用，直到被其他更经济的方法所取代。

第 14 章　货币作为交换媒介

(166)在社会的早期阶段，人们所需的少数商品的交换是通过以货易货的方式进行的，但当他们的需求变得更加多样化和广泛时，对所有商品(商品本身能够细分)的价值选取某种共同衡量标准的必要性，就变得显而易见了，于是就出现了货币。在一些国家，贝壳被用于这一目的；但文明国家的共识是采用贵金属。[①] 在大多数国家，最高权力机关拥有铸币权；或者换句话说，拥有在具有一定形状、重量和纯度的金属片上印盖与众不同的标志的权力，这些标志向身处货币流通中的人们保证，每一块金属片都具有要求的重量和质量。

将黄金制成金币的费用、因磨损而造成的损失以及投入其中的资本的利息，必须由国家支付，或者通过缩减少量重量加以补偿。对国家来说，这样做的成本比因交换或易货制度所造成的时间损失和不便要小得多。

---

① 在俄罗斯，铂金被用来铸币，它有一个特点值得注意。铂金不能在我们的炼炉中熔化，它的价值主要以铸块的形式体现于商业中，可以从铸块被锻造成有用的形状。但是当一块铂金被切割成两部分时，除非通过化学作用将两部分都溶解在酸中，否则它不容易再结合。因此，当铂金太多的时候，它就不能像黄金一样，通过熔化而变成块状，而必须经过昂贵的过程才能发挥作用。

(167) 这些金属货币容易带来两种麻烦：它们可能由个人私下里制造，质量相同，印花相似；或者是由劣质金属或重量较轻金属制成的仿制品。第一种麻烦可以通过使金属货币的当前价值几乎与同等重量金属的当前价值相等来轻松解决；第二种麻烦可以通过个人在检查每枚金属货币的外部特征时的谨慎以及国家对这类欺诈行为的实施者的惩罚来消除。

(168) 在不同的国家，货币的细分是不同的，不方便的划分制度可能会浪费很多时间。这种影响体现在大规模记账时，特别是计算贷款利息或汇票贴现时。十进制是最适合于促进所有这些计算的；考虑我们自己的货币是否能被十进制转换，成了一个有趣的问题。我国已经采取了废除几尼的重大步骤，没有带来任何不便之处，现在几乎毫不费力就可以完成这一变革。

(169) 如果每当有必要回收半克朗硬币 (half-crown) 时，就发行一种价值两先令的新硬币，这种硬币应该用一个寓意一个单位的名字来称呼 [例如一普林斯 (prince)]，那么它将价值一金镑 (sovereign) 的十分之一。几年后，当公众熟悉这枚硬币时，它折合成法寻 (farthing) 的数目可能是一百个而不是九十六个；然后它将由二十五便士组成，每一便士比原有便士的价值低百分之四。先令和六便士退出流通后，它们的位置可能会由价值五便士、十便士和两个半便士的银币所填充；两个半便士硬币具有独特的名称，价值一普林斯的十分之一。

(170) 一国居民所拥有的各种工业品和各种财产，都是以该国所采用的标准来衡量的。但必须指出，黄金本身的价值是可变的；与所有其他商品一样，黄金的价格取决于与供给相比的需求程度。

(171)交易的增加和需要支付的金额变大，为贵金属从一个人到另一个人的实际转移带来了不便和困难。人们发现更为方便的做法是，以见票即付指定数量的金子的书面承诺作为替代。这些承诺被称为纸币。当人们知道发行这些纸币的人或机构能够履行承诺时，纸币将流通很长一段时间，直到进入任何希望使用其兑换黄金的人手中。这些纸质的货币代表填补了一定数量的黄金空缺。并且，由于价格便宜得多，应用它们可以节省很大一部分金属流通的费用。

(172)随着商业交易的增加，纸币的转移在很大程度上被更短的过程所取代。银行被建立起来，所有的钱都存入银行，所有的款项都从银行支付，通过一种叫作支票的书面命令，由在银行开户的人开出。在一个大都市中，每家银行都通过众多的客户收到彼此应付的支票；如果派办事员来收取每家银行应付的纸币金额，这将占用大量时间，而且会带来一些风险和不便。

(173)清算所(Clearing House)。在伦敦，这种情况是可以避免的，因为所有支付给银行家的支票都要经过技术上称为清算所的地方。在伦巴第街(Lombard Street)的一个大房间里，几家伦敦银行的大约 30 名职员按字母顺序坐在房间四周的桌子旁；每个人身旁都有一个打开的小盒子，头顶的墙上用大字写着他所属公司的名称。清算所的其他职员不时地走进房间，把分发下来的公司应付的到期支票放进盒子里。桌边的职员把几张支票的金额记在一本事先准备好的账簿上，分别记在对应银行的名下。

下午四点是开箱接受支票的最晚时间；在那之前的几分钟，在这个以前安静且类似商务的场景中开始出现一些活动增加的迹象。

随后，许多办事员赶到，急切地想在最后可能的时刻，分发已存入自家银行名下的支票。

四点钟时，所有的箱子都被搬走了，每个职员把放在自己箱子里的应付支票金额加总。他还从自家的银行收到另一本账簿，里面有他们的分发员放进其他每家银行盒子里的支票金额。在比较了这些之后，他在其他银行的名字的对面写下了他自家银行的余额；并且在通过与这些银行的职员所做的类似清单进行比较验证了这个声明后，他把根据这张表形成的一般余额报送自家银行，该余额如果是其他银行到期应付款项，该银行就会收到寄回的钞票。

五点钟，检查员就位；当每位办事员在所有交易的结果计算出来后有一笔余额要支付给其他各家银行的时候，他就把钱交给检查员，检查员会给他一张相应金额的票。然后那些应收款的银行职员从检查员那里收取几笔款项，检查员也会从他们那里拿回一张相应金额的票。因此，所有这些支付都是通过一种双重余额体系来实现的，极少量的纸币在手与手之间传递，几乎没有任何金属货币参与其中。

(174) 很难对每天经过此操作的金额做出令人满意的估计：金额从 200 万到 1,500 万不等。为了金额理算，需要的平均金额约为 250 万。根据不同银行家之间的协议，所有写有任何公司名称的支票都必须通过清算所；因此，如果该支票丢失，则开立该支票的公司将拒绝在柜台付款。这种情况大大增加了商务的便利性。

这一系统的优点是最近建立了每天两次会议的安排——第一次在 12 点钟，另一次在 3 点钟；但只在 5 点钟一次支付余额。

如果所有的私人银行都在英格兰银行记账，那么就有可能以更小数量的流通媒介进行所有这些交易。

(175)在思考完成这些庞大交易(为了论证起见，假设它们只是整个社会日常交易的四分之一)的便利时，我们不可能不考虑尽可能少地干扰其自动调整的重要性。每次付款都表明为双方利益转移了财产；如果有可能(尽管事实上无法实现)以法律或其他手段对总数占八分之一的交易造成某种障碍，这种形式的摩擦每年会产生将近400万英镑的无意义开支；对于那些因将贵金属用于部分本国货币产生的费用而对政策的有益性产生怀疑的人来说，这种情况值得注意。

(176)金属货币流通和纸币流通之间最明显的区别之一在于，在出现恐慌或国家发生危险的情况下，金属货币永远不会低于其他文明国家的金条价值，而纸币可能因为这些原因而完全失去价值。诚然，金属货币和纸币都可能贬值，但效果截然不同。

1)金属货币的贬值。国家可以发行相同名义价值的金属货币，而含金量只有原来的一半，与一些廉价合金混合。但这样发行的每一枚金属货币内部，都有金额贬值的证据，没有必要每个后续的所有者都对新货币进行解析；但少数人这样做了，其内在价值就会被公众所知。当然，以前流通的金属货币现在像金条一样更有价值，它们会迅速消失。今后的所有采购都要按照新的标准进行调整，价格很快就会翻倍。但过去的所有合同也都会失效，所有债权人，如果被迫接受新币付款，就会被剥夺一半的债权利益。

2)纸币的贬值。纸币的贬值遵循不同的过程。如果根据政府的任何命令，纸币被定为债务的法定货币，同时不再可以兑换成金属货币，则那些与外国人做生意的人，将用黄金支付部分款项，因为外国人不会被强制要求接受纸币；如果继续发行不受可自由兑换黄金能力限制的纸币，那么金属货币很快就会完全消失。但是，被强制要求接受纸币的公众无法通过任何内部证据来检测纸币的贬值程度，它随流通量的变化而变化，并可能一直持续到纸币的价值只略高于印制纸币的纸张的价值。在这段时间内，每个债权人所承受的痛苦程度都是他无法估量的；每一笔交易的好处都不确定，因为进行交易的媒介价值不断变化。这种灾难性的过程实际上已经在几个国家发生过：在法国，指券（Assignat）存续期间，灾难几乎达到了极限。我们自己经历了它所造成的痛苦的一部分；但是通过回归更健全的原则，我们高兴地摆脱了这种经历带来的破坏和毁灭。

（177）在一个文明的国家里，每个人都需要根据自己的生活状况使用一定数量的货币来购买他所消费的商品。同样的金属货币确实在同一地区反复流通；工人在星期六晚上得到的一枚银币，经过屠夫、面包师和小商贩的手，也许是由后者给了制造商以换取他的支票，在随后的一周结束时再次交到工人手中。货币供应的任何不足都会给各方带来极大的不便。如果这种情况只是发生在面值较小的金属货币上，那么第一个效果就是难以获得零钱；然后是店主往往拒绝支付零钱，除非购买到一定数额；最后，大面额的金属货币兑换零钱要提供溢价。

因此，当以其他货币来大体衡量时，货币本身在价格上会有所变化；无论交易媒介是金属货币还是纸质货币，都会发生这种影响。这些影响不断发生，特别是在战争后期。为了缓解这种情况，英格兰银行发行了各种金额的银币。

小额货币短缺所带来的不便和损失，对收入最低的阶层具有最大的影响；因为富有的买主可以轻易地为他们的小额购买获得信贷，直到他们的账单达到较大的币值。

(178) 由于钱放在抽屉里无法产生任何收益，所以在生活中的任何情况下，几乎没有人会以金属货币或纸币的形式保留超过即期使用所需的货币；因此，当没有任何有利可图的用钱方式时，大量的纸币将从其发行时返回源头，多余的金属货币将被转换成金条输出国外。

(179) 由于所有财产的价值都是用货币来衡量的，因此，其价值的波动应尽可能小和渐进，这显然有利于社会的总体福利。

如果我们用具体案例追踪其影响，那么由于货币价值突然变化而产生的弊端可能会变得更加显著。我们可以自由地假设一种极端的情况，让我们假设有三个人，每人有 100 英镑，其中一个是年事已高的寡妇，根据朋友的建议，她用这笔钱购买了每年支付 20 英镑的终生养老金。另外两个是工人，他们勤劳节约，每人从工资中节省了 100 英镑；这两个人都提议购买轧光机，并开始着手这项业务。其中一个人把钱存在储蓄银行；他打算自己造一台轧光机，计算出他花 20 英镑购买材料，剩下的 80 英镑用来养活自己和付给帮助他建造轧光机的工人。另一个人碰到他可以花 200 英镑购买的机器，他同意立即付 100 英镑，其余的在十二个月后付清。现在让我们设想，货币发生了一些变化，贬值一半。价格很快就会适应新的情况。寡妇的养老金虽然名义上数额相同，但实际上只能购买它以前所购买的生活必需品的一半。把钱存到储蓄银行的工人，也许已经购买了 10 英镑的材料，又为工人劳动支付了 10 英镑。现在他发现通过货币的这种变化，他虽然名义上拥有 80 英镑，但事实上，这笔钱只能购买完成机器所需的劳动力和材料的一半，此时他既不能完成机器的建造（因为缺乏资金），也不能以他付出的代价来处理他尚未完成的工作。与此同时，另一个工人为了购买轧光机背负了 100 英镑的债务，他发现由于货币贬值，他为轧光机所付的价格和所有其他价格一样翻了一番；因此，事实上，他花 150 英镑购买了机器。于是，没有任何过失或轻率，而是由于他们无法控制的情况，几个当事人却要面对不同的结局：寡妇几乎要挨饿了；一个工人被迫放弃在几年的时间里成为工厂主的希望；另一个工人不具有任何超越他人的勤奋或技能，却发现自己意外地免除了一半的债务，拥有了一个宝贵的利润来源，而事实上，根据他的情况，这本来是一次轻率的交易；而机器的前主人，如果他也把出售机器所得的钱存放在储蓄银行，就会发现自己的财产突然减少了一半。

(180) 这些弊端或多或少地伴随货币价值的每一次变化而出现；而尽可能保持货币价值不变的重要性，应让社会各阶层铭刻于心。

第 15 章　检验对价格的影响

(181)一件商品在特定时期的货币价格通常是由供求关系决定的。同一商品在很长一段时间内的平均价格，通常最终取决于生产和销售它的能力以及资本的一般利润。但是，这些原则虽然在一般意义上是正确的，却经常受到其他因素的影响而改变，因此有必要对干扰因素进行一些研究。

(182)关于这些命题中的第一个，可以观察到，对购买者来说，任何物品的成本除了供给与需求比之外，还包括另一个因素。尽管这一因素通常不太重要，但在许多情况下，却具有重大影响。对购买者来说，成本是他为任何商品支付的价格再加上检验商品是否具有合同约定的良好程度的成本。在某些情况下，仅仅通过检查就可以看出商品的优劣：在这些情况下，不同商店的价格差别不大。例如，糖块的优劣几乎一眼可辨，其结果是，价格如此统一，利润如此微薄，以至于没有一个杂货商急于出售。而另一方面，茶叶是非常难于判断的，哪怕是面对有经验的人，也能混合掺假，其价格千差万别，是每个杂货商最想卖给顾客的东西。

在某些情况下，核查的难度和费用是如此之大，以至于有理由偏离既定原则。因此，总的原则是，国家可以购买任何价格比国内制造更为便宜的商品。然而，人们认为，建造大面积的面粉厂（例如德普福德的面粉厂）并自己研磨谷物，比检验每袋购入的面粉和不断雇人设计用以识别新的掺假手段的方法更为经济。

(183)几年前，一种称为“掺假”（doctoring）的程序作为调制老三叶草和三叶草种子的模式变得如此普遍，以至于引起了下议院的注意。出现在委员会面前的证据是：先将陈的白三叶草的种子稍微浸湿，然后用燃烧的硫磺烟熏干燥，再通过把红三叶草的种子放在一个装有少量靛蓝的袋子里摇动使其颜色得到改善，从而对它进行了掺假。但是当真相被查明了一段时间之后，掺假者继而使用一种洋苏木制剂，用少量的绿矾，有时用铜绿来精制，这样就立刻改善了陈种子的外观，并削弱（即使不破坏）其已随着年龄而衰弱的植物生长力。假设这样的调制不会使好种子受到伤害，那么事实证明，通过改善外观，该过程将使每百重量单位的市场价格从 5 先令提高到 25 先令。但是，这些过程所带来的结果的最大弊端是，使陈旧而毫无价值的种子在外观上与最好的种子一样。有一个证人试过一些被掺假的种子，他发现只有不到百分之一的种子会生长出来，长出来的种子之后也会停止生长；而好种子则大约有百分之八十或百分之九十会生长出来。这样处理过的种子卖给了国内的零售经销商，他们当然会以最便宜的价格购买，然后从他们转移到农民手中。这两类人都不能区分假种子和真种子。结果，许多种植者减少了他们对这一商品的消费，而其他人则不得不向那些有能力辨别混合种子的人支付更高的价格。

(184)在爱尔兰亚麻贸易中，发生了一个类似的为检验商品支付高价的例子。亚麻协会的报告指出：“与外国或英国亚麻相比，爱尔兰亚麻的天然优良品质已被承认。”然而，从协会收到的证据来看，爱尔兰亚麻在市场上的售价似乎比同等或劣质的其他亚麻每磅少1—2便士。这种价差一部分是由于制备工作中的疏忽造成的，另一部分是由于要确定每个包裹都没有仅仅增加其重量的无用的东西而付出的费用。这一点从科里先生(Mr. J. Corry)的证言中可以看出，他在27年的时间里担任爱尔兰亚麻协会的董事会秘书：

“亚麻的主人几乎总是生活在下层的人，他们相信可以通过欺骗买家来最好地提升自己的利益。亚麻按重量出售时，各种应急办法被用来增重；而且每一种应急办法都是有害的，特别是让亚麻潮湿，这是一种非常常见的做法，它会使亚麻随后升温。每一捆(每捆都有不同的体积)亚麻内部经常充满鹅卵石或各种污垢，以增加重量。在这种状态下，它被购买并出口到英国。人们承认爱尔兰亚麻的天然品质不亚于任何外国生产的亚麻；然而，每一捆从外国进口到英国的亚麻都得到了购买者的青睐，因为外国亚麻是以一种更干净、更正规的状态进入英国市场的。在英国，外国亚麻的销售范围和价值可以从公共账目中看出。我愿意相信，爱尔兰通过适当延长亚麻的耕作时间，并使其亚麻市场受到良好监管，可以在不影响国内家庭消费所需数量的前提下，供应英国市场的全部需求，把外来者排除在外。”

(185)蕾丝贸易提供了另外的例子。在调查蕾丝编织者向下议院所做的投诉时，委员会观察到：“很奇怪的是，在一百五十年前大多数人抱怨的不满，在目前贸易状况改善的情况下依然是人们抱怨最多的不满：因为从你们委员会得到的证据来看，所有证人将贸易的衰落更多地归因于制造具有欺诈性的和劣质的物品，而不是战争，或任何其他原因。”有证据表明，一种被称为“单压”的蕾丝被制造出来，尽管对眼睛有益，但由于滑线，在洗涤时很容易损毁。能够说出“单压”和“双压”蕾丝之间区别的人寥寥无几；而且，即使是工人和制造商也必须为此目的使用放大镜。一位目击者还说：“贸易尚未停止，除了在发现欺诈的那些地方；现在那些地方已经没有订购任何诺丁汉蕾丝的订单，信用已被完全毁掉了。”

(186) 在丝袜交易中也有类似的欺诈行为。有证据表明，那些长袜从膝盖到脚踝的长度是统一的，并且在小腿支架上浸湿和拉伸，干燥后仍保持其形状，但购买者直到第一次洗涤后，看到长袜像袋子一样挂在脚踝上时，才发现欺诈行为。

(187) 在钟表行业，本地人和外国人都在很大程度上伪造了受人尊敬的制造商的商标和名称。这对我们的出口贸易是最有害的，正如从下议院一个委员会收到的证据中摘录的以下内容将会证明的那样：

“问题：你做这行多久了？

回答：将近 30 年了。

问题：目前行业很萧条？

回答：是的，令人伤心。

问题：你对造成这种窘境的原因有何看法？

回答：我想这是由于一些手表做得非常糟糕，在国外市场上几乎看不到它们；所有这些手表都有一个漂亮的外观，但这些产品几乎毫无用处。

问题：你的意思是说，这个国家生产的所有手表都是这样吗？

回答：不，只有一些犹太人和其他低端制造商制造的那些手表是这样的。我记得几年前，东印度公司产品的式微，原因在于售出的许多看起来很漂亮的手表有问题。例如，它们有指针和数字，好像在显示秒，但没有任何规律的工作来显示秒；指针一圈圈转动，但并不规律。

问题：它们没有完美的运动吗？

回答：是的，它们没有。那是很久以前的事了，在那以后很长一段时间我们都没有见过东印度公司的任何产品。”

在国内市场上，劣质但华丽的手表是以便宜的价格制造的，制造商不保证手表能运行超过半个小时，大约等于犹太小商贩欺骗本国客户时所花费的时间。

(188)在亚麻帆布的零售店里，当某些商品的实际宽度可能只有名义宽度的八分之七或四分之三时，就称为码宽。这种叫法最初是由于欺诈行为而产生的，被发现后，销售商必须经常当着顾客的面测量商品的宽度。在所有这些情况下，卖方的目的是获得高于客户知晓其货物质量时能实际获得的价格；而买方，如果本身不是一个熟练的鉴定家(这种情况很少发生)，则必须以溢价向有能力辨别优劣和有良知提供约定质量的商品的人付款。但是，由于人们通常对自己的判断有很大的信心，因此，大批的人总是会涌向廉价经销商，后者吸引了许多诚实商人的顾客，这使他可以收取更高的价格，这一价格要超过没有此类竞争的情况下他会提出的价格。

(189)几乎没有什么东西比药品的质量更难被公众评判；当这些片剂被合成药品时，即使是医务人员也很难判断是使用了纯的还是掺假的成分。这种情况，再加上目前不公正的医疗救助支付方式，对药品价格产生了奇怪的影响：不是为药店坐诊医生的服务和技能支付报酬，而是允许他们对药品收取高额费用，因为药品的货币价值显然很小。这样一种制度的后果是处方用药超过了必要的药量。事实上，即使按照目前的收费标准，坐诊医生在百分之九十九的病例中，都不能得到公平的报酬，除非病人服用或支付的药量超过他真正需要的药量。对一瓶两盎司[①]的药收取 18 便士的费用显然是昂贵的，这一点对许多人来说是显而易见的，他们没有考虑到，实际上，很大一部分费用是为了医生专业技能的施展而支付的。当无论是护理病人还是仅仅准备医生的处方，坐诊医生都收取同样的费用时，药剂师和药材商很快就提出以大大降低的价格提供相同的商品。但是坐诊医生收取的 18 便士可能被公平地分为两部分，3 便士用于药剂和瓶子，15 便士是诊费。因此，如果一位从不看病的药剂师对同一种药只要一先令的话，他就可以从中获得 200% 或 300% 的利润。这种巨大的利润已经吸引了众多竞争者；在这种情况下，无法检验在很大程度上抵消了竞争的有利影响。即使是以极高的价格作为药品零售价，药品的普遍掺假已使那些本应以纯正状态销售药品的人获得可观的利润，而同样的弊端常常使最杰出的医生的期望落空，使他们的技能落空。

如果不建议对医疗实践体系进行几乎彻底的改革，就很难指出针对这一弊端的补救措施。如果坐诊医生根据他的出诊收费，并将他的药品价格降低到目前价格的四分之一或五分之一，那么为了自己的声誉或技能，他仍然有兴趣购买最好的药品。或者，如果收费更高的医务人员有几个学生的话，那么他自己可以提出药品而不收

① 坐诊医生经常在旧瓶子仓库里以每罗 10 先令的价格购买这些药瓶。而当他们的仆人将其清洗完后，药瓶的费用几乎是 1 便士。

取具体费用，他的学生将从配制药品以及检查购买的药品的纯度中得到进步。通过这种安排，公众将获得一些好处。首先，拥有最好的药物对医生的利益非常重要；其次，不给病人开太多的药物，也对他有好处，这将使他能够通过他的一些高水平的学生，更经常地观察疾病的变化。

(190)有许多五金制品，购买者在购买时甚至购买之后，都无法在不破坏它们的情况下进行检验。可以使用电镀马具和马车家具作为例子：由于其强度和相对其他金属的某种程度的永久美感，它们通常是用镀银的锻铁制成。如果用铸铁代替锻铁，并用软焊料(锡和铅)而不是硬焊料(银和黄铜)进行镀覆，这两者的质量都会受到很大影响。在这种情况下，强度的丧失是最大的弊端。对于铸铁而言，尽管通过仔细退火会使其比通常的铸铁件更坚硬，但仍比锻铁要弱得多，而且马具的松动经常会引起严重事故。在用软焊料镀覆时，可以用一块非常薄的银板覆盖铁，但是很容易脱落，特别是在低温下。使用硬钎焊可以得到更好的镀银层，该镀层非常牢固，除非高温，否则不容易受损。劣质产品在外观上几乎可以与优质产品相提并论；购买者如果不把商品切开，就很难发现其中的差别。

(191)价格在任何时候都取决于供求关系原理，只有当全部供给由为数众多的小所有者所掌握，而需求由另一批人的需要引起，且其中每个人的需要量非常少的时候，这一原理才完全成立。原因似乎是，只有在这种情况下，双方的感情、激情、偏见、意见和知识才能达到统一的平均水平。如果库存或现有库存完全由一个人持有，他自然会努力定出一个价格，以使商品出售时产生最大数量的货币；但他估算出售价格时，会以两方面因素为指导：一方面是他知道价格上涨会导致消费减少，另一方面是他想在新的供应从其他地区进入市场之前实现利润。但是，如果相同的库存掌握在几个经销商的手中，则他们之间将立即发生竞争，这部分是由于他们对当前供给状态的持续时间有不同看法，部分是由于他们自己在资金使用方面有着特殊情况。

(192) 为了确定所收取的价格是合法应得的价格，有时需要付出的费用相当可观。在长途汽车发送包裹的案例中，这种检验造成了相当大的不便。追讨多收费用所损失的时间在价值上通常相当于讨回金额的许多倍，因此这种行为很少被采取。如果政府在某种程度上利用与现行邮寄系统同样的系统来进行包裹的一般运输，是否会给公众带来不便，这是一个值得考虑的问题。交货的确定性以及没有任何过高收费的企图，将使禁止承运人竞争变得不必要。也许可以在这个问题上做一个试验，扩大两便士邮政允许寄送的重量，并由普通邮递实现纸质产品的传送。

后一项建议对文学进而对知识的传播都具有重要意义。就目前的邮局条例而言，经常发生的情况是，那些在科学界享有广泛声誉的人，为了通过邮递接收从外国寄来的作品，不得不支付极其昂贵的邮资，或者拒绝接收一些有趣的通信。在法国和德国，印刷的纸张都是用邮递的方式邮寄的，费用很适中，英国的科学和文学也应该受到同等的青睐。

(193) 如果可能的话，一定要把工人的名字和他所做的工作联系起来，这一点很重要。这使他得到了应得的荣誉或责备；在某些情况下，也减少了核查检验的必要性。在美国出版的文学作品中，它被执行的程度是惊人的。在鲍迪奇先生翻译的《天体力学》

(*Mecanique Celeste*)一书中，不仅提到了印刷厂的名字，还提到了排字工人的名字。

(194)同样，如果商品本身具有易腐性，例如，几个夏天从挪威进口到伦敦港口的冷冻货物，那么时间将成为竞争的领域；而且无论该商品是由一个人还是由多个人拥有，它几乎都不会达到垄断价格。过去几个月来白千层油(cajeput oil)的故事，为说明舆论对价格的影响提供了一个不寻常的例子。去年(1831年)7月，白千层油以每盎司7便士的价格(不含关税)出售。当时，人们以为肆虐东方的疾病将向我们的海岸逼近，而它的临近引起了恐慌。在这一时期，这种油开始成为人们谈论的话题，被认为是解决这一可怕混乱局面的有效办法。9月，它的价格涨到每盎司3—4先令。到了10月，市面几乎没有白千层油销售。但在11月初，这种物质的投机达到了顶峰，在1日和15日之间，它实现了以下价格：3先令9便士、5先令、6先令6便士、7先令6便士、8先令、9先令、10先令、10先令6便士、11先令。11月15日之后，白千层油的持有者急于以低得多的价格出售。去年12月，一批新货以5先令的价格公开出售，然后被撤回，后来又以每盎司4先令或4先令6便士的价格私下出售。从那时起，已经出现了1先令6便士和1先令的价格；人们每天都会预期(1832年3月)，一批新货很可能会把价格降到7月份的价格以下。现在必须注意的是，在投机活动最为猖獗的11月份，市场上的数量为极少数人持有，而且经常易手，每个持有人都渴望实现自己的利润。从那时起，进口的数量也相当可观。[①]

① 据我了解，樟脑的价格，在同一时间，也经历了类似的变化。

(195) 在证券交易所出售的各种证券的价格中，可以观察到交易商数量增加带来的价格均衡效应。由于买卖 3% 利息公债的人数很多，任何想卖出的人总是可以按比市价低 0.125% 的价格出售其债券；但是，那些希望处置银行股票或其他流通量有限的证券的人，每 100 英镑的价值必须做出八倍或十倍于此数额（即 0.125%）的牺牲。

(196) 大多数读者应该都记得，石油、牛脂和其他商品的频繁投机，总是建立在购买所有库存并同意购买期货的原则之上的，从而证明了资本家的观点，即少数人持有库存可以获得更高的平均价格。

第 16 章　耐用性对价格的影响

(197) 现在，在考虑了可以改变短期价格的情况之后，接下来我们必须研究一条似乎对长期平均价格有影响的原理。任何商品的耐用性都会永久地影响其成本。我们已经说过，任何商品的短期价格取决于供求之间的比例，也取决于验证费用。在很长一段时间内，平均价格将取决于生产产品和将产品推向市场所需的劳动力以及平均供求；但它也将受到制造出来的物品的耐用性的影响。

许多常用的物品在使用中被大量消耗：磷火柴、食品和雪茄，都是这样的例子。一些使用后的物品变得不适用于它们曾经的目的，如已印刷的纸张，但尚可为奶酪制造商或木箱制造商所用。有些物品由于使用很快就会磨损，比如笔。有些经过长时间的持续磨损，仍然具有价值。还有一些物品（也许数量很少）则永不磨损。较硬的宝石，经过适当切割和抛光，就属于后一类；镶嵌它们的金银样式可能会因时代的品味而有所不同，这些装饰品经常被当作二手商品出售，但宝石本身，当从支撑物上取下时，从来没有被这样考虑过。一颗曾在上百个美女的颈项上熠熠生辉或在贵族的眉宇间闪闪发光近一个世纪的璀璨钻石，在钻石商人看来，与刚刚脱离玉石匠之手而没有被加工的另一颗钻石是别无二致的，并将以每克拉同样的价格被他购买或出售。大多数商品的性质介于这两个极端之间，其耐用性各不相同。很明显，那些消耗品的平均价格绝不能低于把它们推向市场付出的劳动价格。它们可能在短时间内以较低的价格出售，但在这种情况下，它们的生产必然很快完全终止。另一方面，如果一件物品永不磨损，它的价格可能永远低于生产它所花费的劳动力成本；唯一的后果是，不再进行生产。它的价格将继续受到供求关系的调节；如果以后价格在相当长的一段时间内升高到生产成本之上，它将被再次生产。

(198)物品会因为实际腐烂或零件磨损而变旧，因改进的构建方式而过时，或是因为时代品味变化带来的形式和样式改变而落伍。在后两种情况下，它们的效用几乎没有减少。而且，由于不再受目前使用者的追捧，它们被以较低的价格卖给了一个更低的社会阶层。许多家具，如做工精良的桌椅，就这样出现在那些本来很难买得起新家具的人的房间里；我们甚至经常在一些比较富裕人家的房间里看到一些大型穿衣镜，这些穿衣镜先后通过了几个拥有者的手中，每个拥有者仅改变了镜架的款式。在某些情况下甚至忽略了这种更改，额外的镀金层使它们不再具有二手的性质。因此，对奢侈品的偏爱在社会阶层中向下传播，并且在短时间内，获得新需求的人数足以激发制造商的聪明才智，以降低其供应成本，而他本人也因需求的扩大而受益。

(199)就刚才提到的原理来讲，穿衣镜有其独特之处。损害它们的最常见原因是意外暴力；而与大多数其他物品不同的是，其特殊之处在于它们破裂后仍然具有一定的价值。如果大镜子意外破裂，它会立即被切成两个或更多个较小的镜子，每个镜子都可能是完美的。如果暴力程度太大，以至于把它变成许多碎片，那么这些较小的碎片可以切成正方形用来装饰玻璃；如果镀银层受到破坏，则可以重新镀银，也可以用于制作玻璃窗的厚板玻璃。由英国制造商生产的国内平板玻璃每年增加库存约 25 万平方英尺。很难估计每年销毁或出口的数量，但数量可能很小；这些持续增产的影响体现为商品价格下降和消费增加。几乎所有经营较好的店面现在都用它来装饰。如果它坚不可摧，那么价格就会不断下降；除非新的用途或更多的顾客产生了更多了需求，否则单个的制造厂最终将被迫关闭，被自己产品的耐用性赶出市场。

(200)金属在某种程度上是永久性的，但其中几种金属使用之后最终将会消失。

铜是一种可大量循环使用的金属：用于覆盖船体和遮蔽房屋的部分金属因腐蚀而损失，但其余的通常都会被重新熔化。有些损失在小的铜制物品中，有些在形成盐、罗马硫酸（硫酸铜）、铜绿（醋酸铜）和碳酸铜的过程中被消耗。

黄金在镀金和刺绣中被浪费，但其中的一部分是通过燃烧旧物品来回收的。有些部分由于黄金的磨损而流失，但总的来说，它具有相当大的耐用性。

铁。这种金属部分由于氧化被浪费，如小钉子、细铁丝。工具磨损、轮胎磨损以及形成一些染料也会浪费部分铁质，但许多铸铁和熟铁都可以重新利用。

铅被大量浪费。用于制造管道和覆盖屋顶的薄板的一部分铅被返回炼炉，但大量的铅以小型铅弹的形式消耗，有时以火枪铅弹的形式消耗，有时则以氧化铅和红丹粉的形式用于制造白色和红色涂料、制作玻璃、给陶器上釉和制造铅糖（醋酸铅）。

银是相当耐用的金属。一部分消耗于硬币的磨损，一部分用于银盘制造、镀银和刺绣。

锡。这种金属的主要消耗来自镀锡铁，有些则在焊料中和染料的溶液中消耗掉了。

第 17 章　以货币衡量的价格

(201) 如果我们比较相隔较远的几个时间段和不同的国家，一件商品的货币价格向我们提供的有关其价值的信息就很少了。对于通常用来计量价格的黄金和白银，它们本身就像所有其他商品一样，会受到价值变化的影响；这些变化也没有任何标准可以参照。有人建议用不同制成品或原料产品的某种质量的平均价格作为一种标准，但随后出现了一个新的困难：由于生产这种商品的方法改进，其货币价格在非常有限的时期内极不稳定。下表提供了这样的例子，列出了短短 12 年的时间内发生的惊人变化。

下述年份中伯明翰下列商品的价格

商品描述	1818 年		1824 年		1828 年		1830 年	
	先令	便士	先令	便士	先令	便士	先令	便士
铁砧……………………… 每英担	25	0	20	0	16	0	13	0
锥子，抛光，利物浦………… 每罗	2	6	2	0	1	6	1	2
床螺钉，6 英寸长 ………… 每罗	18	0	15	0	6	0	5	0
嚼子，镀锡，缰绳用………… 每打	5	0	5	0	3	3	2	6
门螺栓，6 英寸 …………… 每打	6	0	5	0	2	3	1	6
木匠用支架，共 12 部分……… 每套	9	0	4	0	4	2	3	5
纽扣，大衣用 ……………… 每罗	4	6	6	3	3	0	2	2
纽扣，小的，背心用………… 每罗	2	6	2	0	1	2	0	8
烛台，6 英寸，黄铜 ………… 每对	21	1	2	0	1	7	1	2

（续表）

商品描述	1818 年		1824 年		1828 年		1830 年	
	先令	便士	先令	便士	先令	便士	先令	便士
马鬃梳，6 齿……………………每打	2	9	2	6	1	5	0	11
煎锅………………………… 每英担	25	0	21	0	18	0	16	0
枪锁，单轮手枪………………每个	6	0	5	2	1	10	1	6
锤子，制鞋用，0 号…………每打	6	9	3	9	3	0	2	9
铰链，铸制枪托，1 英寸……每打	0	10	0	$7\frac{1}{2}$	0	$3\frac{1}{4}$	0	$2\frac{1}{4}$
把手，黄铜，2 英寸，洗手台用…………………………每打	4	0	3	6	1	6	1	2
门闩……………………………每打	2	3	2	2	1	0	0	9
门锁，铁框，6 英寸…………每打	38	0	32	0	15	0	13	6
铸铁和其他铸件…………… 每英担	22	6	20	0	14	0	11	6
铁锹和火钳，火烙铁…………每对	1	0	1	0	0	9	0	6
马镫，电镀……………………每对	17	6	15	0	10	0	7	0
汤匙，镀锡……………………每罗	4	6	3	9	1	6	1	1
跟踪链………………………每英担	28	0	25	0	19	6	16	6
托盘，日本茶，30 英寸………每个	4	6	3	0	2	0	1	5
老虎钳，铁匠等使用……… 每英担	30	0	28	0	22	0	19	6
金属丝，黄铜…………………每磅	1	10	1	4	1	0	0	9
金属丝，铁，6 号……………每捆	16	0	13	0	9	0	7	0

(202) 我已尽力确保上表的准确性：在所报年份的不同时期，价格可能有所不同，但我相信这可以被视为一种适当的近似值。在我的询问调查过程中，我得到了另一份清单的支持，其中有许多相同的条目，但后一种情况中，所报价格间隔为 20 年。它摘自伯明翰一家备受推崇的出版社出版的图书；但凡此表中出现的与前一表格相关的商品，其价格证实了前一表格的准确性。

1812 年和 1832 年价格

商品描述	1812 年		1832 年		较 1812 年价格下降的百分比
	先令	便士	先令	便士	
铁砧……………………每英担	25	0	14	0	44
锥子，利物浦刀口…………每罗	3	6	1	0	71
烛台，铁质，普通………………	3	$10\frac{3}{4}$	2	$3\frac{1}{2}$	41
烛台，铁质，螺纹………………	6	$4\frac{1}{2}$	3	9	41
床螺钉，6 英寸方头………每罗	7	6	4	6	40
床螺钉，平头 ………………每罗	8	6	4	8	45
马鬃梳，6 齿 ………………每打	4	$\frac{1}{2}$	1	0	75
马鬃梳，8 齿 ………………每打	5	$5\frac{1}{2}$	1	5	74
马鬃梳，专利，6 齿 ………每打	7	$1\frac{1}{2}$	1	5	80
马鬃梳，专利，8 齿 ………每打	8	$6\frac{3}{4}$	1	10	79
火烙铁，铁头，1 号 ……………	1	$4\frac{1}{2}$	0	$7\frac{3}{4}$	53
火烙铁，铁头，2 号 ……………	1	6	0	$8\frac{1}{2}$	53
火烙铁，铁头，3 号 ……………	1	$8\frac{1}{4}$	0	$9\frac{1}{2}$	53
火烙铁，铁头，4 号 ……………	1	$10\frac{1}{2}$	0	$10\frac{1}{2}$	53
枪锁，单轮手枪……………每支	7	$2\frac{1}{2}$	1	11	73

（续表）

商品描述	1812 年		1832 年		较 1812 年价格下降的百分比
	先令	便士	先令	便士	
锁，1 黄铜 ······················	16	0	2	6	85
锁，2 $\frac{1}{2}$ 英寸 3 键钱柜锁 ···· 每把	2	2	0	9	65
鞋钉 ························ 每罗	5	0	2	0	60
勺，镀锡，铁质汤勺 ·········· 每罗	22	6	7	0	69
搅拌棒，镀锡，2 齿 ·········· 每打	7	0	2	9	61
跟踪链 ···················· 每英担	46	9 $\frac{1}{2}$	15	0	68

（203）我不能不借此机会提请我们所有制造业和商业城镇的制造商、经销商和代理商注意，无论是为了他们自己的利益，还是为了他们的资本所提供就业机会的人口的利益，必须从账簿中记录的实际销售额中谨慎地收集这些平均数。如果从尽可能多的不同地区收集这些平均数，可能会更有价值。推导平均数所依据的货物数量，连同与平均数的最大偏差，都应该给出；如果由一个小型委员会来承担这项任务，可以为这些信息提供强有力的额外证据。人们指责政治经济学家对事实的运用太少，对理论的运用太多。如果缺乏事实，那么请记住，密室哲学家就无法了解工厂令人钦佩的安排。没有哪一类人能像经销商和制造商那样如此轻易地、牺牲如此少的时间就可以提供政治经济学家所有推理所依据的数据；而且毫无疑问，他们所做出的推论对经销商和制造商阶层也最为重要。不要担

心从这些记录下来的事实中可能会得出错误的推论：由于缺乏事实而产生的错误，要比那些由于尊重真实数据的不当推理而产生的错误多得多，也更持久。

(204)此处列举的商品其价格大幅度下降的原因可能有以下几种：1)货币价值的变动。2)对金属货币的需求增加，使得黄金的价值增加。3)资本产生的利润率降低。这可以通过所述期间内3%利息公债的平均价格进行估算。4)制造这些商品所使用的原材料价格下降。原材料主要是黄铜和铁，这些商品价格的下降在某种程度上可以通过铁和黄铜线价格的下降来估计。在铁和铜线这类商品的成本中，劳动所占的比例低于许多其他商品。5)使用的原材料数量较少，在某些情况下也许做工质量较差。6)改进了生产方法，使减少的劳动能产生相同的效果。

(205)为了提供估算这几种原因所产生影响的方法，我增加了下表：

表格始于1812年，小麦和铁的价格大幅下跌，同时黄金价格下跌，从而可以推断因果关系。就小麦而言，由于一系列的歉收，其价格于1812年达到最高，当时通过进口救济困难且价格昂贵。1813年12月，尽管黄金价格升至5英镑，但小麦价格跌至73先令，比1812年春季低了50%。这清楚地表明这两种商品受到了相反原因的影响。

同样，在1812年，瑞典铁的运费和保险费比现在高得多，几乎可以弥补全部价格差。1818年，人们进行了广泛的投机活动，抬高了所有铁的价格，因此随后价格下降的部分仅仅是对先前毫无根据的涨价的反应。最近，在1825年，这种商品的价格因为投机大幅

平均价格	1812年			1818年			1824年			1828年			1830年			1832年		
	英镑	先令	便士	英镑	先令	便士	英镑	先令	便士	英镑	先令	便士	英镑	先令	便士	英镑	先令	便士
黄金，每盎司	4	15	6	4	0	0	3	17	$6\frac{1}{2}$	3	17	7	3	17	$9\frac{1}{2}$	3	17	$10\frac{1}{2}$
货币价值，百分比	79	5	3	97	6	10		100			100			100			100	
3%利息公债，统一公债		$59\frac{3}{4}$			$78\frac{1}{4}$			$93\frac{5}{8}$			86			$89\frac{3}{4}$			$82\frac{1}{2}$	
小麦，每季度	6	5	0	4	1	0	3	2	1	3	11	10	3	14	6	2	19	3
英国生铁，伯明翰	7	10	0	6	7	6	6	10	0	5	10	0	4	10	0		—	
英国条铁，伯明翰		—		10	10	0	9	10	0	7	15	0	6	0	0	5	0	0
瑞典条铁，伦敦，不包括每吨从4英镑到6英镑10先令不等的关税	16	10	0	17	10	0	14	0	0	14	10	0	13	15	0	13	2	0

上涨，这极大地刺激了产量的增加：在机械动力改进的帮助下，产量的增加已经可以完全达到使价格下跌的程度。

除了这些思考之外，我只想补充一点，我自己观察的结果使我相信，迄今为止，这些原因中最具影响力的是成本更低的制造方式的发明。在降价后仍能实现利润的前提下，成本更低的制造方式可以推动价格下降的程度，确实令人吃惊，以下有较高权威性的事实将证明这一点。二十年前，伯明翰制造了一种用于门锁的黄铜把手，当时的价格是每打 13 先令 4 便士。现在生产的同一件商品，金属重量相同，表面光洁度相等或实际上稍好一些，每打 1 先令 $9\frac{1}{4}$ 便士。在制造业中产生这种经济的一种情况是，加工这些门把手的车床现在是用蒸汽机驱动的；这样，工人从劳动中解脱出来，可以使工作速度比以前快二十倍。

(206)不同尺寸的同一商品在同一国家和不同国家的不同时期的价格差异在下表中形成了有趣的对比。

伦敦、巴黎和柏林工厂的平板玻璃的价格比较

高	宽	伦敦									巴黎			柏林		
		1771 年			1794 年			1832 年			1825 年			1828 年		
英寸	英寸	英镑	先令	便士	英镑	先令	便士	英镑	先令	便士	英镑	先令	便士	英镑	先令	便士
16	16	0	10	3	0	10	1	0	17	6	0	8	7	0	8	11
30	20	1	14	6	2	3	2	2	6	10	1	16	10	1	10	6
50	30	24	2	4	11	5	0	6	12	10	9	4	5	8	13	0
60	40	67	14	10	27	0	0	13	9	6	22	7	5	21	18	0
76	40		—		43	6	0	19	2	9	36	4	5	35	2	11

（续表）

高	宽	伦敦									巴黎			柏林		
		1771 年			1794 年			1832 年			1825 年			1828 年		
英寸	英寸	英镑	先令	便士	英镑	先令	便士	英镑	先令	便士	英镑	先令	便士	英镑	先令	便士
90	50		—		84	8	0	34	12	9	71	3	8		—	
100	75		—		275	0	0	74	5	10	210	13	3		—	
120	75							97	15	9	354	3	2		—	

给这些玻璃镀银的价格是英国玻璃成本价的 20%，巴黎玻璃成本价的 10%，柏林玻璃成本价的 12.5%。

下表列出了英国平板玻璃公司（British Plate Glass Company）有史以来最大的玻璃板（镀银后）的尺寸和价格，这些平板玻璃现在已在伦敦的仓库中存放：

高	宽	镀银后价格		
英寸	英寸	英镑	先令	便士
132	84	200	8	0
146	81	220	7	0
149	84	239	1	6
151	83	239	10	7
160	80	246	15	4
巴黎最大的玻璃镀银后的价格，其尺寸和价格已经转换为英国标准				
128	80	629	12	0

(207) 如果我们想将任何商品在不同时期的价值进行比较，那么很显然，任何一种物质，甚至所有制成品的组合，都不能为我们

提供一个不变的单位，用以构成我们的估价标准。马尔萨斯先生(Mr. Malthus)为此提议，将农业劳动者一天的劳动作为所有价值的参照单位。因此，如果我们想将目前萨克森州20码宽的布料价值与两个世纪前在英国制造的相同种类和数量的布料价值进行比较，我们必须找出在英国购买的该布料于上述时间所需要的劳动天数，并将其与当前在萨克森州购买的同样数量的布料所需的劳动天数进行比较。农业劳动力被选中，是因为它存在于所有国家，雇用了大量的人力，而且还因为它需要很小程度的事先指导。事实上，它似乎仅需要运用一个人的体力；它的价值高于同等功率的机器，是由于它的便携性以及将其工作指向任意且不断变化的目的的便利性。也许值得探讨的是，一个更恒定的平均值是否能够从把这种劳动力与只需要适度发挥技能的行业结合起来推导得出——这些行业同样存在于所有文明国家，如铁匠和木匠等。[①] 然而，在所有这些比较中，还有另一个因素，虽然本质上不是必要的，但仍将大大增加我们的判断手段。这就是对劳动者通常日常生活必需的赖以生存的食物数量的估计，与他的日常工资可购买的食物数量的对比。

(208)在小生产者和商人之间存在一个中间商阶层，通常对双方都有利。在某些制造商的发展历史上的某些时期，这类商人自然而然地形成了；而当优势不再的时候，雇用他们的习惯也随之终止。中间商，尤其是当人数众多的时候，因为他们有时从事零售业，所以提高价格不会带来相应的好处。根据下议院最近对煤炭贸易状

① 关于这一调查的许多资料，请见1830年7月2日下议院制造商就业问题委员会的报告。

况所做的审查，似乎伦敦六分之一的公众是由一群中间商供货的，这些中间商在业界被称为黄铜板煤炭商人：这些人主要包括商人的雇员、绅士的仆人和其他人，他们没有自己的码头，而只是将订单交给某个真正的煤炭商人，后者从自己的码头送来煤炭；黄铜板煤炭商人当然会为他的代理行为收取佣金。

(209) 在意大利，这一系统在很大程度上是由承运人或者负责运送旅客的人员运行的。有些人拥有较高的语言流利度和说服力，他们经常光顾英国的度假胜地，一旦谈妥了运送旅客的条件后就立即到他们的同胞中间去，请一些其他的运输者来做这份工作，他们自己则把差价收入囊中。在开工之日前不久，签约人出现在客户面前，表现得非常痛苦，对他因母亲或某个亲戚的危险疾病而无法完成行程表示遗憾，并要求由他的表亲或兄弟代替他。英国旅行者几乎总是会默许这种变化，还经常会称赞欺骗他的流氓的孝心。

第18章　原材料

(210)尽管任何商品的成本归根结底可以被折合为生产它所用的劳动的数量，但在大多数物质的某种生产状态下，通常用“原材料”一词来称呼它们。因此，当铁从矿石中被还原并具有延展性时，它就处于适合于多种用途的状态，并且是制造我们大多数工具的原材料。在这一制造阶段，人们在该物质上花费了相当数量的劳动；从这个意义上说，追溯原材料和劳动的各种比例，就成为一个有趣的课题，它们联合起来构成许多技术产品的价值。

(211)金箔是由一部分金属组成的，它被敲打得非常薄，以至于蓝绿色的光可以穿透它的细孔。大约400平方英寸的黄金以一本小册子的形式出售，里面有25页金箔，售价1先令6便士。在这种情况下，黄金作为原材料的价值不到制成品的三分之二。而就银箔而言，劳动的价值远远超过了材料的价值。一本50页的书，面积超过1,000平方英寸，售价为1先令3便士。

(212)我们可以在威尼斯制造的精美金链的价格中，寻找到上述两个原因的相对影响。这些金链的大小是已知的数字，最小的是（在1828年）1号，而数字2、3、4等则代表尺寸逐渐增加。下表列出了当时生产的金链的编号和价格。[①] 第一列是金链的编号；第

① 目前已经制造出了更细的金链(1832)。

二列表示每条长度为 1 英寸的金链的重量；第三列是相同长度的链节数量；最后一列是威尼斯金链的法郎价格，每条长度约为两英尺，按每法郎等于 10 便士计算。

威尼斯金链

编号	每英寸重量 （单位：格令）	每英寸 链节数量	一条威尼斯金链的价格， 长度为 2 英尺 $\frac{1}{8}$ 英寸
0	0.44	98—100	60 法郎
1	0.56	92	40
$1\frac{1}{2}$	0.77	88	26
2	0.99	84	20
3	1.46	72	20
4	1.61	64	21
5	2.09	64	23
6	2.61	60	24
7	3.36	56	27
8	3.65	56	29
9	3.72	56	32
10	5.35	50	34
24	9.71	32	60

在这些金链中，编号为 0 和编号为 24 的金链价格完全相同，尽管后者的黄金数量是前者的 22 倍。制作最小的金链的难度如此之大，以致制作金链的妇女一次工作不能超过两个小时。随着我们从较小的金链推进，劳动与材料的价值比越来越小。直到编号 2 和 3 时，这两个成本要素相互平衡；之后，劳动的难度降低，材料的价值增加。

(213)然而，在这些金链上花费的劳动数量比在一些钢铁制造企业中使用的劳动数量少得多。就最小的威尼斯金链而言，劳动价值不超过黄金的三十倍。手表的弹簧摆控制平衡轮的振动，它的零售价是两便士，重量是一格令的百分之十五；而一磅最好的铁，作为五万个弹簧摆的制造原材料，它的零售价刚好也是两便士。

(214)进入法国制造业的劳动力和原材料的比较价格，在法国金属统计研究所德维尔福斯先生(Heron de Villefosse)的回忆录中已十分谨慎地加以确定。[①] 我们将把他的结论转化为英制计量单位。与金属有关的事实记录于1825年。

在法国，1英镑可以购买的原材料，当被制造为下列商品时，价值变为：

丝绸商品……………………………………2.37英镑

宽布和羊毛…………………………………2.15英镑

麻和缆绳……………………………………3.94英镑

带线织蕾丝的亚麻…………………………5.00英镑

棉花制品……………………………………2.44英镑

每英担生铅的价格为1英镑1先令。当价值1英镑的铅被制造为下列商品时，价值变为：

薄板或中等尺寸管道………………………1.25英镑

白铅…………………………………………2.60英镑

普通印刷字码………………………………4.90英镑

① 我的研究所备忘录，1826年。

最小型号活字 ……………………………28.30 英镑

每英担铜的价格为 5 英镑 2 先令。当价值 1 英镑的铜被制造为下列商品时，价值变为：

铜板……………………………………… 1.26 英镑

家用器具 ………………………………… 4.77 英镑

普通黄铜镀锡针………………………… 2.34 英镑

含 1/20 镀银的铜盘……………………… 3.56 英镑

编织成每平方英寸包含 10,000 网孔的金属布 …52.23 英镑

每英担锡的价格为 4 英镑 12 先令。当价值 1 英镑的锡被制造为下列商品时，价值变为：

镀银玻璃适用的锡箔 …………………… 1.73 英镑

家用器皿 ………………………………… 1.85 英镑

每英担水银的成本为 10 英镑 16 先令。当价值 1 英镑的水银被制造为下列商品时，价值变为：

平均质量的朱砂………………………… 1.81 英镑

每英担金属砷的成本为 1 英镑 4 先令。当价值 1 英镑的金属砷被制造为下列商品时，价值变为：

砷的白色氧化物………………………… 1.83 英镑

硫磺（雌黄）……………………………… 4.26 英镑

每英担铸铁的价格是 8 先令。当价值 1 英镑的铸铁被制造为下列商品时，价值变为：

家用器具	2.00 英镑
机械	4.00 英镑
装饰品，如带扣等	45.00 英镑
手镯、塑像、按钮等	147.00 英镑

条铁的成本为 1 英镑 6 先令。当价值 1 英镑的条铁被制造为下列商品时，价值变为：

农业器具	3.57 英镑
步枪枪管	9.10 英镑
双管枪管	238.08 英镑
铅笔刀刀刃	657.14 英镑
剃刀刀刃	53.57 英镑
骑兵、步兵和炮兵等的军刀刀刃	9.25—16.07 英镑
餐刀刀刃	35.70 英镑
珠宝首饰用的抛光钢制带扣	896.66 英镑
衣服别针	8.03 英镑
门锁和螺栓	4.85—8.50 英镑
普通锉刀	2.55 英镑
扁铸钢锉刀	20.44 英镑
马蹄铁	2.55 英镑
钉子用细缝铁	1.10 英镑
80 号金属线织物，铁丝	97.71 英镑

各种型号的针	17.33—70.85 英镑
编织印花布的簧片	21.87 英镑
钢锯(框架)	5.12 英镑
木工锯	14.28 英镑
最好的剪刀	446.94 英镑
铸钢	4.28 英镑
薄铸钢板	6.25 英镑
渗碳钢	2.41 英镑
自然硬度钢	1.42 英镑
抛光钢质剑柄	972.82 英镑
镀锡铁	2.04—2.34 英镑
铁丝	2. 14—10.71 英镑

(215) 以下是德维尔福斯先生所说的 1825 年 1 月各国锻造的条铁价格(每吨)。

	英镑	先令	便士
法国	26	10	0
比利时和德国	16	14	0
瑞典和俄罗斯，斯德哥尔摩和圣彼得堡	13	13	0
英格兰，加的夫	10	1	0
1832 年该商品的价格是	5	0	0

德维尔福斯指出，在法国，由铸铁加木炭制成的条铁的价格，通常是铸铁价格的三倍。而在英格兰，条铁通常由焦炭制造，成本

仅为铸铁价格的两倍。

(216)目前(1832年)英国铅的价格为每吨13英镑，当价值1英镑的铅被制造为下列商品时，价值变为：

碾磨薄铅板 ………………………………… 1.08英镑

铜锭的当前价格为每吨84英镑。当价值1英镑的铜锭被制造为下列商品时，价值变为：

薄铜板 ………………………………………… 1.11英镑

第 19 章　劳动分工

(217) 也许制造业的经济所依赖的最重要的原则就是工作人员之间的劳动分工。这项原则的首次应用一定是在社会的早期阶段，因为很快就会变得很明显，如果一个人把自己的工作限制在制造弓箭的技术上，另一个人限制在建造房屋，第三个人建造船只……那么每个人都可以获得更多的舒适和便利。然而，这种分工并不是因为有人认为这样的安排会增加社会的普遍财富，而一定是因为每个采用这种方式的人都发现，他可以从自己的劳动中获得比从事各种工作更大的利润。在这一原则被引入工场之前，社会一定已经取得了相当大的进步；因为只有在已达到高度文明的国家，以及在生产者之间存在巨大竞争的商品上，才能遵守最完善的分工制度。这一制度的优势所依赖的各种原则，一直是政治经济学家们讨论的主题；但它们的影响的相对重要性似乎并非在所有情况下都得到了足够精确的估计。首先，我打算简略地说明这些原则，然后指出那些以前研究过这个问题的人似乎遗漏了什么。

(218) 1)学习所需的时间。我们可以很容易承认，获得任何技艺所占用的时间将取决于实施技艺的难度；而且不同的加工方法的数量越多，学徒获得技艺所需的时间就越长。在许多行业中，五年或七年被认为是一个小伙子获得足够的技术知识并使他能够在其后的时间内用劳动偿还其师傅在其学艺之初所付出的费用的必要时间。然而，如果他没有学习一项工作（比如制针）的所有步骤，而是把注意力局限在一个操作上，那么他学徒生涯开始时所耗费的无利可图的时间就会很小，其余的所有时间都会有利于他的师傅。因此，如果师傅之间存在任何竞争，那么徒弟将能够提出更有利的条件，并减少他的仆役期。同样，在一个单一的程序中获得技能的容易程度，以及它是否可以在人生早期成为利润来源，将促使更多的父母把他们的孩子抚养成人从事这一行业；而且也是由于这种情况，工人的数量会增加，工资很快会下降。

(219) 2)学习中的浪费。在任何情况下，一定数量的材料都会被每一个学习技艺的人无利可图地消耗掉或者糟蹋掉；当他致力于每一个新的工序时，他会浪费一些原材料，或者部分制造的商品。但是，如果每个人在先后习得每一道工序中都造成这种浪费，那么浪费的数量将远远大于他将注意力局限于一道工序时浪费的数量；因此，从这个考虑问题的角度来看，劳动分工将降低生产的价格。

(220) 3)劳动分工带来的另一个好处是，节省了从一个职业到另一个职业的转变中总是损失的那部分时间。当人手或人脑从事任何工作一段时间之后，就不能立即完全有效地改变工作方式。所使用的四肢的肌肉在运动中获得了灵活性，而没有运动的肌肉在休息时则变得僵硬，这使得每一个变化在最初都是缓慢和不均等的。长期的习惯也会使肌肉产生一种承受疲劳的能力，其承受力要远超过其他情况下所能承受的程度。类似的结果似乎也发生在精神活动的变化上；对新事物最初的注意力，并不像在一番锻炼之后那么完美。

(221) 4)更换工具。在连续的过程中使用不同的工具是从一个操作切换到另一个操作过程中时间损失的另一个原因。如果这些工具简单，而且变化不频繁，那么时间的损失就不大。但在技术的许多过程中，这些工具非常精致，每次使用时都需要精确的调整，在许多情况下，调整所用的时间与使用该工具所用的时间成正比，滑架、分度机和钻床都属于这种类型。因此，在足够大的制造厂中，保持一台机器恒定地用于一种工作是很经济的。

(222) 5)通过频繁重复相同的过程而获得的技能。同一过程的不断重复必然使工人在其特定部门中形成一定程度的卓越和快速性，这是一个必须执行许多不同工序的人所不具备的优势。在已经实现相当程度劳动分工的工厂里，大部分业务如实行计件付酬，快速性还将进一步增加。很难从数字上估计这对生产造成的影响。亚当·斯密曾说过，在制钉方面，这几乎是三比一的比例。因为他观察到，一个铁匠习惯于制钉，但如果他的全部业务不仅仅是制钉，那么他每天只能做 800—1,000 钉子；而一个从未从事过任何其他行业的小伙子，每天可以制造 2,300 多个钉子。

(223)在不同的行业中，由上述原因引起的生产经济必然会有所不同。制钉的情况也许是一种极端的例子。但是，必须注意的是，从某种意义上说，这并不是永久的优势来源。因为尽管这种专业化分工起初效果非常明显，但每个月工人的技能都会增加；在三四年结束时，他们不会远远落后于那些从未从事过任何其他行业的人。在需要发行大量钞票的情况下，英格兰银行的一位职员在工作日的 11 个小时里签署他的姓名，包括他的教名的首字母在内共 7 个字母，他一共签了 5,300 次，此外，他还把签过字的钞票分装成了50张一个包裹。

(224) 6)分工意味着要发明工具和机器来执行工序。当生产一种商品的每一个工序成为一个人的唯一工作时，他的全部注意力都集中在一个非常有限和简单的操作上。改进他的工具的形式或使用它们的方式，更有可能出现在他的脑海中，而不是因为各种各样的情况而分心。这种工具的改进通常是迈向机器的第一步。例如，如果要在车床上切割一块金属，则必须将刀具固定在一个特定的角度，以确保切割得最干净；而将刀具固定在该角度的想法自然会出现在一个聪明工人的脑海里。缓慢地移动刀具并在一个平行于自身的方向上移动的必要性，意味着要使用螺钉，从而产生了滑动支架的念头。可能是在框架中安装凿子以防止其切割太深的想法，导致了普通木工刨的产生。在使用锤子打击的情况下，经验告诉我们需要多大力量比较适当。从手持的锤子到安装在轴上的锤子，再到通过某种机械装置有规律地提升到一定高度的锤子的转变，可能需要比刚才提到的更高程度的发明；然而，不难看出，如果锤子总是从同一高度落下，其效果必定始终相同。

(225)当每一个工序都被简化为使用一些简单的工具时，所有这些工具的结合，由一个移动的动力驱动，就构成了一台机器。在设计工具和简化工序方面，操作工人也许是最成功的；但要把这些零散的技艺组合成一台机器，还需要许多其他的习惯。作为一个从事特殊行业的工人，以前的教育无疑是一个有价值的初步阶段；但为了使这种组合具有任何合理的成功预期，对机械的广泛知识和绘制机械图纸的能力是必不可少的。这些才能现在比以前普遍得多，它们的缺失也许是我们许多制造业在早期的发展历史上出现大量失败的原因之一。

(226) 这些原则通常被认为是劳动分工带来利益的原因。但是我认为，最重要和最有影响力的原因完全没有被注意到，我将用亚当·斯密的话重申这些原则：

"由于劳动分工，相同数目的工人能够从事的工作量大大增加，这是由于三种不同的情况：首先，每个特定工人的灵活性增加；其次，时间的节省，这通常是从一种工作转移到另一种工作而损失的时间；最后，大量机器的发明，方便和减少了劳动，使一个人能做许多人的工作。"

现在，虽然所有这些都是重要的原因，而且每一个原因都对结果有影响，但在我看来，如果省略以下原则，任何关于劳动分工后制成品价格降低的解释都是不完整的。

制造厂厂主通过把要执行的工作划分为需要不同程度技能或力量的不同工序，可以准确地购买每一道工序所需的技能和力量的精确数量；而如果整个工作由一个工作人员执行，则此人必须拥有足够的技能和足够的力量去执行被分割的工序中最困难的和最费力的操作。[①]

(227) 由于劳动分工所产生的经济的很大一部分有赖于此原则，所以清楚地理解这一原则非常重要，指出其在某些特定制造业中的精确的应用数字可能很有益处。也许我应该选择制作钢针的技术作为例证，因为它包含了大量性质明显不同的工序。但是，由

① 我已经说过，这一原则是在我亲自考察了一些专门用于不同目的的制造厂和车间之后提出的；但我后来发现，这一原则在吉奥加的作品中已被明确指出，*Nuovo Prospetto delle Scienze Economiche*, 6 tom. 4to. Milano, 1815, tom. i. capo iv。

于亚当·斯密曾使用过一种不那么困难的制作大头针的工序，所以它引起了人们的注意。而且我也同意选择它，因为我们拥有半个多世纪前法国在实践中对这种技术的非常准确而细致的描述。

(228) 制作大头针。英国在制作大头针时，采用了以下工序：

1) 拉丝。(a) 制作大头针所用的铜线由制造商购买，其线圈直径约为 22 英寸，每个线圈重约 36 磅。(b) 这些线圈被卷成直径约 6 英寸、重量为 1—2 磅的小线圈。(c) 接下来这根金属丝的直径通过在钢板上的孔中反复拉拔而减小，直到它达到要制作的大头针所需的尺寸。在这个过程中，金属丝被硬化。为了防止断裂，必须根据所需减小的直径，退火两到三次。(d) 将线圈浸泡在硫酸中，用水充分稀释，以进行清洁，然后在石头上敲打，以去除可能附着在线圈上的任何氧化涂层。这些操作通常是由工人完成，他们每天要拉拔 30—36 磅重的金属丝并进行清洁。他们的工资率是每磅 5 法寻，一般每天赚 3 先令 6 便士。

佩罗尼 (M.Perronnet) 做了一些实验，研究金属丝穿过每个孔时所经历的拉伸。他拿了一根厚厚的瑞典铜丝，发现：

	英尺	英寸
其长度在拉拔之前	3	8
通过第一个孔后	5	5
通过第二个孔后	7	2
通过第三个孔后	7	8
接下来进行退火，长度变为		
通过第四个孔后	10	8
通过第五个孔后	13	1

通过第六个孔后 ································	16	8
最后，在穿过另外六个孔之后 ················	144	0

在这个实验中，用来拉丝的孔的直径并不是有规律地减小的；制造这样的孔非常困难，而要保留其原始尺寸则更加困难。

(229) 2)矫直金属丝。接下来，在男孩或女孩的协助下，金属线圈被传递到妇女手中。几根钉子或铁销，不是很整齐地排成一排，被固定在长度约 20 英尺的木桌的一端。金属丝的末端在这些钉子之间交替穿过，然后被拉到桌子的另一端。这一工序的目的是拉直金属丝，因为金属丝在缠绕成小线圈时获得了相当大的曲率。这样矫直的长度被切掉，剩余的线圈被拉成相似的长度。大约有七个钉子或铁销被用来矫直金属丝，它们的矫直还需要一些微调。金属丝在前三个钉子或大头针之间穿过，似乎会在与金属丝在线圈中相反的方向上产生弯曲。通过使它在下两个钉子间通过，该弯曲又向着第一次的方向变得更小，依此类推，直到金属丝的弯曲最终近似直线为止。

(230) 3)磨尖。(a)接着，一个人把大约三百根这些矫直的金属丝装进一个包裹，放入测量仪器中，用一把用脚驾驭的剪刀从金属丝一端起，在长度比六个大头针稍长的位置剪断。他会持续这个操作，直到整个包裹的金属丝都被剪成类似的小段。(b)下一步是削尖两端：为此，操作员坐在一个不断快速旋转的钢磨前，钢磨由一个直径约 6 英寸、宽 2.5 英寸的圆筒构成，正对着钢，以锉刀的方式切割。另一个圆柱固定在同一根轴上，相距几英寸；其边缘的锉刀是一种更精细的锉刀，用于研磨修整。现在，工人在每只手的虎口处拿起一包金属丝，将两端斜压在钢磨上，用四指和拇指小心地使每根金属丝慢慢地绕在它的轴上。他把所有的金属丝末端都磨尖之后，再把它们翻转过来，并对另一端执行相同的操作。这一工序需要相当多的技能，但它对健康并没有害处；而工序类似的制作钢针的工作却对健康有显著的损害性。(c)现在金属丝两端都已被磨尖，然后把它们放在测量器中，用剪刀沿尖端在制作大头针的适当长度剪断。金属丝的其余部分大约等于四个大头针的长度，那么再次磨尖每一端，按照它们的长度再次切断。第三次重复该过程，将残留在中间的一小段金属丝与废料一起扔掉，与打磨产生的灰尘一起熔化。通常，一个男人、他的妻子和一个孩子都会参与这些过程，他们的报酬是每磅 5 法寻。他们每天可以磨尖 34—36.5 磅，这样每天可以赚取 6 先令 6 便士到 7 先令，这可以按比例分配：男人得 5 先令 6 便士，女人 1 先令，6 便士付给孩子。

(231)4)扭曲和切割针头。下一个过程是制作针头。为此，(a)一个男孩拿一根直径与待制大头针相同的金属丝，把它固定在一个轴上，轴可以通过与它相连的车轮和皮带的带动迅速旋转。这根金属丝叫作模具。然后，他取一根较小的金属丝，用左手握住的一个小工具，用金属丝穿过上面的小孔，然后将其固定在模具底部。接下来，用右手使模具快速旋转，让较小的金属丝线圈将其环绕，直到它覆盖了模具的整个长度。现在，男孩将与模具尾部相连的螺旋线末端切开，并将其拔出。(b)当这样做了足够数量的针头时，一个男人用左手拿起 13—20 个这种螺旋，放在他的拇指和其余手指之间；他以适当的方式放置螺旋，即将螺旋转两圈超过一把剪子的上边缘，用同一只手的食指来感觉，只有两圈伸出来。他用右手合上剪刀，螺旋的两圈被切断，落入一个盆子里。食指的位置，可防止切断时针头四处乱飞。工人通常按每磅大针头 2.5—3 便士的价格获得报酬，而小针头的价格更高。他们从中支付旋转螺旋的男孩每天 4—6 便士的报酬。根据针头的大小，一个好的工人每天可以削 6—30 磅重的针头。

(232) 5) 制作针头。将针头固定在针体上的过程通常由妇女和儿童执行。每个操作员都坐在一个小的钢桩前，钢桩有一个空腔，针头的一半可装入其中。紧靠上方的是一个钢制模具，其相应的型腔可以供针头的另一半插入。后一个模具可以通过脚踏板抬升。锤子的重量从 7 磅到 10 磅不等，落在很小的空间内——可能是 1—2 英寸。这些模具中心的空腔与一个小槽的边缘相连，以容纳针体，从而防止针体由于模具的冲压而被压扁。这些模具中心的腔与小凹槽的边缘相连，以容纳针体，从而防止了由于模具的吹塑而使针体变平。(a) 操作员用左手将针体的尖端蘸入一个装针体的盘中，将针体尖端穿过其中一个针头后，用食指将针头推到另一端。接下来他用右手拿着大头针，把针头放在钢桩的腔里，用脚抬起模具，让它落在针头上。这次击打使针头紧扣在针体上，然后将针体转过来，头部在其圆周的不同部位受到三到四次打击。固定针头的妇女和儿童的报酬是每两万个 1 先令 6 便士。一个熟练的操作工一天尽全力可以做两万件，但一般能做一万到一万五千件；孩子们能做的针头数量要少得多，当然两者的技术程度是不同的。大约有百分之一的大头针在这个过程中被损坏；这些大头针随后会被妇女们挑出来，与其他工序中的废料一起被置于炼炉中。打造针头的模具根据当时的流行式样而有不同的形状；但由于受到反复的打击，在制作了大约 30 磅的大头针之后，就有必要对其进行修理。

(233) 6)镀锡。这些大头针现在已经准备好镀锡了，这个过程通常由一个男人、他的妻子或者一个男孩来完成。在这个阶段，操作的大头针数量通常是56磅。(a)首先将它们放在酸洗槽中，以去除其表面的油脂或污垢，并使其变粗糙，这有助于锡的黏附。(b)然后把它们放在一个装满了酒石水溶液的锅炉里，在这个锅炉里，它们与一定量的小颗粒锡相混合。在这种状态下，他们通常保持沸腾约两个半小时，然后被转移到一个水桶里，桶里已被扔进一些麸皮，以洗去酸液。(c)然后将它们取出，放在木托盘中，在干麦麸中充分摇匀，这样可以除去附着在上面的水分；通过让木盘进行一种特殊的运动，大头针被抛起，麦麸逐渐脱落，针留在盘中。将大头针浸酸和镀锡的工人通常能得到每磅1便士的报酬，在煮沸大头针的过程中，他自己负责烘干那些已经镀锡的大头针。他每天能挣大约9先令，但从中需向助手支付大约3先令。

(234) 7)附于纸上。大头针被从锡锅取出放入木碗中，针尖向各个方向突出：将大头针并排地排列在纸上的工作通常由女性完成。(a)一名妇女拿起一些大头针，放在篦子上，然后摇动，一些大头针落回碗里，其余的针头被卡住，留在篦子齿之间；(b)将它们沿平行方向排列后，她将所需的数量固定在两块铁板间，铁板上有25个等距的小凹槽；(c)她先前已将纸张对折，现在她将其按在大头针尖上，直到它们穿透用来固定它们的两折纸为止。然后将大头钉从固定它们的工具中松开，并重复此过程。一名妇女从事这种工作每天获得约1先令6便士的收入。但是儿童有时会被雇用，他们的收入是每天6便士或更高。

(235)这样概括描述了大头针的各种工序并说明了每种工序的

通常成本之后，就可以方便地以表格形式表示每种工艺所占用的时间、成本以及仅从事一种工序的人员可以赚取的金额。由于工资本身是波动的，而且支付的价格和执行的工作量都限制在一定的范围内，因此本表不能以最详细的精确度表示各部分工作的成本，甚至它也不能完全符合上面所给的价格；但它是谨慎拟定的，足以作为要阐释的论证的基础。下面将列出一张非常相似的表格，这是从佩罗奈先生（M. Perronet）关于 70 年前法国制作大头针的技术的一份说明中推断出来的。

英国制造

（236）“11 号”大头针，每磅 5,546 枚；一打 = 6,932 枚，重 20 盎司，需要 6 盎司纸。

工序名称	工人	制造 1 磅大头针的时间	制造 1 磅大头针的成本	工人的日收入		制造一只大头针的每个部分的价格（单位为百万分之一便士）
		小时数	便士	先令	便士	
1. 拉丝	男人	0.3636	1.2500	3	3	225
2. 矫直金属丝	妇女	0.3000	0.2840	1	0	51
	女孩	0.3000	0.1420	0	6	26
3. 磨尖	男人	0.3000	1.7750	5	3	319
4. 扭曲和切割针头	男孩	0.0400	0.0147	0	$4\frac{1}{2}$	3
	男人	0.0400	0.2103	5	$4\frac{1}{2}$	38

（续表）

工序名称	工人	制造1磅大头针的时间	制造1磅大头针的成本	工人的日收入		制造一只大头针的每个部分的价格（单位为百万分之一便士）
5. 制作针头	妇女	4.0000	5.0000	1	3	901
6. 镀锡或漂白	男人	0.1071	0.6666	6	0	121
	妇女	0.1071	0.3333	3	0	60
7. 附于纸上	妇女	2.1314	3.1973	1	6	576
		7.6892	12.8732			2,320

雇用人数：男人：4；妇女：4；儿童：2。总计10。

法国制造

（237）12,000枚6号大头针的成本，每枚长十分之八英寸；及每步操作的成本；1760年法国制造——根据佩罗奈先生的观察和陈述推断得出。

工艺名称	制造12,000枚大头针的时间	制造12,000枚大头针的成本	工人通常的日收入	工具和材料费
	小时数	便士	便士	便士
1. 拉丝	—	—	—	24.75
2. 矫直和切割	1.2	0.5	4.5	—
3. 粗略磨尖	1.2	0.625	10.0	—
旋转轮盘*	1.2	0.875	7.0	—

（续表）

工艺名称	制造 12,000 枚大头针的时间	制造 12,000 枚大头针的成本	工人通常的日收入	工具和材料费
精细磨尖	0.8	0.5	9.375	—
旋转轮盘	1.2	0.5	4.75	—
切割尖端	0.6	0.375	7.5	—
4. 转螺旋	0.5	0.125	3.0	—
切断针头	0.8	0.375	5.625	
重复退火	—	—	—	0.125
5. 制作针头	12.0	0.333	4.25	—
6. 酒石清洗	—	—	—	0.5
酒石漂白	—	—	—	0.5
7. 附于纸上	4.8	0.5	2.0	—
纸张	—	—	—	1.0
工具磨损	—	—	—	2.0
	24.3	4.708		

* 旋转轮盘的巨大费用似乎是由于从事这份工作的人在一半的时间里无事可做，而与此同时磨尖的工人去了另一家工厂。

(238) 从我们对制造大头针技术的分析中可以看出，十个不同的工人用同一材料连续工作，将其转化为一磅重的针，要花费七个半小时以上的时间；而且，若每个人的工资都按其技能和受雇时间的联合比率支付的话，他们的全部劳动费用非常接近于 1 先令 1 便士。但从上面第一个表格来考察，似乎受雇者的工资从每天 4 $\frac{1}{2}$ 便士到6先令不等。因此，可以通过这些总和来衡量其各自工作所需的技能。现在很明显，如果一个人被要求做一整磅的大头针，当他的工作是将金属丝磨尖或从螺旋线圈上切断针头时，他必须有足够的技能才能赚取大约每天5先令3便士，当他漂白大头针时，可以赚6便士。这三项操作加起来只占他时间的十七分之一。同样明显的是，当他的工作是安装针头时，在一半以上的时间里他的收入只有每天大概1先令3便士；尽管他的技能如果运用得当，在同一时间内的产量几乎是原来的五倍。因此，如果我们在所有的工序中都雇用这个每天挣6先令的大头针漂白者，即使他能在同样短的时间内制造出一磅大头针，我们也必须付他46.14便士的工钱，约合3先令10便士。因此，这些大头针的制造成本是现在实行分工后的$3\frac{3}{4}$倍。

在制造过程中，一个工人所需的技能越高，所用的时间越短，就越有利于把这一工序与其他工序分开，把一个人的注意力完全放在它上面。如果我们以制针的技术为例，分工所产生的经济效益会更为显著，因为锤炼针头的过程需要很高的技能、注意力和经验，虽然一次可以锤炼三千到四千枚针，但工人的工资却很高。在同一制造厂的另一个生产工序中，干法磨尖也需要快速执行，工人的日工资从7先令到12先令、15先令，甚至在某些情况下，达到20先令；而其他工序是由儿童操作的，工资是每天6便士。

(239) 在我们向读者简要介绍一台由美国人发明的制造大头针的机器之后，将保留前面分析提出的一些深入的思考。它在设计上非常巧妙，就其经济原理而言，它将与人类手工制造大头针形成鲜明而有趣的对比。在这台机器中，一卷铜线圈放在一根轴上，铜线的一端通过一对滚轴穿过钢板上的小孔，用镊夹固定在那里。机器一启动——

1）镊夹将金属丝拉到与一根大头针长度相等的距离；然后，一口钢刃下降到靠近金属丝穿过的孔的位置，并切断拉出的金属丝。

2）镊夹夹住这样分开的金属丝继续移动，直到它把金属丝带到一个小型车床的卡盘中心，卡盘打开接纳金属丝。当镊夹返回取另一根金属丝时，车床快速旋转并朝着金属丝前进，在钢磨上研磨金属丝的突出末端。

3）在第一次粗加工后，车床停止，另一把镊夹夹住半尖的大头针（它随着卡盘的打开被立即释放），并将其传送到相邻车床的类似卡盘上；后者接到它，在更精细的钢磨上完成磨尖。

4）这个钢磨再次停止，再由一把镊夹将磨尖的大头针移入一把坚固的钢钳之中。钢钳上一道小凹槽，通过它可以非常牢固地固定大头针。凹槽的一部分被制成锥形，没入被用以形成针头的钢钳边缘。接下来将一个小的圆形钢冲头强行冲压如此夹紧的金属丝的末端，通过将金属丝压缩到圆锥形腔中来部分形成针头。

接下来，再换一把镊夹将大头针移到另一对钳夹上，针头通过第二个冲头的击打完成，其末端略微凹进。每对镊子在交付负荷后立即返回；因此在同一时刻，总是有五根金属丝处于大头针制作的不同阶段。

如此形成的大头针被收纳于托盘之中，并以通常的方式漂白和附纸。这种机器一分钟可以制作大约 60 枚大头针，但每道工序占用的时间完全相同。

(240)为了判断这种机器与手工劳动相比的价值，有必要确定：1)如此制造的大头针可能存在的缺陷。2)与通常方式制造的产品相比，它们的优势(如果有的话)。3)机器制造它们的主要成本。4)维修费用。5)移动和保养机器的费用。

1)机器制造的大头针更容易弯曲，因为针头被“冲孔”，线材必须处于柔软状态才能进行该操作。2)机器制造的大头针要比普通大头针好，因为针头不易脱落。3)就机器的主要成本而言，如果大头针的需求量大，成本将大大降低。4)关于机器的磨损，只能靠经验来决定。但可以指出的是，冲头的钢制钳夹或模具会很快磨损，除非金属丝经过了退火软化；如果软化，针体会很容易弯曲。这样的不足可以通过两种方法补救：用机器旋出针头并将其固定，或者只将成为针头的那一端金属丝进行退火。但这会导致操作之间的延迟，因为黄铜在加热时太脆，无法做到承受了打击还不碎裂。5)将机器占用的时间与分析中所述的时间进行比较，我们发现，除了制作针头外，手工的速度更快。机器在一小时内可以磨尖3,600根大头针，而一个人可以磨尖15,600根大头针。但在制作针头的过程中，机器的速度是手工的2.5倍。然而，必须注意的是，机器中的研磨不需要施加工人的劳力；因为所有工序都由机器一次性执行，一个工人就可以轻松完成。

第 20 章　脑力劳动分工

(241)我们已经提到，劳动分工可以在人的心智发展和机械操作上取得同等的成功，并且可以确保在时间上的同等经济，也许对某些读者而言，这似乎是相互矛盾的。简要介绍劳动分工在史上最广泛的一系列计算中的实际应用，将为这一事实提供有趣的例证；同时也将提供一个机会，说明应规范制造厂的内部经济安排。这种安排建立在比想象中更深层的基础上，并且能够有效地用于准备通往人类思想最深刻研究的道路。

(242)在伴随着法国大革命和随后的战争而来的兴奋中，这个国家的雄心壮志，没有被它对军事名望的致命热情所耗尽，同时也被引向了一些更崇高和更持久的胜利。这些胜利标志着一个民族的伟大时代，甚至当他们作为一个国家的存在可能只能通过历史书中的一页来讲述的时候，仍能得到后代的掌声。在他们的科学事业中，法国政府希望制作一系列的数学表格，以促进他们最近采用的十进制的应用。因此，他们指示数学家以最大的规模构造这样的表格。他们最杰出的思想家充分响应国家的号召，为这项艰巨的任务发明了新的方法，并在非常短的时间内制作了一部完全满足政府巨大需求的作品。在谈到这项事业的开始时，负责这项伟大事业的主管普罗尼(M. Prony)说：“我全力以赴，对于工作的执行，我首先做了一个整体计划。我要完成的所有工作，都需要应用大量的运算，我马上就想到了要绘制这些表格，将工作划分成若干部分来完成。商业的艺术对于完成这项工作来说，起到了很大的作用，绘制表格会起到节约开支和时间的作用。”导致应用分工原则的这种特殊情况如此有趣，以至于几年后，当英国向法国政府提出主张，希望两国共同负担印制这些表格的费用时，从巴黎印刷的一本小手册介绍这一情况的做法，显得没有辩解的必要了。

(243)该思想的起源与以下摘录有关：

“英国政府想让学术界享有的这本书的存在，可能要归功于一本非常著名的英国著作[①]的一章：

这是一件轶事：普罗尼先生向政府委员会做出了承诺，设计精确到百分位的圆对数和三角函数表，这种精确度不仅之前没有留下任何东西可以借鉴，而且它构成了有史以来最大、最宏伟的计算项目。从 1 到 200,000 的对数是这项工作的必要补充。普罗尼很清楚地知道，即使有三个或四个熟练的合作伙伴，他在一生最长的可能寿命里也不足以实现他的承诺。他忙于这个烦人的念头时，在书商的商店前，他看到了 1776 年在伦敦发行的斯密著作的英文版，他随手打开了这本书。第一章讨论了劳动分工，并以大头针的制造为例。他刚读完第一页，就受到了某种启发。他想出了将对数像大头针一样投入生产的解决之计。接下来，他在理工学院时讲授了与这类工作有关的分析部分，即差分法及其在插值中的应用。他去乡下待了几天。 然后带着制造计划回到巴黎，随后执行。他召集了两

① 指亚当・斯密的《国富论》。

个讲习班，他们分别进行了相同的计算并相互验证。”①

(244)古老的计算表方法完全不适用于这种程序。因此，普罗尼希望利用本国在制定新方法方面的所有人才。在法国五六名最杰出的数学家中，他选出了第一组参与这项事业的人。

第一组。第一组的职责是，在可以为同一函数找到的各种解析表达式中，分析出哪一个最适合于同时雇用的许多人进行简单的数值计算。这与实际的数值计算几乎没有关系。当第一组的劳动结束时，其决定使用的公式将交给第二组。

第二组。这一组由七到八个相当熟悉数学的人组成：他们的职责是将第一组交给他们的公式转换成数字——这是一项繁重的劳动；然后将这些公式提供给第三组的成员，并从他们那里接收完成的计算。第二组的成员有一定的手段来核实计算，而不必重复甚至检查第三组所做的全部工作。

第三组。该组的成员数量从60到80人不等，他们从第二组接收一定的数字，并且仅使用简单的加减法，便把完成后的表格返还给第二组。值得注意的是，这一组十分之九的成员除了要运用的前两个运算规则外，对算术一无所知，而且与那些拥有更广泛知识的人相比，这些人通常在计算上更准确。

(245)当说到这样计算出来的表格占了17张大对开纸时，我们也许可以从这些劳动中得出一些想法。由第三组完成的那部分，几乎可以被称为机械运算，需要最少的知识和最多的气力，这是第一

① 《关于英国政府提议出版迪多特印刷厂普罗尼的大型对数和三角表的说明》，1829年12月1日，第7页。

组可以完全免除的。这种劳动力总是可以很容易地买到的。第二组的工作虽然需要相当多的算术运算技巧，但由于人们对那些较难的运算自然产生了更高的兴趣，因而在某种程度上减轻了他们的负担。在另一种情况下，运用第一组人员不太可能像第一次尝试这种方法时那样需要那么多的技能和劳动；但是，当计算机器的完成将替代全部第三类计算人员时，通过重新讨论将分析公式转换为数字的方法，分析人员的注意力自然会转向简化其应用。

(246) 在这个著名的计算体系中，普罗尼先生的工作过程与一个将要建立一家棉纺厂、丝绸厂或任何类似工厂的能工巧匠的工作过程非常相似。他凭着自己的天才或在朋友的帮助下，发现某些改进过的机器可以成功地应用于他的事业，于是他画出了他对机器的计划，自认为这可以取代第一组人。接下来，他需要能够操作他设计的机器的操作工程师的协助，其中一些人应该了解要操作的过程的性质；这些人构成他的第二组。当制造了足够数量的机器时，必须雇用许多其他技术水平较低的人来使用机器；这些人构成了第三组：但是他们的工作和机器的正确性能，仍然必须由第二组的人来监督。

(247) 由于用机器进行算术计算的可能性在非数学界的读者看来可能具有相当大的假设性，而且由于它与劳动分工的主题有关，我将在这里努力用几行字来对如何做到这一点给出一些浅薄的看法，从而揭开一小部分它的神秘面纱。

(248) 几乎所有遵循任何规律的数字表格，无论多么复杂，都可以或多或少地通过适当地排列与每一表格相适应的数字的连续加减法来形成。只有熟悉数学的人才能证明这一点；但是，即使只是稍微熟悉该科学的读者，看到下面的例子时，也会认为这并非是不可能实现的。

下表是一个使用非常广泛的表格的开头部分，在许多国家被频繁印刷和再版，被称为平方表。

<table>
<tr><th>表中各项</th><th>A. 平方</th><th>B. 第一阶差</th><th>C. 第二阶差</th></tr>
<tr><td rowspan="2">1</td><td rowspan="2">1</td><td rowspan="3">3</td><td rowspan="4">2</td></tr>
<tr></tr>
<tr><td rowspan="2">2</td><td rowspan="2">4</td></tr>
<tr><td rowspan="2">5</td></tr>
<tr><td rowspan="2">3</td><td rowspan="2">9</td><td rowspan="2">2</td></tr>
<tr><td rowspan="2">7</td></tr>
<tr><td rowspan="2">4</td><td rowspan="2">16</td><td rowspan="2">2</td></tr>
<tr><td rowspan="2">9</td></tr>
<tr><td rowspan="2">5</td><td rowspan="2">25</td><td rowspan="2">2</td></tr>
<tr><td rowspan="2">11</td></tr>
<tr><td rowspan="2">6</td><td rowspan="2">36</td><td rowspan="4">2</td></tr>
<tr><td rowspan="3">13</td></tr>
<tr><td rowspan="2">7</td><td rowspan="2">49</td></tr>
<tr></tr>
</table>

A 列中的任何数字都等于前一列相应数字的平方，例如，25 是 5 的平方。现在让我们用该列中的每一项减去前一项，并将结果放入另一列（B 列），这可以称为第一阶差列。如果我们再把第一阶差列中的每一项减去前一项，我们会发现结果总是数字 2（C 列），这可以称为第二阶差，这对任何不辞辛苦再继续计算几项的人来说都是显而易见的。一旦肯定了这一点，很明显，只要最初给出了表中的第一项（1）、第一阶差的第一项（3）和第二阶差（或常数差）的第

一项(2)，我们就可以仅通过加法，把平方表继续推进到任何程度：因为第一阶差的序列可以通过重复地将常数差(2)加到B列的第一个数(3)上而形成，然后我们得到一系列的数字——3、5、7等。同样地，通过将这些数字依次加到平方列的第一个数(1)上，我们可以生成一系列平方数。

(249)因此，我希望在就这个问题的理论部分做一些说明，我将努力表明，这种产生这一系列数字的引擎的机械操作，并不像人们想象的那样，与普通机械的操作相差甚远。可以想象三个并排放在一张桌子上的时钟，每个时钟只有一个指针，并且每个时钟都有一千个刻度，而不是刻在表盘上的十二个小时。每次拉动一根弦，它们就会按指针所指的数字敲钟。我们进一步假设其中的两个钟(为了区别分别称为B和C)有某种机制，通过这种机制，C钟每敲响一声，就会使B钟的指针向前移动一个刻度；通过相似的设置，B钟每敲响一声，就会使A钟的指针向前移动一个刻度。有了这样的安排后，把A钟的指针放在刻度1上，B钟的指针放在刻度3上，C钟的指针放在刻度2上，请读者想象一下时钟的重复部分将按以下顺序连续地设置：拉A钟的弦；拉B钟的弦；拉C钟的弦。

下面的表格将显示一系列运动及其结果。

过程的重复	运动	A钟 指针置于刻度1	B钟 指针置于刻度3	C钟 指针置于刻度2
			一阶差分	二阶差分
1	拉动A钟的弦	A钟敲响1次	—	—
	拉动B钟的弦	B钟指针前进3格	B钟敲响3次	—
	拉动C钟的弦	—	C钟指针前进2格	C钟敲响2次

（续表）

过程的重复	运动	A 钟 指针置于刻度 1	B 钟 指针置于刻度 3	C 钟 指针置于刻度 2
2	拉动 A 钟的弦 拉动 B 钟的弦 拉动 C 钟的弦	A 钟敲响 4 次 B 钟指针前进 5 格 —	— B 钟敲响 5 次 C 钟指针前进 2 格	— — C 钟敲响 2 次
3	拉动 A 钟的弦 拉动 B 钟的弦 拉动 C 钟的弦	A 钟敲响 9 次 B 钟指针前进 7 格 —	— B 钟敲响 7 次 C 钟指针前进 2 格	— — C 钟敲响 2 次
4	拉动 A 钟的弦 拉动 B 钟的弦 拉动 C 钟的弦	A 钟敲响 16 次 B 钟指针前进 9 格 —	— B 钟敲响 9 次 C 钟指针前进 2 格	— — C 钟敲响 2 次
5	拉动 A 钟的弦 拉动 B 钟的弦 拉动 C 钟的弦	A 钟敲响 25 次 B 钟指针前进 11 格 —	— B 钟敲响 11 次 C 钟指针前进 2 格	— — C 钟敲响 2 次
6	拉动 A 钟的弦 拉动 B 钟的弦 拉动 C 钟的弦	A 钟敲响 36 次 B 钟指针前进 13 格 —	— B 钟敲响 13 次 C 钟指针前进 2 格	— — C 钟敲响 2 次

如果现在只注意并记录下那些由 A 钟敲击或指向的刻度，就会发现它们产生了自然数的平方序列。当然，只有在三个数字可以表示数量时，这样的序列才能由这一机制来执行；但这可能足以使人们对其结构有某种了解——事实上，这正是目前正在进行的计算引擎的第一个模型所达到的点。

(250)那么，我们已经看到，无论是在机械操作还是在脑力活动中，分工的效果都是：使我们能够精确地购买和运用每一个过程所需的技能和知识。如果一个人利用制针的退火技术可以每天赚到 8—10 先令的话，那么我们就不会雇用他从事旋转轮盘的工作，因为这份工作每天只要 6 便士就能完成；同样，我们也要避免雇用一位有成就的数学家来执行最低级的算术过程而造成的损失。

(251) 除非对产品的需求很大，否则就不能成功地实行劳动分工；并且，应用劳动分工的技术都需要大量的资本。在制表行业，分工或许已得到最大程度的推广。下议院的一个委员会有证据表明，这门技艺有一百零二个不同的分支，每一个分支都可以安排一个男孩当学徒；他只在师傅的部门里学习，在学徒期结束后，没有后续的指导，他不能在任何其他分支工作。在一百零二人中，只有一个钟表组装工的工作是把零散的零件组装起来，他可以在自己部门以外的任何部门工作。

(252) 采矿这一最困难的技术，由于职责的合理分配，有了很大的改进；在逐步实行的安排下，整个矿山系统及其治理现在由下列人员控制。

1) 一名经理，他对所有要做的事情都要有基本的了解，并且可以由一名或多名熟练的人员协助。

2) 井下队长指挥正确的采矿作业，并管理工作中的矿工。

3) 事务长和簿记员管理账目。

4) 工程师安装发动机，并监督操作工人。

5) 矿长负责泵和竖井设备。

6) 一名地面队长与助手一起接收所开采的矿石，并指导选矿部门，其目的是使这些矿石能够销售。

7) 木工队长负责管理诸多建筑。

8)铁匠的工头管理铁制品和工具。

9)材料员挑选、购买、接收和交付所需的所有物品。

10)绳索工负责各种绳索。

第 21 章　关于制造过程中各单独工序的成本

(253)机械带来的激烈竞争，以及劳动分工原则的应用，使每个生产者都有必要不断地观察，寻找改进的方法，以降低其制造产品的成本；因此，从这个观点来看，了解每一道工序的确切费用以及机械磨损是非常重要的。同样的信息也适用于制成品的分配者和销售者，因为它使他们能够面对质询者的异议做出合理的回答或解释，也使他们有更好的机会向制造商建议改变其货物的式样，从而更适合客户的品味或财务状况。对政治家来说，这种知识更为重要，因为如果没有这种知识，他就必须完全信任他人，也不能对任何税收可能产生的影响，或对制造业或国家可能因征税而遭受的损害做出任何值得信任的判断。

(254)通过对每种制造业的若干工艺费用进行正确分析，最可能产生的首要好处之一是，它指明了改进的方向。如果能设计一种方法能把固定大头针针头所需的时间减少四分之一，制造针头的费用将减少大约 13%；而如果将切割针头所需要的金属丝缠绕成线圈所用的时间减半，则几乎不会对整个制品的制造成本产生任何明显的影响。因此，很明显，注意缩短前者的时间比缩短后者的时间更有利。

(255)爪哇岛的棉布价格，有趣地体现了机械最粗笨、体力劳动非常便宜的国家的制造费用。棉花种子是以担(picul)为单位出售的，重量约为 133 磅。但是，棉花的重量不超过该重量的四分之一或五分之一；当地人通过粗糙的木滚筒，一天的劳动只能从种子中分离出约 $1\frac{1}{4}$ 磅的棉花。因此，一担清洁棉的价格是不纯棉商品成本的 4—5 倍；同一种物质在不同的制造阶段的价格是(以每担为单位)：

带籽棉花	2—3 元
清洁棉	10—11 元
棉线	24 元
染蓝棉线	35 元
优质普通棉布	50 元

因此，在爪哇，纺纱的费用似乎是原料价值的 117%，将线染成蓝色的费用是其价值的 45%，将棉线编织成布的费用是其价值的 117%。在英国，将棉花纺成细线的费用约为棉花价值的 33%。[①]

(256)作为有着不同工序的一个制造行业的成本的例子，也许读者会有兴趣了解本书的成本分析说明，尤其是因为它可以让人们了解对于文学作品收税的性质和范围。人们已经发现将文学作品印刷在非常大的纸张上比较经济，这样尽管这部著作仍被称为八开

① 这些事实摘自克劳福德(Crawford)的《印度群岛》(*Indian Archipelago*)。

本，但每张纸中实际包含了 32 页而不是 16 页。

	英镑	先令	便士
支付给印刷厂的排版费用（每张 32 页） 3 英镑 1 先令，共 10 $\frac{1}{2}$ 大张 …………………	32	0	6
（这与书中所用字体的尺寸有关）			
支付给印刷厂的小字体排版费用，如摘 要和目录，每大张纸额外 3 先令 10 便士……	2	0	3
支付给印刷厂的表格排版费用，每大张 额外 5 先令 6 便士…………………………………	2	17	9
更正的每大张平均费用，3 英镑 2 先令 10 便士…………………………………………………	33	0	0
印刷，共印刷 3,000 本，每大张 3 英镑 10 先令…………………………………………………	36	15	0
供 3,000 本用的纸张，每令 1 英镑 11 先令 6 便士，重 28 磅；纸张税为每磅 3 便士， 总计每令 7 先令，因此作品所需的 63 令 将花费：纸张，77 英镑 3 先令 6 便士；消 费税，22 英镑 1 先令………………………………	99	4	6
印刷和纸张总费用…………………………………	205	18	0
书名页钢板………………………………………………	0	7	6

书名页其他文字	1	1	0
书名页培根头像*	2	2	0
书名页总费用	3	10	6
书名页印刷，每 100 页 6 先令	9	0	0
书名纸张，每 100 页 1 先令 9 便士	2	12	6
广告费	40	0	0
其他	5	0	0
每大张总费用	266	1	0
按大张纸计算的每本书成本	0	1	9
额外封面厚纸板	0	0	6
每本书成本，厚纸板封面①	0	2	3

(257) 这里的分析需要一些解释。印刷厂通常按页收取排版费。假定只使用同一种字体，由于收费是由字母的大小所决定的，而需要多少张纸是由字号大小来决定的，所以在商定价格之后，就几乎不会产生争议了。如果有少量的摘要或需要用较小字体印刷的作品其他部分，或者如果有许多注释，又或者有希腊语或其他语言的几个段落需要不同的字体，则在原始合同中要考虑这些内容，

* 英文原书扉页上有培根的头像。——编者注

① 这些费用针对的是为公众准备的版本，与笔者的一些朋友手中的大型纸质版本无关。

并且允许每张纸收取少量的额外价格。如果有大量的小字体，最好每张纸有一具体的额外费用。如果作品中有不规则线条、大量数字以及出版商称为横格（rules）的情况出现，则称为制表，每张纸按高价收费。本书中就常有这样的例子。如果页面完全由数字（如数学表格中的数字）组成，则需要非常仔细地进行校正，因此排版的费用通常会加倍。几年前，我在大页纸上打印了一张对数表，这需要审稿人更加卖力，更加细心，[①]来确保样稿正确无误；并且尽管它不需要新的冲头，但仍需制备几种新铅字并铸成铅版，每张成本约为2英镑。在这种情况下，每张纸要收取11英镑的费用，尽管本来可以用每张38先令的价格以同样大小的字母印制八开本的书，但是由于费用在开始工作之前就已经确定，所以没有造成任何困难。

(258)更正和修改的费用由于难以计量，会引起最大的不便。它对出版商（如果出版商是作者和印刷厂之间的代理人）和印刷师傅或工头来说都是令人头疼的，就像对作者本人一样。如果作者学的是经济学，他应该把他所有的修改都写在手稿上，并且应该整齐地誊写一遍：这样就可以正确地打印出来，而且他几乎不用支付修改费用。但是，如果不把任何一段文字进行排版，就很难正确地判断它的效果；而且，当作者看到自己的观点打印成稿时，他总能找到就主题需要添加的一些细节或解释。因此，如果他想省去自己誊写的劳动，并且对语言进行最后的润色，他就必须以更高的代价完成这些目标。如果印刷厂有足够的字体库存，那么作者可以把他的

① 审稿人是受雇于印刷厂校正印刷品的人。

全部作品粘在技术上称为“活版毛条校样”[①] 的东西上，然后对所有章节做尽可能少的修改，这种做法对作者来说最为便捷。本作品就是这样被贴在毛条校样上，但修改程度非常大，而且修订频繁。

(259) 冲压工作也可以叫印刷，费用按每 250 张的协定价格收取；即便印刷的数量为任何较小的数字，仍按 250 张收取。当需要量较大时，250 张的价格会下降。因此，如果本书单独印刷 250 份，则每张纸将收取 11 先令，而不是 5 先令 10 便士的实际费用。这种收费方式原则是好的，因为它消除了所有的争端；但遗憾的是，对于任何少量印刷，都按照 250 份的价格收取相同价格的传统，被如此顽固地坚持，以至于只需要 20 或 30 份副本时，甚至当为了某些试验目的而只需要三四份的时候，工人就不会同意任何其他条件。也许，如果将高于 50 的所有数字都按 250 份收取费用，而低于 50 的所有数字则按半数收取费用，则双方都将获得利益。

(260) 由于消费税的作用，纸张变薄，以使其重量更轻。但作者希望使他的书看起来尽可能厚，以便尽可能多地向公众收费，这抵消了消费税的作用。因此基于这一点，关税通常也不重要。但是，关税还有另一种效果，公众和作者都会感觉得到，因为他们不仅要支付所征收的税款，而且要支付造纸商为使用额外资本所要求的税款利润，还要支付出版商和书商因书价上涨而获得的利润。

(261) 在本例中，广告的估计费用约为这种图书的通常折扣；而且，由于人们认为报纸上的广告最有效，所以最小的报纸广告也

① 活版毛条校样是一张长纸，上面印着大量供打印的内容，当分开时，可以形成两到四页的正文。

要缴纳3先令6便士的税，广告费用的近一半是税款。

(262)这样看来，在产生当前这本书必需的224英镑的支出之外，还要加上42英镑的直接税。这种制造方式产生的利润是否可以证明税率是合理的，只有在考虑到图书的回报时才能估计，这一主题将在随后的章节中讨论。目前足以说明的是，广告税与纸张税和其他材料税相比，是一种非政治性税收。如果通过拍卖出售商品或者大部分零售通过零售商进行，那么所有广告的目的，都是通过宣传待售商品，获得更好的价格。接下来，人们对商品了解得越多，就会越快发现它是否有助于公众的舒适或利益。如果发现有价值，它的消费就越快。由此看来，商品是另一种税的征收对象，传播商品信息使公众了解它们的质量和价格，可以带来销售额的提高；而针对传播商品信息的每种税收，将减少本应提高的数额。

第 22 章　大工厂的成因和后果

（263）仔细研究第 19 章中给出的制造大头针的工艺操作分析，可以发现，文中提到雇用了 10 个人，而每个人执行这几道工序所用的时间也有很大的不同。然而，为了使下面的推理更简单，我们不妨假设在此描述的七道工序中，每一道都需要等量的时间。做了上述假定之后，可以立即看出，要想建立一家最赚钱的大头针制造工厂，聘用人数就必须为 10 的倍数。因为如果一个人财力不足，能拿出的资本只足够他雇用一半的人数，那么受雇的工人们就不可能只坚持执行同一工序。并且，如果制造商雇用的数字不是 10 的整数倍，那么其中的一部分工人就必然面临类似的结果。在研究任何安排有序的工厂时，我们总是会产生同样的感想。在自动铅笔专利权人莫丹先生（Mr. Mordan）的工厂里，一个车间专门用于执行制造钢笔的一些工序。这里有六台螺旋压力机在不停地工作。首先，工人将一块薄钢片放到模具下面，每次击打都会切出一块扁平的金属片，其形状适合钢笔使用。再由两名工人将这些扁平薄片放置在另外两个压力机下，用钢凿切割狭缝。其他三名工人则在其他压力机上工作，用这些压力机将制备的金属片压成半圆柱形状。在后两道工序操作中，调整小部件所需的时间比第一道工序更长，这使得它们的执行速度低于第一道工序；这样，两名工人的全部精力都用来切割狭缝，三名工人忙着使扁平薄板弯曲，一人可以完成从钢板上切下薄片的工作。因此，如果有必要扩大工厂规模，很明显，12 台或 18 台压力机的经济性将超过任何非 6 的倍数的数字。

同样的推理也适用于遵循分工原则的每一制造行业。我们得出一般性结论：当确定了最有利于分工的工序数量和将要雇用的人员数量时，所有不使用后者数字直接倍数的工厂，生产该商品的成本将会更高。尽管这一原则即便在最佳的分工情况下也很难在实践中严格执行，但是大机构应该始终遵循。拥有最高技能的工人比例，当然是首先应予关注的问题。对于拥有一百名工人的工厂来说更有利可图的精确比率，可能在五百名工人的工厂中并不是最好的；此外两者的安排可能都会有变化，而不会实质性增加其生产成本。但可以肯定的是，没有任何个人，或者说在大头针制造的例子中没有任何五个人，会希望与一个庞大的机构竞争。这就是规模庞大的制造工厂产生的一个原因，它随着文明的进步而加强。但是，其他的情况也有助于达到同样的结果，而且也会产生于同样的原因——这就是劳动分工。

(264)生产制成品所用的材料，在其生产过程的几个阶段中，必须从一个操作者连续地输送给下一个操作者；当他们都在同一场所工作时，这至少可以节省费用。如果材料非常重，则这种理由格外重要；但是即使是在重量较轻的情况下，频繁搬移所带来的危险也可能要求所有生产过程都在同一栋建筑物内进行。玻璃的切割和抛光就是这种情况。而在制针技术中，几道工序是在工人居住的农舍中进行的。然而很明显，能够给工人家庭带来一些好处的后一种方案，只有在有可靠并且迅速的方法可以获知工作被做得很好、所提供的全部材料都得到了真正利用的情况下，才会被采用。

(265)随着对商品的需求增加，为任一制造过程设计机器的诱因也随之增加；而机械的使用往往会增加产量，并导致大型工厂的建立。在淬火丝网的生产历史中可以找到这些定律的例证。

编织这种商品的第一代机器非常昂贵，价格从1,000英镑到1,200英镑或1,300英镑不等。虽然这样一台机器极大地增加了机器拥有者的生产量，但在每天工作八个小时的情况下，他却无法与旧方法竞争。这是由于对机器的巨额投资所致。但是这些人很快意识到，只要花费相同的固定资本，再加上少量的流动资金，就可以在整个24小时内运转这台机器。这样很快就实现了利润，促使其他人将注意力转移到这些机器的改进上。机器价格因此大大降低，同时提高了金属网的生产速度。但是，如果机器要在24小时内保持工作状态，则必须由一些人在接班时为别人开门；无论搬运工或受雇的其他服务人员是为一个人还是为20个人开门放行，他的休息都同样会受到干扰。机器偶尔也会需要调整或修理，一个习惯于制造机器的工人可以比使用机器的工人做得更好。由于机器的良好性能和使用寿命在很大程度上取决于在零件出现抖动或缺陷时立即纠正的速度，因此，现场驻扎的工人的迅速反应将大大减少由于设备磨损而产生的支出。但是，对于单个蕾丝织机或单个织机而言，这将是一种过于昂贵的安排。这就会导致另一种情况，使得工厂的生产规模扩大。它通常要求若干台机器参与，机器的数量恰好满足一个工人用全部时间维持其正常的运转；如果超出这一数量，则相同的经济原则将要求必须将机器数量增加一倍或两倍，以便利用两个或三个熟练工人的全部时间。

(266) 如果工人的一部分劳动仅需使用体力，例如在编织及许多类似的技术中，那么制造商很快就会想到，如果这部分劳动是由蒸汽机完成的，那么在编织的情况下，一个工人可能会同时照看两台或两台以上的织机；而且，由于我们已经假设雇用了一名或多名操作技师，因此织机的数量可以做出相应安排，以使技师的时间被充分占用以保持蒸汽机和织机的有序运转。最直接的一个结果是，织机可以用发动机驱动，速度几乎是以前的两倍：那么当一个人从体力劳动中解脱出来后，可以照看两台织机，这样一个工人现在可以制造以前几乎四个工人可以制造的布料。然而，这种生产能力的增加，超过最初实际发生的情况；织机某些部件的速度受到纺线的强度和启动速度的限制，但这很快就有了改进，起始速度慢然后逐渐提高，相比立即达到最大速度更为安全；这样，速度从每分钟 100 次增加到大约 120 次。

(267) 遵循相同的原则，制造厂规模逐渐扩大，以至于夜间的照明费用相当可观；并且由于已经有了通宵工作的人员可以一直照看发动机，还有制造和维护所有设备的技师，因此需要增加设备来制造煤气以便照亮工厂，这又导致了新的扩建，同时这也有助于减少照明费用和火灾事故的风险，从而降低制造成本。

(268) 在工厂达到这种程度之前，人们早已经发现有必要建立一个会计部门，由该部门职员来支付工人工资，并确保工人们在规定的时间到岗。此外，该部门还必须与购买原材料的代理商以及销售制成品的代理商保持联系。

(269) 我们已经看到，实行分工往往能生产出更便宜的产品，从而增加需求；并且逐渐地，通过竞争的影响或通过增加收益的愿望，大量的资本涌入工厂。现在让我们来考察这种资本积累对一个对象的影响。首先，它使分工优势所依赖的最重要的原则几乎可以发挥到极致：不仅是执行每道工序的所需技能的精确购买量，而且在每一个阶段——从采购原材料到将成品运送到消费者手中——同样适用于技术的经济原则。这种扩大的安排极大增加了一定数量的工人所生产的产品数量，其结果必然是大大降低了投放市场的商品的成本。

(270) 在任何商品的廉价生产以及与使用追加资本有关的相关原因中，都可以提到为防止原材料任何部分的绝对浪费而采取的谨慎措施。对这种情况的关注，有时会导致原本可能分开的两个行业，合并成为一个工厂。

通过列举牛角所适用的工艺，可以为这种经济提供一个典型的例子。制革工人购买了生皮，分离出牛角，并将其出售给梳子和灯笼的制造商。角由两部分组成：外部的角质外壳和内部介于硬毛和骨骼之间的圆锥形物质。第一个工序是通过击打一块木头，将这两个部分分开。然后，用框锯把角质的外壳切割成三部分。

1) 将其中紧挨着牛角根部的位置最低的部分，经过几道工序压平后，制成梳子。

2) 牛角的中部经过加热熨平，并用油脂提高其透明度，然后被分成薄层，在最普通的灯笼中作为玻璃的替代品。

3) 牛角的尖端由刀柄和鞭梢的制造商使用，或者用于其他类似的目的。

4) 牛角内部，或称核心，在水中被煮沸。大量的脂肪浮到表面；将其储存起来，出售给家用肥皂的制造商。

5）这种液体本身被用作一种胶水，由布艺师购买用于硬化布料。

6）残留的不溶性物质被送到磨坊，被碾碎后卖给农民做肥料。

7）除了将角的不同部分应用于这些不同的用途外，在梳子制作过程中产生的零头碎屑，也被卖给农民作肥料，铺在土壤上。第一年，它们的作用相对较小，但在接下来的四五年中，它们的效率相当可观。灯笼制造者丢弃的刨花质地更薄，其中一些被切成各种各样的图形并上漆，用作玩具；由于具有吸湿性，当放在温暖的手掌上时，刨花会卷曲。但是，这些刨花大部分也被卖作肥料，并且由于它们极薄且零散，在第一批作物上就能产生充分的效果。

(271）另一种情况，至少在一个行业中，是由于中间商使用大量资本而产生的；这些中间商曾经介于制造者和商人之间，现在已经不复存在了。当工人们在农舍里织布时，有一类人四处行走，大量购买这种布，以便卖给出口商人。但是中间商必须检查每一件物品，以便确定它没有瑕疵并且尺寸充足。诚然，大多数的工人可以被信赖，但少数人的欺诈使这种检查必不可少：对于任何一个单独的农舍主来说，被一个购买者发现欺诈之后，仍然可能希望这一事实不会为他人所知。

品格的价值，尽管在生活中的任何情况下都是重要的，但小额资本的拥有者永远无法像拥有大笔资金的人那样充分地体验到；而商人交易中的大笔金额，使他的守信品质更为他人所研究和了解。因此，高尚的品格代替了部分追加资本的地位；商人在与杰出制造商打交道时，可以节省下检验的费用，因为他知道制造商品格的损失，甚至贬损，将给其带来更大的伤害，远非一笔交易的所有利润能够弥补。

(272)一个历史悠久的制造业国家总是比其竞争对手拥有诸多优势，而商人和制造商的性格中所根植的自信是其中之一。英国人的这种自信达到如此程度，以至于在我们最大的城镇上，每天在商业活动中进行大规模的买卖，而任何一方都无须交换书面文件。

(273)在最近一次前往尼日尔河口的探险中，发生了一次这样的失信事件，当时本可能会造成极度的难堪。

兰德先生(Mr. Lander)说："我们从英格兰带来了将近十万根各种尺寸的针，其中有大量的白教堂(Whitechapel)出产的锐器，厂家保证超精细，而且针眼没有裂口。得到如此强烈的推荐，我们以为这些针一定很好；但让我们感到惊讶的是，不久前，当我们处理被退货的许多这种钢针时，我们收到投诉说它们都没有针眼，从而报复性地兑现了制造商的承诺——'针眼没有裂口'。在事后的检查中，我们发现其余的'白教堂锐器'也有同样的缺陷，因此为了挽回我们的信誉，我们不得不把它们扔掉。"①

(274)在上次战争中，英国制造的产品被排除在欧洲大陆之外，这时公认的声望对建立信任的影响非常显著。我们最大的一家公司一直习惯于与德国中部的一家公司做大量的生意；但是，在德国对我们的制造商关闭大陆港口后，所有违反柏林和米兰法令的人都受到了严厉的惩罚。尽管如此，该英国制造商还是继续收到订单，上面有如何发货的指示以及付款时间和方式的约定。这些信件上

① 兰德的《尼日尔河口远征日志》(*Expedition to the Mouth of the Niger*)，第二卷，第42页。

的笔迹他是知道的，但除了一家公司的信件用了教名之外，其他都没有手写签名，甚至在某些情况下，这些信件上完全没有任何署名。这些订单都得到了执行，而且任何订单都没有发生不正常付款的情况。

(275)人们可能会注意到另一种情况，它对大型工厂比对小型工厂多少更有利些。在出口若干制成品时，政府允许对进口原料所缴纳的部分关税予以退税。在这种情况下，为了避免税收欺诈，公司必须提交一些表格；而且一名办事员或合伙人必须到海关办理。大公司的代理人收到了几千先令的退税，就像几乎在同一时间小出口商收到几先令的退税一样。但如果出口量微不足道，小厂商往往发现退税无法补偿时间上的损失。

(276)在我们制造业地区的许多大型企业中，使用的材料都产自边远国家，在某些情况下，这些材料几乎是少数地方所特有的。发现这些商品的储量充足的新产地，对于任何大量消费这些物品的企业来说，都是一件非常重要的事情；而且在某些情况下，人们发现，特意派人到很远的地方去发现和收集这种产品的费用，已经得到了充分的补偿。于是，瑞典和挪威的雪山以及科西嘉岛温暖的山丘所出产的一种蔬菜产品，几乎被我们一家最大的棉布印染厂特意派来的代理人购空了。同样，由于掌握资本以及大型工厂的规模经营，它们的回报容许派出代理人考察遥远国家的需求和口味以及尝试性试验。尽管这些试验对大工厂有利，但对于拥有较为有限资源的小型企业来说，这将是毁灭性的。

这些观点在《1806 年下议院羊毛贸易委员会的报告》(Report of the Committee of the House of Commons on the Woollen Trade)

中得到了很好的表达。我们将摘录其中对大工厂优势的总结，作为本章的结尾。

“委员会注意到，对工厂的忧惧不仅在原则上是恶性的，而且在实践中是错误的，这种忧惧甚至到了即使是完全相反的原则也可以被合理接受的程度。也不难证明，至少在一定程度上，今天的工厂对国内系统的健康似乎是绝对必要的：它提供的那些特殊商品，是国内系统因本身固有缺陷无法提供的；因为很明显，小的制造商不能像拥有大量资本的人一样负担得起必要的试验，并承担发明和完善新的工业制成品时几乎总是发生的风险，甚至损失。他不能通过个人观察来了解外国的需求和习惯以及工艺、制造和改良。勤勉、节约和谨慎是他所处角色的必要条件，而不是发明、品味和进取心。他也不能冒险损失他那一小部分资本。他只要走老路，这一定是可靠的路径；但他决不能偏离到投机的道路。相反，工厂的所有者通常拥有大量资本，并让他的所有工人都在他自己的直接监督下工作，他可以做试验，冒险投机，发明更短期或更好的执行旧工艺的模式，可以引进新的产品，改进和完善旧的产品，从而丰富他的品味和想象，使我们的制造商能够与其他国家的商业竞争对手相抗衡。同时，值得一提的是（经验也充分证明了这一点），许多新的织物和发明一旦获得成功，就在整个制造业中变得普遍起来；因此，国内制造商自己最终也从那些工厂中受益，尽管那些工厂是他们嫉妒的对象。我们余下的几乎所有制造业的历史，鲜明地证明了和强化了上述评论。在这些制造业中，近年来做出了巨大的改进，在某些情况下付出了沉重的代价，在进行了大量不成功的试验之后，得出了一个公认的事实：工厂的所有者通常也是展厅里购买范围最广的采购者之一，在那里他们向国内服装商购买知名的制成品；他们也能够立即对一个大额而突然的订单做出回应。同时在工厂内部，在他们自己的监督下，他们制造出精美的商品以及任何更新的、更昂贵的或更精致的物品，国内制度使他们能够将更大比例的资本用于这些方面。因此，这两种制度不是对立的，而是互相帮助的；它们互相弥补对方的缺陷，互相促进对方的繁荣。”

第 23 章　大工厂的地位

(277)在每个国家都可以看到，大型制造企业的情况仅限于特定地区。在制造业社会的早期历史中，在廉价运输方式被广泛采用之前，人们几乎总是会发现，制造厂建于原材料的产地附近：尤其是重量很大的商品，其价值更取决于材料，而不是花费在材料上的劳动。大多数金属矿石都非常重，并且与重量大且无用的材料混合在一起，它们必须在离开采点不远的地方进行还原。燃料和动力是冶炼矿石的必要条件。附近的任何大瀑布自然都会被用来辅助更粗重的物理运动，用来捣碎矿石，鼓动炼炉，或者锤击和轧铁。确实存在一些特殊情况会造成一些改变。铁、煤和石灰岩通常出现在同一地区；但就其他金属而言，并不存在燃料与矿石在同一地点相结合的情况。从地质学角度讲，金属矿产量最高的地区通常与产煤地区不同；因此在康沃尔郡有铜和锡矿脉，但没有煤床。铜矿石需要大量的燃料才能还原，它通过海运被送到威尔士的煤田，在斯旺西进行冶炼；而运送铜矿石的船只则取回煤炭，运用蒸汽机在矿井排水和冶炼锡，为此目的所需的燃料量要比铜少得多。

(278)河流流经煤炭和金属资源丰富的地区，将形成第一条公路，将重要的农产品运送到车站，在那里有其他便利设施来进一步应用人类的技能。运河能成功进行运输，或为之提供帮助；而蒸汽和天然气的应用尚未穷尽，为那些自然资源贫瘠的国家提供了获得几乎同样优势的希望。制造、商业和文明，总是遵循新的和廉价的沟通线路。二十年前，密西西比河的浩瀚河水在多个国家的数千英里泛滥成灾，这些国家几乎无力为少数流浪和未开化的印第安人部落提供支持。河流的力量似乎是在蔑视人类为进步所做的努力。并且，似乎为了使这项任务更加无望，从周围的森林中被砍伐的大树像木桩一样栽在河流的底部，在一些地方形成了屏障，在另一些地方形成了堤岸的中心；它们聚集的这些地方，如果没有这些意外之物的话本不会像浅滩和岩石一样带来困难和危险。四个月不间断的辛苦工作仅仅能让一艘逆流而上的小船和它疲惫的船员行驶两千英里。由蒸汽推动的大船在 15 天内就可以完成同样的航程，它承载的数百名乘客享受着文明生活的所有舒适和奢侈。河堤上不再是印第安人的小屋和更为不常见的零星散布的定居者的木屋——村庄、城镇和城市都出现在河岸；阻碍了这些强大水域力量的引擎，也同样可以从河底清除迄今为止阻碍和威胁其航行安全的障碍物。[1]

---

① 由于树木在河底的随意固着而形成障碍物的数量，可根据蒸汽船在河中行驶而毁坏的比例来估计。下面的声明摘自 1832 年的美国年鉴（American Almanack for 1832）。

1811—1831 年，在密西西比河及其支流上建造了 348 艘汽船。在此期间，有 150 人失踪或劳瘁。

在这 150 人中：	劳瘁	63
	因暗桩而失踪	36
	烧伤	14
	船舶碰撞失踪	3
	未查明事故	34

36 人，或者说近四分之一的人数，因意外的阻塞而死亡。

在美国，暗桩是指那些几乎直立在溪流中的树，它们的根固着在河流底部。

人们通常在蒸汽船的船头划分出一个水密舱，以便船与暗桩相撞而形成漏洞时，水不能进入船的其余部分而使船只沉没。

(279) 许多大型制造厂聚集的地区，往往会吸引远方的购买商或其代理商也集中过来，从而形成公共集市或交易所。这有助于传播有关原材料供应以及产品需求的信息，制造商必须对此有充分了解。这种在一个地方定期会集大量市场供应商和购买商的情况，很容易抑制小市场经常遭遇的偶然波动，并使平均价格更加统一。

(280) 当资本投资于机器和作为办公场所的建筑物时，并且当附近的居民了解了机器的工作方式时，就需要有相当重要的理由才能让其移走。然而，这种立场的变化确实发生了；制造商就业波动委员会(Committee on the Fluctuation of Manufacturers' Employment)也提到了这种变化，认为这是影响统一工资率的主要原因之一。因此，对工人来说，了解促使制造商搬离旧址的真正原因尤为重要。

"任何制造业的迁移或改变有时源于不适合该制造业所处地区的机器的改进，这种说法似乎适用于羊毛制造业，它在很大程度上从埃塞克斯郡、萨福克郡和其他南部郡，迁移到北部地区，因为这里蒸汽机使用的煤炭要便宜得多。但在某些情况下，这种变化是由于工人拒绝合理降低工资或反对引进某种改进的机器或工艺的行为；因此，在争端期间，另一个地方在很大程度上取代了它们在市场上的地位。工人对工厂主的财产使用的任何暴力，以及他们结成的任何不合理的联盟举措，几乎肯定会对他们自己造成伤害。"

(281) 在这些工厂长期建立起来之后，搬迁就会产生严重后果，因为与它们的需求相称的人口总是在它们周围成长。在诺丁汉郡，号称"卢德派"(Luddites)的人们结成联盟，从该地区驱逐了大量的蕾丝织机厂，并导致在德文郡成立了工厂。我们还应该注意到，把任何企业驱赶到一个以前没有类似工厂的新区，其效果不仅是使它免受这种联盟的影响，而且几年之后，它的成功范例很可能会促使新区的其他资本家从事同样的制造业。因此，尽管只应驱逐走一家工厂，但工人们通过结盟使工厂搬走，不仅会因这家工厂的搬迁造成部分劳动力需求的丧失而蒙受损失，而且由于新生产地域的竞争，劳动力本身的价值也将降低。

(282)对这个问题有影响的另一个情况是机器的性质。重型机械，如冲压机、蒸汽机等，不能轻易移动，因此移动时总是需要进行拆卸；但当一家工厂的机械由许多独立的发动机组成时，每一个发动机本身都是完整的，所有的发动机都由一个动力源(如蒸汽动力源)驱动，那么拆卸就不那么麻烦了。因此，织袜机、蕾丝织机和织布机可以运输到更有利的地区，而不需要把它们进行大的拆分。

(283)工人阶级中的智者应该研究这些观点的正确性，这非常重要；因为，在某些情况下，整个阶级可能会在不经意之间被诡计多端的人引导去追求一条道路，尽管这条道路表面上看似合理，但实际上却与他们自己的最大利益背道而驰。我承认，我很希望这本书可能落入工人之手，他们也许比我更有资格对这个只需要简单常识的问题进行推理；而因这个问题对他们个人幸福的重要性，他们的话语权应得到加强。在请他们注意前面的言论以及我将要提出的关于联盟的言论时，我只能说我比他们有一点优势，即我从来没有过，而且根据个人概率也永远不会有丝毫的金钱利益，以至于对我根据摆在面前的事实做出的判断，产生哪怕最轻微的影响。

第 24 章　关于过度制造

(284)竞争的一个自然和几乎不可避免的后果是使生产的供给远远大于需求。这种结果通常是周期性出现的，对工厂主和工人来说，防止这种情况的发生或预见这种情况的到来同样重要。在存在大量非常小的资本家——每个工厂主本人也要工作，由自己的家庭或几个熟练工人协助——以及生产各种不同物品的情况下，出现了一种奇怪的补偿制度，这种制度在某种程度上减少了工资原本波动的程度。这是由一类称为中间商或代理人的人来完成的，他们拥有一定资本，每当他们所交易的任何物品的价格大幅度降低时，他们就自己购买，希望在市场好转时卖出获利。这些人平时充当推销员或代理商，以市场价格提供各种商品，供本国或外国经销商使用。他们拥有大仓库来补货，或者存放在萧条时期购买的物品，因此在平衡市场价格方面起着调速轮的作用。

(285)过度制造对大企业的影响是不同的。当供应过剩导致价格下降时，通常会发生以下两种情况之一：第一是劳动报酬减少；第二是劳动者工作时间减少，工资率下降。在前一种情况下，生产继续以正常速度进行；在后一种情况下，生产本身受到限制，一旦库存告罄，供应就会再次根据需求进行调整，然后使价格恢复到原来的水平。乍看上去，后一种情况对工厂主和工人来说似乎都是最好的；但要做到这一点会有难度，除非这一行业掌握在少数人手中。实际上，要取得成功，工厂主之间或工人之间几乎必须结成一种联盟；或者，比这两者都更好的做法是，为他们的共同利益达成一项共同协议。人与人之间的联盟是困难的，而且总是伴随着因恶意而产生的龃龉，恶意所针对的是正当行使其判断力而不愿意与多数人一起行动的任何人。另一方面，除非他们全体同意，否则这些工厂主的联盟是徒劳的，因为如果有任何一个工厂主用自己的钱可以获得比其他人更多的劳力，那么他将能够以低于市场的价格出售产品。

(286)如果只看消费者的利益，情况就不同了。当供应量过大导致价格大幅度下降时，商品的消费就会向一个新的阶层开放，并增加老顾客的消费量。因此，回到原来的价格是违背这两者利益的。同样可以肯定的是，制造商因价格下跌而遭受的利润减少，将进一步激发他的聪明才智：他将致力于寻找其他更便宜的原材料来源；他将努力设法改进机器，以较低的价格制造；或设法在他的工厂引进新的部署，使其经济更为完善。如果他成功了，通过这些路径中的任何一条或通过它们的共同作用，将会产生真正的、实质性的好处。更多的公众将从商品的使用中获益，他们将以较低的价格买到它；制造商虽然在每项业务中的利润减少了，但因其工厂由于更大产量所带来的更频繁回报，到年底他将发现自己的实际收益几乎与以前一样；而工人的工资将恢复到原来的水平，制造商和工人都会发现需求波动变小了，因为它依赖的客户变多了。

(287)如果我们能够通过任何重大制造业的历史来追溯——哪怕只是大致追溯——过剩对改进机器或改进工作方法的影响，并且如果我们能够说明每一次改进对比以往制造商品的年产量带来多少增量，那将是非常有趣的。人们可能会发现，相同资本带来的制造数量增加，如果配合新的机器改进，将产生与其他投资方式几乎相同的利润率。

铁的制造①也许可以非常好地说明这个问题。因为通过掌握生铁和铁条在同一地点、同一时间的实际价格，可以消除币值变化以及其他无规律原因的影响。

(288) 目前，在钢铁制造商抱怨其产品价格过低的同时，一种新的炼铁模式正在投入使用，如果它把专利权人的声明变为现实，就有望大大降低生产成本。

改进的办法是先把空气加热，然后再将它吹入炼炉。这样做的一个结果是，可以用煤代替焦炭；而这反过来又会减少熔化铁矿石所需的石灰石量。

以下的专利所有权人声明摘自《布鲁斯特期刊》(*Brewster's Journal*) 1832 年版，第 349 页：

克莱德(Clyde)炼铁厂冶炼 1 吨铸造生铁所需材料数量与每炉每周冶炼的铸造生铁数量的比较

	燃料（1 吨 =20 英担，1 英担 =112 磅）	铁石	石灰石	每周生铁产量
	吨		英担	吨
1. 未加热的空气和焦炭	7	$3\frac{1}{4}$	15	45
2. 加热的空气和焦炭	$4\frac{3}{4}$	$3\frac{1}{4}$	10	60
3. 空气加热，煤不结焦	$2\frac{1}{4}$	$3\frac{1}{4}$	$7\frac{1}{2}$	65

① 每吨生铁、铁条和煤的平均价格，加上多年来在工厂里付出的劳动力价格，将是非常有价值的，我将非常感激任何一个愿意帮助我获得任何一段时间，甚至很短时间的相关数据的人。

注：

1. 在第二行和第三行所述的煤中，必须添加5英担的细煤，用以加热空气。

2. 用于加热空气的设备费用为每炉200—300英镑。

3. 克莱德炼铁厂现在没有煤结焦；所有三个炉子的铁都是用煤炼成的。

4. 这三座炼炉由一台双动力蒸汽机吹气，蒸汽缸直径为40英寸，吹气缸直径为80英寸，用它压缩空气，每平方英寸可承载$2\frac{1}{2}$磅。每个炉子有两个风口。吹管的喷嘴直径为3英寸。

5. 空气加热到华氏600度以上。它将熔化距离管口3英寸的铅，铅将从管口流出。

（289）如此加热空气所产生的增强效果肯定不明显。对其作用的分析将使人们对炼炉鼓风机械的未来应用产生一些好奇的想法。

吹入炉子的每立方英尺大气由两种气体组成：约五分之一是氧气，五分之四是氮气。[①]

根据目前对化学知识的了解，只有氧气可以有效地产生热量，因此可以对炼炉鼓风操作进行分析。

1）空气以冷凝状态进入炉膛，并立即膨胀，从周围物体中吸收热量。

2）由于它本身的温度适中，因此即使没有膨胀，也仍需要加热才能将其升高到要作用于的热物质的温度。

3）氧气与炉中的被点燃物质接触后，与它们结合，同时释放很大一部分潜在热能，并形成比热低于其各单独成分的化合物。其中一些以气态从烟囱中排出，而其他则以熔渣的形式保留，漂浮于铁的表面，铁的表面由于热的作用而熔化。

4）氮气的作用与上述第一种和第二种作用完全相似。它似乎不会形成任何结合，并且在所有阶段都没有贡献任何热量。

① 通过测量，准确的比例是氧气21%，氮气79%。

因此，在把空气送入炉子之前加热的方法，显然节省了燃料在把空气从外部温度提高到600华氏度时必须提供的全部热量，从而使火燃烧得更猛烈，使玻璃状的炉渣更易熔，也许也可以更有效地分解铁矿石。同样数量的燃料，一次加到炉中，只会延长其加热的时间，而不会增加其强度。

(290)把这么大量的空气送入炼炉，不仅毫无用处，而且实际上起到了冷却而不是加热的作用，加上在冷凝过程中浪费的巨大的机械力实际上占到了全部机械力的五分之四，这清楚地说明了目前方法的缺陷，以及对一些更好的大规模助燃模式的需求。下面的建议很可能会形成有价值的结果，即使它们对宣称的目标无效。

(291)最大的困难似乎是把助燃的氧气和阻碍燃烧的氮气分离。如果这两种气体中的一种要变成液体所需要的压力比另一种更低，并且这些压力在我们目前的压缩能力范围内，那么这个目标就可能实现。

例如，让我们假设氧气在200个大气压下变成液体，而氮气则需要250个大气压。那么，如果空气压缩至其体积的二百分之一，氧气将在发生冷凝的容器底部呈液体状态，容器的上部只含有气体状态下的氮。氧气液化后，可以被抽出来供炼炉使用；但是，由于使用时应该进行适度的冷凝，它的膨胀力事先可以作用于小型发动机。压缩的氮也在容器的上部，虽然对燃烧无用，但可以用作动力源，并通过其膨胀，驱动另一台发动机。通过这些方法，在最初的压缩过程中施加的机械力将全部恢复，除了一小部分被保留下来以推动纯氧进入炼炉，更大的部分则在设备的摩擦中损失掉。

(292)在这些操作中要注意的主要困难是如何密闭一个工作活

塞，以承受 200 或 300 个大气压，但这似乎不是不可克服的。构成普通空气的这两种气体有可能在这种压力下进行化学结合。如果是这样的话，这可能提供一种制造亚硝酸或硝酸的新模式。这样的实验结果可能会朝另一个方向发展：如果冷凝是通过液态进行的，它们可能会形成新的化学组合。因此，如果空气在含水的容器中高度冷凝，后者可以与额外剂量的氧气结合起来，[①] 这些氧随后可以很容易地分离以供炼炉使用。

(293) 这种实验结果不确定的另一个原因是，尽管目前尚不清楚氮的作用方式，但它确实可能有助于炼炉中混合物质的熔化。对炼铁厂烟囱排放气体的性质进行研究，也许有助于澄清这一点；事实上，如果对所有炼炉的各种产品都进行这样的调查，我们就有可能弄清楚冶金技术中的许多与节约相关的问题。

(294) 氧在液体状态下的作用可能具有极强的腐蚀性，并且盛装的容器必须内衬铂或其他一些极难氧化的物质；在这种压力下，很可能会形成新的和意想不到的化合物。 在 1797 年拉姆福德伯爵 (Count Rumford) 就火药威力进行的一些试验中，他注意到当被点燃的火药无法逸出时，枪管中总会出现一种固体化合物；并且在那些情况下，撤走约束压力时逸出的气体通常是微不足道的。

(295) 如果使用液化气体，可能必须改变铁炉的形式，也许有必要将点燃的燃料火焰引向要熔化的矿石，而不是将矿石与燃料本身混合。通过适当调节鼓风，可以获得充氧或除氧火焰；从火焰的强度，结合其化学作用，我们可以期待熔炼最难熔的矿石，并且目

① 重水，泰纳尔 (Thenard) 的氧化水。

前几乎不熔的金属，如铂、钛和其他金属，最终可能被普遍使用，从而引发一场技术上的革命。

(296) 假设出现供过于求的情况时，没有发现新的、更便宜的生产方式，而产出继续超过需求，那么很显然，这一行业中应用了太多的资本。一段时间后，利润率的下降将使一些制造商转向其他行业。哪些人将离开该行业取决于各种情况。工业优势和关注度将使一些工厂的利润远远超过其他工厂；而其他一些工厂的资本优势使它们在没有这些有利条件的情况下，甚至是在亏损的情况下，能够更长久地维持竞争，从而希望将较小的资本家赶出市场，然后以高价补偿自己。然而，这场竞赛不应持续太久，这样对各方来说都更有利；重要的是，任何人为的约束都不应干预阻碍这种竞争。这种限制及其有害影响的例子发生在纽卡斯尔(Newcastle)港，在那里，议会的一项特别法案要求每艘船舶依次装载。下议院委员会在其《煤炭贸易报告》(Report on the Coal Trade) 中指出：

"根据本法令的规定，如果进港贸易的船舶数量超过了在贸易中有利可图所需要的船舶数量，那么结果势必发生因滞留港口和等待货物而造成的损失。与人们理所当然的看法不同，这些损失不会落到某些特定船只上而迫使它们退出贸易，而是会在船只之间平均分配；由此造成的损失由全体成员分担。" (报告第 6 页)

(297) 简要说来，我们在这里并不是假装去追踪过度制造的所有影响或补救措施；这个主题很难，与之前谈到的一些问题不同，它需要对许多共同起作用的原因的相对影响提出综合性的看法。

第25章　开办工厂前的调查

(298)在开始生产任何新产品之前，都应该进行调查。调查的内容主要涉及工具、机器、原材料的费用和生产所需的一切开支，可能出现的需求量，流动资金的周转速度，以及新产品取代已有产品的快慢。

(299)新工具和新机器的费用相对来说更加难以确定，因为它们与已经应用的工具和机器不同；但是在我们的各种工厂中，经常使用的各种工具和机器种类是如此之多，以至于现在很少有发明可以追溯到与其他已建造的同类有很大的相似之处。原材料的成本通常不那么难以确定；但是有时会出现的情况是：需要确定是否可以信赖既定价格下的供给，这一点变得非常重要。例如，在少量消费的情况下，工厂提出的额外需求可能会导致价格暂时的大幅上涨，但它可能最终会降低价格。

(300)任何新产品可能被消费的数量，是新制造商考虑的一个最重要的问题。由于本章这几页内容并不是为了给制造商提供指导，而是为了对这一主题提出一个总体的看法，因此说明实用主义者是如何看待这些问题的，也许最有启发性。《工匠与机械的报告》(Report on Artizans and Machinery)的部分摘录，被当作证据提交给下议院委员会，它说明了那些表面看起来最无关紧要的商品被消费的程度，以及制造商对这些物品的看法。

这次要考察的对象是来自伯明翰的奥斯特勒先生(Mr. Ostler)，他是一位玻璃珠和其他同类玩具的制造商。下议院一个委员会在会议室举行会议时，他所制造的一些物品被拿来研究，供下议院委员会审查。

问题：关于这个问题，您还有什么需要说明的吗？

回答：先生们也许会认为桌上的物品微不足道，但也许我可以提出以下事实，让你们大吃一惊。18 年前，我第一次去伦敦时，城里一位穿着体面的人问我能不能给他提供玩具娃娃的眼睛。我很愚蠢，觉得有点被冒犯了；我认为做娃娃的眼睛有损我作为新制造商的尊严。他把我带进了一个和这里同样宽敞的房间，也许是这个房间的两倍长。从屋顶到天花板，堆满了洋娃娃的部件，剩下的空间仅够我们穿过。他说："这些只是腿和胳膊，躯干在下面。"但我所看到的足够让我相信，他需要许多眼睛；而且，由于这种产品刚好在我自己的业务范围内，我说我可以接下订单作为尝试。他给了我几个样品，我抄写了订单。他订购了各种数量、各种尺寸和各种质量的娃娃眼睛。回到塔维斯托克饭店(Tavistock Hotel)后，我发现订购重量达 500 磅以上。我到了乡下，并努力制造娃娃眼睛。有一些国内最有创意的玻璃玩具制造商在为我服务；但是当我向他们展示时，他们摇摇头，说他们以前经常看到这种物品，但做不到。我送他们礼物让他们尽最大的努力，但经过三四个星期的尝试和浪费了大量的时间后，我不得不放弃尝试。不久之后，我从事了另一个分支的业务(吊灯家具)，并不再关注它。大约 18 个月之后，我恢复了小饰品的业务，然后决定想一想娃娃的眼睛这件事。大约 8

个月后，我偶然遇到了一个穷困潦倒的家伙，他因酗酒而沦落到如此境地，在极度缺钱的状态下，他渴望有钱满足消费。我给了他十镑金币，他说他会教我这个制作过程。当时的状况是，他无法忍受自己的灯发出的臭味，而尽管我非常熟悉这个业务的手工部分，而且每天都会看到与这有关的东西，但我觉得我无法根据他的描述来制造。(我提到这一点是为了说明，通过描述来传授工作的方式有多么困难。)他把我领进了他的阁楼，这个可怜的家伙在那里节俭到了如此程度，以至于他事实上利用了利登霍尔市场(Leadenhall market)的家禽内脏和脂肪来节约油(由于国内的竞争，该产品的价格最近大幅下降)。转眼间，在我还没看到他做完第三件之前，我觉得自己有能力赚大钱了；他和我自己的工人之间的方法差别是那么微不足道，我感到极为惊讶。

问题：你现在可以做玩具娃娃的眼睛了吗？

回答：我可以。由于我是在18年前收到我所提到的订单的，尽管我的记忆很强烈，但我对自己的记忆感到怀疑，并且我怀疑它不可能达到我所说的数额，所以昨晚我按照那件物品现在的低价(不到当时的一半)计算了一下，这个国家的每个孩子两岁以前都不使用娃娃，七岁时就把它扔到一边，并且每年都有一个新的娃娃，我确信单凭娃娃眼睛就能有几千磅的重量。我提到这一点只是为了说明琐事的重要性，并在诸多理由中强调一条，因为我坚信，只有个人交流才能使我们的制造业得以移植。

(301)在许多情况下，很难事先估计一件商品的销售情况或机器的效用；然而，在最近的一次调查中发生的情况，虽然不太适合作为例证来说明可能的需求，但对于进行这种性质的调查可采用的方式很有启发性。下议院任命了一个委员会来调查，应向蒸汽机车征收多少通行费比较合适。显然，这是一个难以解决的问题，如果我们可以从不同的“收费公路信托”（turnpike trusts）对蒸汽机车征收的通行费的不同费率来判断的话，人们对这个问题的看法也大相径庭。委员会进行调查时所依据的原则是，“对任何一条公共道路提出合理收费要求的唯一理由是筹集一笔资金。按照最严格的经济性，这笔资金应刚好足够用于：第一，偿还其原来修建的费用；第二，保证其良好而充分的维修”。他们首先设法从有能力的人那里查明妥善建成的道路在随后恶化的过程中，大气层本身造成的影响。下一步是，通过对比马蹄与车轮的影响，确定道路受损的比例警长。麦克尼尔（Macneill）在霍利黑德（Holyhead）公路的负责人特尔福德先生（Mr. Telford）的请求下，接受了调查，并建议根据马蹄和车轮轮胎的铁磨损的相对数量来估计相对损害。根据他掌握的数据，按照一辆伯明翰日间马车的车轮轮胎和马蹄铁的消耗量，他估计马蹄造成的道路磨损是车轮磨损的三倍。假设一辆四轮客车以每小时 10 英里的速度快速驶过的一条道路需要修理费 100 英镑，而另一条仅由四轮货车以每小时 3 英里的速度通过的道路也发生了同样的损坏，麦克尼尔先生将损坏按以下比例划分：

引起损坏的来源	快速四轮马拉客车	重型四轮马拉货车
大气变化	20	20
车轮	20	35.5
马蹄踩踏	60	44.5
损坏总计	100	100

因此，假设上述所说的信息正确，那么要确定蒸汽机车的车轮对道路的伤害不会超过以同样速度行驶的同等重量的其他马车，委员会现在拥有了判断蒸汽机车的近似合理收费率的手段。①

(302)特尔福德先生的《关于霍利黑德和利物浦道路状况的报告》(State of the Holyhead and Liverpool Roads)中插入了以下的摘录，它与这一主题相关，并且对在实验前受到广泛争议的各个问题，提供了最有价值的信息。用于比较的仪器是由麦克尼尔先生发明的；实验地点选择在了伦敦和什鲁斯伯里(Shrewsbury)之间的道路上。

当在不同类型的道路上驶过载重为21英担的货车时，一般结果如下：

1. 在良好的路面，牵引力为……33磅
2. 在破损的石头表面，或旧燧石路……65磅
3. 在砾石路……147磅
4. 在破损的石路，修筑在粗糙的路基上……46磅
5. 在破损的石头表面，基层是由帕克牌水泥和砾石构成的混凝土……46磅

以下评估是关于在各种倾斜度的坡路上，牵引重量为18英担的客车所需的力，不包括7名乘客：

① 这些调查的一个结论是，每辆从伦敦到伯明翰的四轮马车，都会在两地之间的公路上损耗大约11磅的熟铁。

倾斜率	每小时 6 英里所需的力（磅）	每小时 8 英里的力（磅）	每小时 10 英里的力（磅）
1/20	268	296	318
1/26	213	219	225
1/30	165	196	200
1/40	160	166	172
1/600	111	120	128

(303) 在建立一个新的制造厂时，应充分考虑所生产的产品投放市场和实现回报的时间，以及新产品取代目前产品所需的时间。如果老产品在使用中被损坏，则新产品将更容易得到引进。钢笔很容易取代羽毛笔；而一种新型的钢笔，如果有什么优势的话，也很容易取代现在的钢笔。一把新锁，不管它多么安全，多么便宜，都不会那么容易被人们接受。如果比旧锁便宜，它将被用于新的工作。但是旧锁很少会被拆掉为它让路；即使完全安全，它的发展也会很慢。

(304) 在这个问题上，另一个不应完全忽略的因素是新的制造业可能因其对其他利益的实际或明显损害而引发的反对，以及这种反对可能产生的影响。这并不总是可以预见的；而当被预见时，往往是不准确的估计。当第一艘从伦敦到马盖特(Margate)的汽船建成时，在那条线路陆上经营的四轮客运马车的车主们向下议院请愿表示反对，因为这很可能导致马车车主的破产。然而，人们发现这种恐惧是虚幻的；在很短的几年里，这条路上的马车数量大大增加，显然正是由于这种被认为对其不利的方式。现在人们担心，蒸汽动力和铁路可能会导致很大一部分目前正在使用的马匹失业，这可能同样是毫无根据的。在某些特定的线路上可能会产生这样的效果;但是,用来将货物和乘客运送到大型铁路线路上的马匹数量,很可能会超过目前使用的数量。

第 26 章　关于新的制造业体系

(305)许多制造业国家的工人中普遍存在一种极为错误和不幸的观点，认为他们自己的利益与其雇主的利益不一致。其后果是：有价值的机器有时被忽视，甚至受到私自损坏；工厂主提出的新改进没有得到公正的测试；工人们的才华和观察力没有被用于改进他们所从事的工艺。在一些地方，制造业最近才建立而且在制造业中就业人数不是很多，也许这样的地方发生此类错误最为普遍。因此，在莱茵河沿岸的普鲁士的一些省，这种错误的流行范围比兰开夏郡(Lancashire)要大得多。也许在我们自己的制造业地区它的普遍程度逐渐降低，一部分是由于工人之间更好的信息传播，另一部分是由于经常出现这样的榜样：一些人由于良好操守和多年来一直关注雇主利益而成为工头，或者最终被接纳为合伙人而获益。根据我自己的观察，我深信制造厂厂主的富裕和成功对工人的福利是至关重要的；但我不得不承认，在许多情况下，这种联系太过遥远，工人往往无法理解。而且尽管工人作为一个阶层，的确可以从雇主事业的繁荣中获得好处，但我不认为每个人都能从他们的雇主那里得到与他的贡献程度完全成正比的好处，我也不认为由此产生的好处会和在不同的制度下同样地直接。

(306)如果每一个大企业能够安排付酬方式，使每个被雇用的人都能从整体的成功中获得好处，并且每个人的获利会随着工厂本身产生利润而增加，同时，不必对工资做出任何改变，那么这将具有非常重要的意义。这些并不容易实现，尤其是在那些依靠日常劳动来取得每日食物的阶级中。长期以来康沃尔郡矿山（Cornish mines）工作中长期实行的制度，虽然不完全符合这些条件，但它具有一些值得注意的优点，使它大致接近于这些条件，而且有助于使从事这项工作的所有人的能力充分发挥出来。我非常愿意将这个系统简单介绍给读者，因为它与我随后将要推荐试用的系统相似，也许会消除对后者的一些反对意见，并可以为进行任何可能的试验提供一些有价值的提示。

(307) 在康沃尔郡矿山，几乎所有的地面和地下作业都要签订合同。订立合同的方式大致如下：每两个月结束时，计划在下一阶段进行的工作都会被标记出来。它们有三种：1）计件作业（tutwork），包括开掘竖井、水平推进和挖掘洞穴；这项工作按深度、长度或立方英寻计酬。2）开矿费（tribute），是因使矿石具有一定的可交易性而为矿石开采和矿石加工支付的一种报酬。正是这种付酬方式产生了令人赞叹的效果。矿脉的丰富程度和从矿脉中提取的金属量与矿工的报酬成正比，因此矿工们在发现矿石和估计矿石价值时，自然会目光敏锐；他们的兴趣是利用每一项可能的改进，将其更便宜地推向市场。3）加工（dressing）。挖掘和加工矿石的开矿费支付者（tributor）很少负担得起按合同价格加工他们所开采的矿石中较粗糙部分的费用；因此，这部分矿石又被分包给其他同意以高价进行加工的人。

工人们把将要加工的批量矿石和将要进行的工作，提前几天标记出来。工人们检查过后，在矿工队长的主持下，会举行某种拍卖活动。每一批矿石都在拍卖会上摆放出来，并由不同的团体进行竞价。通常，工作会被以低于拍卖出价的价格提供给出价最低者，而出价人也很少拒绝这一价格。开矿费是每开采价值 20 先令的矿石要收取的金额，可以从 3 便士到 14 或 15 先令不等。要收取的收益率是非常不确定的：如果一条矿脉在开采时很贫瘠，但后来变丰饶了，这些人就会很快挣钱，曾经有过一伙矿工每人在两个月内赚一百英镑的情况。这些非同寻常的案例，对矿主来说也许比对工人来说更为有利，因为当工人的技能和勤劳受到极大的激励时，矿主自己总是能够从矿脉的改进中获得更大的好处。[①] 泰勒先生（Mr. Taylor）在弗林特郡（Flintshire）的铅矿、在位于约克郡（Yorkshire）斯基普顿（Skipton）的铅矿和坎伯兰（Cumberland）的一些铜矿中采用了这一制度。这种制度应该成为普遍做法，因为没有任何其他付酬方式能使工人获得成功的程度与他们的勤勉、正直和才干直接相称。

(308) 我现在要向工人阶级和整个国家简要地介绍一种制度，在我看来，这种制度孕育了最重要的成果；如果采取行动，它将永久地提高工人阶级的地位，并极大地扩展制造体系。

我所建议的制度依据的一般原则如下：

1) 每个雇员所获得的相当一部分工资应取决于企业所赚取的利润；并且，

---

① 有关康沃尔郡矿山开采方法的详细说明，请参见约翰·泰勒先生（John Taylor）所著的《地质学会学报》(*Transactions of the Geological Society*)，第二卷，第 309 页。

2）与企业相关联的每个人，如果他发现的任何改进得以应用于他所受雇的工厂，他获得的好处应该比通过其他任何途径获得的更多。

（309）大资本家运用资本，令雇员运用技能和劳动，从而形成利润。他们很难被说服采用任何改变其利润分配的制度。因此任何改变都必将来自小资本家，或来自把这两个特点结合在一起的工人阶级的上层。而对于后一类人来说，他们的福利首先会受到影响，这种变化是最重要的。因此，我将首先指出进行这项试验所要遵循的路线；然后，以特定行业为例，我将仔细探讨所提议的制度在该行业应用中的优缺点。

（310）让我们假设，在一些大的制造业城镇，十名最聪明、技术最精湛的工人团结起来，他们有很清醒的头脑、稳定的性格，并且在他们自己的阶级中小有名气。这些人将各自掌握一小部分资本，然后让他们与另外两个已成长为小制造厂厂主的人联合起来。假定这些人在仔细考虑了这个主题后，同意建立一个火炉围栏的制造厂。让我们假设这十个工人每人拥有 40 英镑，而小资本家每人拥有 200 英镑，这样他们拥有 800 英镑的资本可以启动经营；为了简化起见，让我们进一步假设这十二个人每人每周的劳动值 2 英镑。他们的一部分资本将用于购买他们行业所需的工具，我们假定为 400 英镑，这将被视为他们的固定资本。其余的 400 英镑将被当作流动资本使用，购买铁作为制造商品的原料、支付其车间的租金、养活自己和家人，直到资本中的一部分被所生产产品的销售收入所取代。

（311）现在要解决的第一个问题是，资本使用应该占利润分配的多少比例？技术和劳动应该占利润的多少？似乎不可能用任何抽象的推理来解决这个问题：如果所有合伙人提供的资本是等额的，所有的困难都会迎刃而解；否则，必须找到合适的比例水平，这通常是通过经验来发现的，很可能它不会波动很大。让我们假设他们已达成共识，每个周末，每个工人将得到 1 英镑作为工资，而资本的所有者将分享 1 英镑。几周后，收益开始出现，而且很快就会变得很稳定。每一笔开支和所有的销售都要有准确的账目，每周末要把利润进行分配。一部分利润留作储备基金，另一部分用于修理工具，其余的分为 13 份，其中 1 份在资本家之间分配，从事工作的人各得 1 份。因此，在一般情况下，每个人都会每周形成 2 英镑的工资。如果工厂兴旺发达，工人的工资就会增加；如果销售额下降，工人的工资就会减少。重要的是，每一个受雇于企业的人，无论其服务的报酬是多少，无论他是作为工人或搬运工、作为记账的文员，还是作为受雇每周用几个小时监督他们的簿记员，都应该以固定工资的形式得到其服务价值的一半，另一部分报酬则随着事业的成功而变化。

(312) 在这样的工厂中当然要实行分工：一些工人的工作是不断地锻造通条，另一些工人的工作是进行抛光，还有一些工人进行钻孔和形成围栏。必须清楚地确定每道工序占用的时间及其费用，这至关重要；这样很快就会获得非常精确的信息。现在，如果一个工人想办法缩短了任何一道工序的时间，他就会给整个团队带来好处，即使他们只得到由此产生的利润中的一小部分。为了促进这类发现，最好是使发现者得到某种奖励，由定期召开的委员会进行充分的试验后确定；或者，如果它们非常重要，发现者应该得到第二年（或其他人认为适宜的确定时间段）利润的一半或三分之二。由于这种改进带来的好处将为工厂带来明显收益，因此显然可以让发明人享有一定份额，从而，把好处给予他的合伙人而不是用其他方式进行处置，将更符合他的利益。

（313）在工厂进行这种安排的结果是，

1）每一个参与其中的人都会对工厂的繁荣享有直接的利益；因为任何成功或失败的影响，几乎都会立即在他自己每周的收入中引起相应的变化。

2）工厂里每一个相关人员都有切身利益，防止所有部门的浪费或管理不善。

3）与之相关的所有人才都将全身心地投入到每个部门的改进之中。

4）只有品格高、资质好的工人才能获准进入这类企业；因为当需要人手时，只招收最体面、最有技能的人符合所有人的共同利益；而且，影响十几个工人，要比影响一个工厂老板容易得多。

5）当发生任何情况造成市场出现供大于求时，就会有更多的技术被投向减少生产成本的领域；然后，人们的一部分时间可能被用于修理和改进他们的工具（这部分费用由储备基金进行支付），从而抑制当前的生产，同时促进未来的生产。

6）另一个非常重要的好处是，它将完全消除结社的所有真实的或想象的原因。工人和资本家会互相融合——他们显然拥有共同的利益，他们的困难和痛苦将得到相互理解，不是联合起来互相施压，唯一可以存在的联合将是双方之间结成最强大的联盟以克服共同的困难。

(314) 实行这一制度的一个难题是，资本家一开始就害怕加入这一制度，以为工人会获得过大的利润份额；而工人所占的份额会比目前大，这一点毋庸置疑。但同时，假定整个制度的效果是，企业的总利润大幅增加，那么在这一制度下资本所占的较小份额，实际得到数额却要更大，超过现存制度中的较大份额所能够带来的结果。

(315) 有关合伙企业的现行法律有可能会干扰这样运行的工厂。如果在建议的制度下筹集资金，不能通过限制收购的方法来消除干扰的话，则最好考虑对法律进行哪些必要的修改来确保这种制度的存续；这为是否讨论有限合伙制问题，提供了另一个理由。

(316) 在解雇表现不良或不胜任工作的工人方面也会遇到困难。这可能是因为他们对储备基金有一定的利益，也有可能是因为他们拥有一定比例的被使用的资本。但是不用细分的话，我们可以观察到，这种情况可以由企业的全员会议来决定。如果法律政策有利于这种企业的话，那么执行合理的条例，就不会比现在通过工厂主或工人的联盟来执行一些不合理的条例更难。

(317) 在几个行业中已经采用了这种制度的一些做法：康沃尔矿山使用的方式已经在前文提及；向捕鲸船船员支付的费用受这一原则的制约；在英格兰南部海岸用渔网捕鱼产生的利润分配方式如下：一半归船主和渔网所有人，另一半在渔船和渔网使用者、渔网破损时协助修补者等人之间进行平均分配。

第 27 章　关于机械设计

(318)发明机械装置和组合机械的能力，如果我们可以从其发生的频率来判断，就不会显得是一种难得或罕见的天赋。在连续数年几乎每天都产生的大量发明中，很大一部分由于第一次实验的不完善而失败，而更大的一部分虽然摆脱了机械上的难题，却由于对运营的经济性考虑不足而失败。

被任命负责审查防伪钞方法的专员们在其报告中指出，在向银行和专员申报的 178 个项目中，只有 12 个项目具有技术优势，其中 9 项需要特别检查。

(319)然而，令人奇怪的是，尽管组合机械的威力如此普遍，但更精巧的组合却极为罕见。那些通过其效果之完美和手段之简单而令我们折服的组合机械，只有在最巧妙的天才作品中才能找到。

形成运动甚至是复杂的运动并不困难。针对较为常见的目的，存在着许多已知的设计方案。如果机械设计的目的是施加适度的力，那么在任何部件被施加之前，应提前在纸面上构建整个机器，并判断在每一部分和支持框架上可施加的适度力量，以及它的最终效果。事实上，所有的设计和所有的改进都应该首先在图纸中得到体现。

(320)另一方面，有些效果取决于物理或化学性质，而图纸对确定效果没有任何用处。这些是直接试验的合理目的。例如，如果一台引擎的最终成果是用钢制冲头将字母压在铜版上，则冲头和铜版按规定的间隔运动并接触的所有机械结构都在绘图范围内，机器安排可以完全在纸上进行。但是，可能会出现一个合理的疑问，即在铜版上已经冲压的字母周围凸起的毛刺，是否会干扰相邻冲头在冲压字母时的正常动作？还可能出现的担忧是，如果第二个字母与第一个字母足够接近，那么第二个字母的冲压影响可能会扭曲第一个字母的形状。如果这两种弊端都没有出现，那么冲压产生的毛刺仍然可能会干扰铜版良好的印刷效果；而铜版本身，在边缘被图形覆盖之后，可能会改变形状，因为它在这个过程中必须经受不均匀的压缩，从而使印模印刷变得非常困难。任何图纸都不可能解决这些难题，而仅凭试验就可以确定其效果。经过这样的试验，我们发现，如果钢制冲头的侧面与字母表面几乎成直角，产生的毛刺就很小；在满足铜版印刷的深度上，相邻的字母不会发生变形，尽管这些字母放得很近；产生的小毛刺很容易被刮掉，而且铜版在冲压时不会因金属的压缩而变形，在经过冲孔后，完全适合印刷。

(321) 当已经完成了图纸和进行了必要的初步试验之后，发明的下一个发展阶段是机器本身的制作。在那些正在设计新机器的人的头脑中，留下最深刻印象的是，将图纸的每一部分都画得最完善，从实质上讲既有利于试验的成功，也有利于经济地得出结果。根据施工图进行实际施工是一项相对容易的任务；只要始终使用优良的工具并且采用正确的工作方法，所造部件的完善程度就更多地取决于所采用方法的确定性，而不是工人的个人技术。

(322) 在这一阶段，失败的原因往往源于前一阶段的错误。这里仅指出其中的一些原因就足够了：错误往往是由于没有考虑到金属不具有完全刚性而具有弹性而引起的。小直径的钢制圆柱体不能被视为不易弯曲的杆；为了保证其作为轴的完美作用，必须在适当的间隔加上支撑。

同样，必须仔细注意支撑该机械构造的框架的强度和刚性。应当永远记住，在机器的不动部件上添加多余的物质不会产生额外的动量，因此不会有移动部件重量增加时伴随出现的那些麻烦。框架的刚性在机器中产生了重要的优势。如果轴的轴承（在支撑它们的位置）放置在一条直线上，则在框架不可移动的情况下，它们将保持不变。而如果框架改变了形状，尽管略有改变，也会立即产生相当大的摩擦。在纺纱厂大量聚集的地区，这种效果已广为人知，以至于在估计新工厂的运营费用时，如果建筑是防火的，可以被认作节省 5% 的蒸汽机动力：因为防火建筑的强度和刚性可以防止驱动机器运动的长轴（long shafts）或轴（axes）的移动不会被任何轴承最轻微的偏差导致的摩擦所阻碍。

(323) 在进行机械试验时，如果认为任何不完美的机械作品都足以达到目的，那就大错特错了。如果这个试验值得做，就应该对机械技术水平所能实现的所有优点都进行试验；因为不完美的试验可能会导致一个想法被放弃，而更好的工艺原本可以证明它是可行的。而一项发明的效率一旦确立，加上良好的工艺，随后就可以很容易地确定需要怎样的完美程度才能使其发挥应有的作用。

(324) 一方面是由于最初试验的不完善，另一方面是由于机器制造技术的逐步改进，许多在一种技术状态下被试验和放弃的发明在另一个时期取得了显著的成功。活字印刷的想法可能早已出现在许多熟悉用木块或印章获取印记的人的想象之中。在庞贝（Pompeii）和赫库兰尼姆（Herculaneum）遗址发现的工具之中，我们找到了由一种金属制成的印章，印章上有一些字母，用来印制文字。许多人几乎都会想到要把这些字母分开，再把它们重新组合成别的单词，以便印制成书，但这几乎肯定会被当时最熟悉机械艺术的人所拒绝，因为当时的工人一定立刻意识到，不可能像现在印刷技术中所用的活字或木块那样，生产出数千块形状完美、排列均匀的木头或金属。

一种以“布拉玛”（Bramah）命名的印刷机的原理，大约在制造它的机器出现的一个半世纪之前就为人所知了；但是，即便想到了如何应用原理，发现者所处时代的不完善的机械技术条件，也会有效地阻止他试图在实践中将其作为工具发挥作用。

这些顾虑证明，在机械制造技术得到极大改进的时期告一段落时，重复那些虽然建立在合理原则基础之上但之前遭遇失败的试验，是恰当的做法。

(325) 当一台机器的图纸已经得到正确绘制，零件已经很好地完成，甚至当它所生产的产品将具有预期的所有品质时，这项发明仍然可能失败；换句话说，它可能无法被普遍应用。这通常是由于它以比其他方法更高的代价来完成它的工作。这种情况最常见的原因是，与其他方法相比，其生产费用更高。

(326) 每当人们打算用新机器或改良机器作为基础进行批量生产时，在进行施工之前，必须充分考虑机器运行的全部相关费用，这是必要的前提条件。对费用进行这种估算几乎总是非常困难的：机械越复杂，任务就越不容易；在机械的复杂程度和规模范围都超强的情况下，这几乎是不可能的。据粗略估计，任何一台新发明的机器，第一台的造价大约是第二台的五倍，这一估计也许非常接近事实。如果第二台机器与第一台机器完全一样，相同的图纸和相同的模式就可以了；但是，如果像通常发生的那样，根据第一批的经验提出一些改进建议，那么这些机器必须或多或少地做出变动。然而，当两到三台机器已经完成，且还需要更多的机器时，它们的生产成本通常可以远远低于原发明的五分之一。

(327)通常，一个人不可能在设计、绘制和执行等方面都做到尽善尽美；因此，和在其他技术中一样，必须实行分工。对于任何机械发明的规划者来说，最好的建议是雇用一位受人尊敬的绘图员；如果他在自己的职业生涯中拥有丰富的经验，他会帮助确定该发明是否新颖，然后可以制作施工图。然而，第一步首先是确定这种发明是否具有创新性，这非常重要；因为在所有的艺术和每一门科学中，都适用一条格言：一个渴望通过新发现发家致富或成名的人，必须愿意仔细了解同时代人的知识，否则他就会为重复发明穷尽心力，结果却很可能发现这些早在他之前就已经被更好地执行过。

(328)然而在这个问题上，即使是聪明的人也常常疏忽大意。也许，没有一个行业或职业会像机械规划师那样，遭遇如此多的江湖骗术，对于科学原理和自己行业的技术发展史、行业资源和行业发展程度，有如此多的无知。自力更生的工程师，被某些也许是真正原创的发明之美所迷惑，他开始从事他的新职业时，丝毫不怀疑以前的指导、思想和痛苦的劳动是成功地从事这项工作所必需的，政治家或参议员也是如此。这种错误的信心很大程度上源于对机械发明的困难的不恰当估计。因此，对于那些经常被诱导偏离恰当的追求、被自己的才智和流行声音所欺骗的个人和家庭来说，使他们和公众相信，制造新的机械组合的能力为许多人所拥有，它所需要的人才绝不是最高级别的，是非常重要的。更重要的是，他们应该确信，那些在这些问题上成就卓越者的伟大功绩和巨大成功，几乎完全是由于他们坚持不懈地致力于他们的成功发明，而多年学习带来的技能和知识使他们的发明完善成熟。

第 28 章　机器使用的适当环境

(329) 机器的第一个目标，是完善并廉价生产其要制造的商品，这也是其广泛使用的主要原因。每当需要生产大量同质产品时，制造工具或机器的适当时机也随之而来。如果只需要几双棉袜，那么花费大量的时间和资金建造一台织袜机来进行编织就变得荒唐可笑，因为只需要几个便士，就可以买到四根用来编织的钢针。而如果需要好几千双袜子，那么建造织袜机所用的时间和费用，可以通过织袜机编织大量棉袜所节省的时间来弥补，而且会有结余。同样的原则也适用于文字的复制：如果只需要三到四份，那么钢笔和手是获得文字的最便宜的方法；如果需要几百份，我们可以用平版印刷来帮助我们；但是如果需要几十万份，印刷厂的机器是实现这一目标最经济的方法。

(330) 但是，在许多情况下，必须制造机器或工具，而低成本生产并不是最重要的目标。例如，每当需要以最严格的精度生产一些机器零件时，即使是最熟练的人工，也几乎不可能满足这一条件；有必要明确地为此目的制造工具，尽管这些工具的制造成本要比其要制造的东西的价格更高（这种情况经常发生）。

(331) 另一个恰当使用机器的例子是，即使增加了费用，只要物品生产所用时间短，对其价值就会产生重要影响。在我们的日报出版中，经常发生的情况是，议会的辩论要进行到凌晨三四点。也就是说，在报纸发行前的几个小时内，讲话稿必须由记者记录下来，转交给报社（也许在一两英里之外），然后由记者在办公室里誊写，由排字员排版，报社校订，报纸印刷发行，公众才能阅读。其中一些期刊的日发行量为 5,000—10,000 份。假如需要 4,000 张，而且只能以每小时 500 张的速度印刷纸的一面（这是两个工人和一个男孩用旧式手动印刷机所能印刷的最大数量），那么印刷完整的版本就需要十六个小时；这样，当购买者收到最新一期印刷的报纸上传递的消息之前，消息已经过时了。为了避免这一难题，通常需要把报纸设置成两份，有时迟了，还要设计成三份；但印刷机的改进如此之大，以至于现在一个小时就可以单面印刷 4,000 份。

(332)《泰晤士报》的创办是大规模制造的一个例子，其中脑力劳动和体力劳动的劳动分工都得到了很好的阐释，国内经济的影响也得到了很好的说明。世界各地成千上万的报纸读者，很难想象工厂在整个晚上呈现出多么有组织的活动场景，也无法想象为了向他们提供娱乐和信息投入了多少才干和机械技能。① 这家机构雇用了

① 在撰写这几页时，笔者和一个朋友出席了最近一场非常重要的辩论。辩论进程中，他们被劝说在午夜之后参观了这样一个极为有趣的企业。那地方在煤气灯的照明下，像白天一样明亮。既没有噪音，也没有喧闹；来访者受到如此平静和礼貌的接待，以至于直到后来，他们才意识到这样的闯入者在工厂压力最大的时刻所必定会引起的不便，也才想起他们所崇尚的宁静，是紧张而规范的工作成果。但是在当前的商业环境里，这种妨碍性的影响也会显现—— 一小时内如果有 4,000 份报纸被单面印刷，那么每一分钟的接待都会造成 66 次印制的损失。因此，陌生人可能会认为，需要为满足他的好奇心所占用一刻钟的时间（对他来说，这一刻不过是一个瞬间）支付费用是不合理的，但这一刻钟可能会导致一千张报纸无法交付，并使我们一些遥远的城镇中相应数量的准读者失望；每天早上，早报都是由最早和最迅捷的交通工具送到他们手上的。

插入本注释有着更深层、更普遍性的目的。它是想引起那些希望视察我们大型制造

近 100 人。在议会会议期间，至少有 12 名记者常驻下议院和上议院；经过大约一个小时的工作，每一个人轮流离场，把他刚刚听到的和速记的发言转为普通文字。与此同时，有五十位排字员一直在工作，其中有些人已经开始排字，而另一些人则忙着打尚未完成的讲稿，其中间部分被记者匆忙地放在口袋里送到办公室，也许就在那一刻，其雄辩的结论正引得圣斯蒂芬教堂的墙壁随着听众的掌声颤动。这些聚集起来的活字，一经排版，就分部分传给其他人；直到最后，辩论的零散片段，与普通内容结合起来，形成 8 个版面共 40 栏，按规定顺序重现在印刷机的平台上。现在，人类的手太慢了，满足不了好奇心的要求，但蒸汽机的力量却帮助了他们。油墨通过最完美的机制迅速供给活字；四个工人不停地将大白纸的边缘引入两个大滚辊的连接处，这两个大滚辊似乎以无法满足的食欲吞食它们；其他滚辊则将它们输送到已经上墨的活字上，并使其快速连续地接触，然后将它们重新传送给另外四名助手，几乎通过瞬间接触，报纸就被完全印刷了出来。这样，一小时内可单面印制 4,000 张纸；在六小时内，可以用 30 万个金属活字为公众印制 12,000 份报纸。

(333) 机器在印刷其他期刊出版物时的作用，以及发行这些出版物时的适当经济性，对于知识传播有着重要的利害关系，因此值得研究用什么方法能够以低价生产和销售这些出版物。在爱丁堡出版的《钱伯斯杂志》(*Chambers' Journal*) 以三便士的价格出售，

厂的人（特别是外国人）注意，他们来访经常会遇到困难的主要原因。当机构非常庞大并且其部门安排微妙时，就会产生对来访者的排斥，这不是因为任何狭隘的嫉妒，一般也不是出于任何大多荒谬的隐瞒的愿望，而是由于在整体组织严密的一系列操作中，即便是短暂、有原因的打断，也注定会引起极大的不便和时间的浪费。

它为我们提供了一个例子。1832 年创办后不久，它在苏格兰的销量达到了 30,000 份。为了满足伦敦的需求，它得以重新印刷。但由于创作的费用，人们发现这个计划不会产生任何利润。伦敦版即将被放弃的时候，出版商突然想到要在爱丁堡把书浇铸成铅版，然后铸成两套印版。这是在离出版日大约还有三个星期时完成的——一套印版被邮寄到伦敦，通过蒸汽机进行印制。伦敦代理商有时间用最便宜的运输工具把包裹送到几个大城市，其他的印本则通过书商的包裹送到所有小城市。这样，节省了大量的资金开支，从作为中心的伦敦向英国各地输送了 20,000 份杂志；这个过程中，完成不完美的印制没有遇到任何困难，也没有任何超出公共需求而浪费掉的印刷品。

(334)传递信件是另一个例子。在这个例子中，节省时间的重要性将允许任何新机器为实现这一目的而付出巨大的费用。马匹的速度有一个自然的极限，即使品种上最大的改进，再加上我们道路的不断完善，也永远无法超越。而目前，我们距离这个目标并非遥不可及。当我们反思一门理论或者艺术的最后改进通常需要花费的大量时间和金钱时，我们可以合理地认为，尝试用机械代替来实现这种目的的时代应该已经来了。

(335)每天晚上邮寄到我们最大的城市之一布里斯托尔(Bristol)的邮袋，通常重量不到 100 磅。接下来，第一个自然而然的想法就是，为了将这些信件运送 120 英里，需要使重量超过 3,000 磅的马车和设备运动起来，并在相同的空间内运送。①

① 诚然，信件的运输不是使用该设备的唯一目的；但实际上，作为次要目的的旅客运输，确实限制了作为主要目的的信件运输的速度。

显然，在实现这一目标的机械条件中，最好能减少与信件一起传递的材料的重量，也最好能降低所使用的动物力量的速度，因为马的速度越快，他所能拉动的重量就越小。在为实现这一目的可以想到的各种手段中，我们将提到一种，尽管并非毫无异议，但它满足了某些规定的条件。这并不是纯粹的理论推测，因为已经就其进行了一些试验，尽管规模极为有限。

(336)让我们想象一下，在两个有邮局的市镇之间，大概每隔一百英尺，总有一些高高的柱子垂直竖立，而且尽可能地排成一条直线。必须将一根铁线或钢丝在适当的支撑物上延伸出去，固定在每根柱子上，并在每三到五英里的尽头，便捷地在坚固的支撑上拉紧。在后面提到的每一个地点，都应该派人驻守在一间小型站房内。一个用来盛装信件的狭窄的圆柱形铁皮箱，可以由两个轮子悬挂在这根铁线上滚动。箱子的构造确保轮子在通过铁线的固定支撑时不受阻碍。一根直径较小的环形金属丝必须穿过分列站房两侧的两个滚筒。该金属丝应有滚轮支持，并固定在粗铁线的支撑上，离其下方有一小段距离。因此，较细的金属丝将有两个分支，总是与较粗的铁线相伴。在其两侧中任意一侧站房的服务员都可能通过转动滚筒使它们沿相反的方向高速移动。为了传送盛装信件的圆柱铁箱，仅需要通过细绳或钩子将其连接到环形金属丝的任一分支上。这样，它将被快速地传送到下一站，服务人员在这里将其拿走，然后启动下一个站的传递，以及后续。无须书写此方案或任何类似方案所需的细节，困难是显而易见的。但是，如果这些可以被克服，那么除了速度之外，它还有许多优点。如果每个站房都有一个服务员，那么每天投递两三次信件，甚至在任何时间发送快件所需的额外费用，相对于好处而言也是微不足道的；被拉伸的铁线本身也可以成为一种更快速的电报通信方法。

也许，如果教堂的尖塔经过适当筛选，被加以利用，通过几个中间站将它们与某个重要的中心建筑连接起来，例如与圣保罗教堂的顶部连接起来，并且在每个尖塔的顶部放置一个类似的装置，由一个人在白天操作，就可以减少两便士的邮费，并且能够每半小时在大都市的大部分地区进行一次投递。

(337)然而，蒸汽机的威力几乎可以与这些装置的速度相媲美。现在人们一般都承认，蒸汽机适合应用于运输的目的，特别是在需要快速的情况下。下议院委员会关于蒸汽机车的报告摘录，清楚地解释了其各种优点：

使用蒸汽的一个主要优点也许是，它的费用便宜，速度可快可慢。“这是相对于马匹劳动的优点之一，因为后者随着速度的增加，费用变得越来越高。我们完全有理由期待，最终乘蒸汽机车旅行的速度会比骑马旅行的最高速度还要快得多；简言之，旅行者的安全将成为速度的极限。”在马的劳役能力方面，会发生相反的结果：“在所有情况下，失去劳役能力的马匹相对于它们获得的速度远远不成比例。因此速度越快，它们所做的工作就越昂贵。”

那么，在不增加成本的情况下，我们将获得一种力量，可以确保内部沟通的速度远远超过服役马匹的最高速度。尽管迄今为止这些车辆的性能可能还没有达到这一点，但一旦达到，以相同的速度我们可以比马匹劳作更便宜地使用蒸汽；我们可以合理地预见，逐日增加的发动机管理经验，将产生更高的技能、更大的信心和更快的速度。

在一段时间内，运输的廉价性可能会是一个次要的考虑因素。如果使用它可以像马力一样便宜，那么首先它将与以前的运输方式进行速度竞争。一旦蒸汽机车的优势得到充分确立，竞争将导致成本的节约。然而，麦克尼尔先生的证据表明，铁路机车发动机在燃油消耗减少的情况下，效率更高。这使委员会相信，经验将很快教会人们更好地改进发动机的结构，并建立成本更低的产生所需蒸汽的方式。

蒸汽动力的优势并不仅限于获得更大的速度，亦不仅限于比马车便宜。马车的风险和费用会因速度的提高而同比例增加。相反，在蒸汽动力中，“不存在被甩开的危险，倾覆的危险大大降低了。在四匹马拖着沉重的马车每小时走十英里的过程中，很难控制它们不受惊吓或选择逃跑；而快速行进时，它们必须保持这种无畏的状态，因为它们总是倾向于逃跑，特别是在下山和在道路的急转弯处。然而，在蒸汽机车中，几乎没有相应的危险，完全可以控制，并且能够在下山时反向发挥其力量”。每一个被问讯的证人都提供了最充分和最令人满意的证据，证明售票员可以完全控制车厢的运动。相对于马匹完全无法驾驭的情形，只要稍加施力就可以将机车停下来或转弯。

(338) 可以提到的另一种情况是，要实现的目标是如此重要，以至于尽管很少会用到它，但是为此目的建造的机器将证明其花费的巨额费用是合理的。在许多情况下，能够载人并在海平面以下的一定深度航行的船只几乎是无价之宝。显然，这种船不能由任何需要借助火力的引擎来推进。但是，如果通过将空气冷凝成液体并在这种状态下运载，则可以获得充足的推进力，使船舶在相当大的空间内行进，这样就不会因为费用问题，而使船舶的偶尔使用变成不可能。[①]

(339)阿尔卑斯山滑道。在瑞士许多高山两侧的森林中，在几乎人迹罕至的地方发现了一些优质的木材。即使有可能在这种情况下修路，公路的费用也会妨碍居民从这些几乎取之不尽的物资中获得任何好处。它们被自然放置在相当高的地方，超过它们能够被利用的高度，正好适合使用机器将它们移动。当地居民利用重力来减轻他们的劳动负担。他们在千差万别的森林中建造倾斜平面，将木材运送到水道，这让每个参观者都钦佩不已。它具有简单性的优点。此外，这些滑道的建造除了当地生长的材料外，几乎不需要任何东西。

在所有这些木工标本中，阿尔卑斯山的滑道是最为可观的，因为它的长度很长，并从几乎无法接近的位置下降。以下内容摘自1819 年出版的吉尔伯特(Gilbert)的《年鉴》(*Annalen*)，该书译自《布鲁斯特杂志》(*Brewster's Journal*)的第二卷：

"许多世纪以来，皮拉图斯山(Mount Pilatus)崎岖的侧翼和深邃的峡谷都被密林覆盖；这些森林自由地生长和消亡，对人类毫无用处，直到一个外国人为了追寻羚羊而被带入荒野深处，使得一些瑞士绅士注意到了木材的生长广度和优越品质。然而，即使是最有技术的人也认为，利用这种难以接近的储藏是不可行的。直到1816 年年底，鲁普先生(Mr. Rupp)和三位瑞士绅士怀着更乐观的希望，购买了一定面积的森林并开始修建滑道，该滑道于 1818 年

① 本书作者对这种船舶的建议及其构造的描述，可在《大都会百科全书》(*Encyclopaedia Metropolitana*)艺术篇的"潜水钟"(Diving Bell)中找到。

春竣工。

阿尔卑斯山的滑道全程由大约25,000棵大松树组成，它们被剥掉树皮，在没有铁的辅助下以非常巧妙的方式结合在一起。在18个月里，它的修建动用了大约160名工人，花费了近10万法郎，即4,250英镑。它长约3里格，或44,000英尺，止于卢塞恩湖（Lake of Lucerne）。它呈现为槽的形状，大约6英尺宽，3—6英尺深。它的底部由三棵树组成，中间的一棵树沿纵向切出一个凹槽，用来接收从不同地方流入它的细束水流，以减少摩擦。整个滑道由大约2,000个支架支撑；在许多地方，它以一种非常巧妙的方式附着在崎岖的花岗岩悬崖上。

滑道的方向有时是笔直的，有时是锯齿形的，倾斜度从10度到18度不等。它通常会沿着山坡和陡峭的岩石的两侧搭建，有时还会越过山顶。偶尔它会进入地下，还有时会通过120英尺高的脚手架穿过幽深的峡谷。

这项工作体现出的大胆，在所有安排中表现出的睿智和技巧，使每个看到它的人都感到惊叹。在采取任何步骤进行建造之前，必须砍伐几千棵树，才能穿过浓密茂盛的灌木丛。然而，所有这些困难都被克服了，工程师最终满意地看到树木以闪电般的速度从山上落下。较大的松树长约100英尺，较细的一端有10英寸厚，在短短两分钟半的时间内穿过了3里格或者说近9英里的空间，在下降过程中，它们看起来只有几英尺长。

这部分操作的安排非常简单。从滑道的底端到放入树木的滑道的顶端，按固定的距离安置工人，一切准备就绪后，滑道底端的工人向他上方的那个人呼喊，'放手'。喊声从一个人到另一个人不断重复，并在三分钟内到达滑道的顶端。然后，滑道顶端的工人向他下方的一个人喊道‘它来了’，树木立即滑下滑道，接着是一个位置到另一个位置的重复呼喊。一旦树木到达底端并掉入湖中，就像先前一样重复‘放手’的叫喊声，并以类似的方式发送一棵新树。通过这种方法，只要滑道没有发生意外，每五六分钟就有一棵树下山；意外有时会发生，但发生后会立即补救措施。

为了展现树木从下降速度中获得的巨大力量，鲁普先生做出了一些安排，使一些树木从滑道上弹出来。它们最粗的一端伸入地下至少十八到二十四英尺。其中一棵树不小心撞到另一棵树上，瞬间就把它整个劈开了，好像被雷电击中一样。

当树木从滑道落下来后，它们被收集在湖中的木筏上，并被带到卢塞恩。从那里它们顺流而下到达罗斯河（Reuss），接着是沿着阿尔河（Aar）到达布鲁格（Brugg）附近，之后到达莱茵河边的沃尔德休特（Waldshut），然后到巴塞尔（Basle），甚至在必要的时候到海边。

令人遗憾的是，这种宏伟的结构已不复存在了，而且在皮拉图斯山的两翼几乎看不到它的一丝踪迹。政治环境已经剥夺了木材的主要需求来源，并且没有找到其他市场，砍伐和运输树木的操作必然会停止。①

普莱费尔教授（Professor Playfair）参观了这项非凡的作品后说：6 分钟是一棵树下落时通常需要的时间；但在潮湿的天气里，它只需 3 分钟就到达了湖边。”

---

① 墨西哥博拉诺斯（Bolanos）的矿山通过类似于阿尔卑斯山滑道的设施，从邻近的山脉中获取木材。它是由一位熟悉瑞士的绅士弗洛雷斯先生（M. Floresi）建造的。

第29章　机器的使用期限

(340)机器持续有效工作的时间，主要取决于它最初建造时的完美程度，取决于对它进行适当维修的谨慎程度，特别是对轴心的每一次震动或松动的纠正，取决于大问题的小细节及其部件运动的速度。一切类似于击打的做法，一切方向的突然改变，都是有害的。产生动力的发动机，如风车、水车和蒸汽机，通常可以持续使用很长时间。[①]

(341)蒸汽机发生的许多改进都来自锅炉或壁炉结构的改进。下表列出了蒸汽机在康沃尔郡所做的工作。它不但证明了不断测量机器效用的重要性，也显示了在建造和管理这些发动机的技术上所取得的逐步进展。

康沃尔郡蒸汽机的工作量表，显示了每年的平均值，
以及每个月报中最佳蒸汽机的平均工作量

年份	报告的发动机的大致数量	整体的平均工作量	最佳发动机的平均工作量
1813	24	19,456,000	26,400,000
1814	29	20,534,232	32,000,000
1815	35	20,526,160	28,700,000

① 作为移动动力的固定蒸汽机应该产生的回报，通常估计为其成本的百分之十。

（续表）

年份	报告的发动机的大致数量	整体的平均工作量	最佳发动机的平均工作量
1816	32	22,907,110	32,400,000
1817	31	26,502,259	41,600,000
1818	32	25,433,783	39,300,000
1819	37	26,252,620	40,000,000
1820	37	28,736,398	41,300,000
1821	39	28,223,382	42,800,000
1822	45	28,887,216	42,500.000
1823	45	28,156,162	42,122,000
1824	45	28,326,140	43,500,000
1825	50	32,000,741	45,400,000
1826	48	30,486,630	45,200,000
1827	47	32,100,000	59,700,000
1828	54	37,100,000	76,763,000
1829	52	41,220,000	76,234,307
1830	55	43,350,000	75,885,519
1831	55	44,700,000	74,911,365
1832	60	44,400,000	79,294,114
1833	58	46,000,000	83,306,092

（342）在康沃尔郡登记蒸汽机工作量所带来的好处是如此之大，以至于拥有几台发动机的一个最大矿井的企业主们发现，雇用一个人来计算它们每天所承担的工作量是很划算的。这份报告固定在每日一个特定的时间发布，因此发动机机械师们始终处于等待

状态，急于了解其发动机的状态。由于综合报告是按月进行的，因此如果事故导致任何锅炉的烟道部分堵塞，在没有日常检查的情况下，可能需要两三周的时间，才能通过发动机工作量的降低来发现它。在几个矿井中，每台发动机都被分配了一定的工作量；如果做得更多，则企业主根据其数量向工程师们支付溢价。这被称为“暴富”（million-money），极大地刺激了人们思索如何利用发动机更好地谋利。

(343)生产需求量很大的商品的机器，很少真正被磨损耗尽。新的改进可以更快或更好地执行相同的操作，通常在机器报废之前就将其取代。事实上，要使用这种改进的机器获利，人们通常认为在五年之内就应该收回成本，而在十年内它将被更好的产品所取代。

下议院委员会的一位证人在证言中指出：“一位棉花生产商在七年前离开曼彻斯特。那段时期内，逐步发生的改进使人们不断从中获利。如果他的知识无法保持同步，那么他将被曼彻斯特现在的居民们逐出市场。”

(344)机器改进的效果似乎是偶然地增加了产量，其原因大概是可以解释的。制造商以自己的资本赚取通常的利润，投资于织机或其他完好无损的机器，每台机器的市场价格为100英镑，然后发明了一些改进。但是这些发明的性质并不适应他目前的发动机。根据计算，他发现按照新发动机可实现的生产速度，每台新发动机将在三年内抵偿其制造成本和资本的一般利润；他还根据自己的行业经验得出结论，在他做出改进之前，新机器不会被其他制造商普遍采用。基于这些考虑，显然他有兴趣出售他目前的发动机，即使是半价，也要根据改进的原理制造新的发动机。但是，只付 50 英镑购买旧发动机的买家，其工厂的固定资本投资不像旧发动机卖家那样大，当他生产相同数量的制成品时，他的利润将会更高。因此，商品价格将下降，这不仅是由于新机器的生产成本降低，也是由于以较低的价格购买了旧机器，因而利润更大。然而，这种变化只能是暂时的，因为一段时间之后，旧机器虽然维修得很好，但注定变得毫无价值。不久前，用于制造金属丝的编织机所发生的改进就是如此之大，以至于一台维修良好的机器原价为 1,200 英镑，几年后只能以 60 英镑的价格售出。因为在该行业的巨大投机之下，改进很快接踵而至，以至于那些未报废的机器被制造商抛弃，因为新的改进已取代了它们的效用。

(345) 制作精良的手表，耐久性非常出色。1660 年，在下议院的一个委员会对钟表行业进行调查时，见证了一只手表如何按照流程被生产出来。还有许多古老的计时工具为钟表制造公司所拥有，而它们实际上仍然在计时。1798 年，每年为家庭消费而制造的手表数量约为 50,000 只。如果这些手表仅供应英国，则大约有 1,050 万人在消费。

(346) 在某些行业中，机器是出租的，使用时要以租金的形式支付一定的费用。使用编织机的编织者就是这种情况：亨森先生 (Mr. Henson) 在谈到使用编织机要支付的费用时说，企业主获得的租金，除支付全部资本的利息外，还将在九年内付清编织机的价格。当考虑到不断出现的机器的快速改进时，这种租金并不显得过高。这些编织机中，有一些已经工作 13 年了，几乎没有被维修过，但有时会出现使它们被暂时或永久弃用的情况。几年后，一种称为针织裁剪制品（cut-up work）的商品问世，使得长袜编织机的价格大大下降。从罗森先生（Mr. J. Rawson）提供的证据看来，由于工作性质的这种变化，每台编织机可以完成两台旧机器的工作，许多长袜编织机都被弃用了，旧机器价值减少了四分之三。[①]

如果此处给出的数字基本正确，并且没有其他原因导致编织机价格下降，则此信息非常重要，因为它显示了这些机器产量增加和价值减少之间的数字联系。

(347) 简化厂主和工人之间的所有交易，并与后者冷静地讨论与他们行业有关的任何拟议法规将会给他们带来怎样的影响，这种做法非常有必要。可以通过一个双方均在无意中犯下的错误作为例子来说明这一点，这一错误在蕾丝贸易中造成了极大的苦难。威廉·艾伦（William Allen）很好地讲述了这段历史。威廉·艾伦是个使用编织机的编织者，也是蕾丝贸易中的一员，他向 1812 年编织机编织者委员会提供的证据摘录，对此做了最好的诠释。

“关于编织机的租金，我想说几句话；在 1805 年以前，蕾丝织机的租金是每台每周 1 先令 6 便士。那时，没有什么很大的诱因促使人们购买编织机并且由行业外的出租人把它们租赁出去；当时，有两家公司由于和另一家大公司之间的纠纷，企图降低支付给工人的其所生产的产品的价格，这几家公司支付的价格相差不大。我作为工人挑选的代表之一，曾尝试补救即将到来的恶果。我们咨询了双方，发现他们态度都很坚决。即将降价的这两家公司说，工人们要么立即降低蕾丝网的制造价格，要么增加编织机的租金。两种选

① 《下议院委员会关于编织机使用者请愿书的报告》，1819 年 4 月。

择对工人来说差别很大；他们在这件即将运作的事件中，租金上升所受的损失要小于制网价格下降带来的损失。他们当时认为，他们选择的是坏处较小的一项，但事实证明并非如此。因为，随着租金在编织机中所占比例提高，几乎每一个小有积蓄的人都会把钱花在购买编织机上。这些编织机落入了那些只能把它们闲置的人手里。工人们通常被迫支付一大笔租金，然后很可能被迫购买那些租给他们编织机的人的产品——他们屠宰的肉、他们的杂货或他们的衣服。这些编织机的负担就变成了由工人们承担。如果工作中出现了废品，他们必须以非常低的价格将其买走，因为他们害怕买编织机的人会给他们带来什么不测的后果；因此，弊端与日俱增，再加上行业中悄然而生的其他弊端，他们几乎被压榨到敲骨吸髓。"

(348)对每一种工具或每一件制成品价值的分配不公，甚至是工厂主和工人之间没有一种清晰的、简单的、明确的协议，所带来的弊端是相当严重的。工人们发现在这种情况下很难了解他的劳动可能产生什么样的产品；而且往往导致双方做出若仔细研究注定会反悔的安排，因为其结果与双方的真正利益并不一致。

(349)在伯明翰，印章、模具和各种物品的印刷机都被用来出租；它们通常是由拥有少量资本的人制造的，并由工人租用。这里的电力也被出租。蒸汽机被架设在包含各种房间的大型建筑物中，每个人都可以根据自己的职业需求租用相应的马力。如果可以发现任何模式，能够在没有摩擦损失的情况下将动力传输相当长的距离，并且同时记录任何特定地点的使用数量，那么目前的制造体系中的许多部门可能会发生相当大的变化。然后，在我们的大城镇中可能会架起一些产生动力的中央发动机，而每个工人只要租用足以满足其目的的电力，就可以将其输送到自己的房子里。因此，在某些情况下，如果人们发现更为有利可图的话，就可以实现从大工厂体系到家庭制造的过渡。

(350) 通过一系列的管道输水，可以用在动力传输中，但摩擦会消耗其中很大一部分动力。另一种方法在一些情况下被采用，并在铸币厂实行。它包括通过蒸汽机排出大型容器中的空气。该容器通过管道连接，并带有一个小活塞，驱动每一台铸币机。在打开阀门时，外部空气的压力施加在活塞上。然后，这些空气被输入总存储罐，并被发动机泵出。空气冷凝也可用于同样的目的。但是关于弹性流体有一些无法解释的事实，需要进一步的观察和试验，才能将其用于将动力传输到相当大的距离。例如，人们发现，在试图通过强大的水轮驱动空气通过一英里以上的铸铁管以鼓动炼炉时，在另一端几乎不会产生任何明显的效果。在一个例子中，人们怀疑有某种意外的阻塞，于是把一只猫放入一端，它从另一端走出来却并没有受伤，因此证明了这种现象并非由于管道内的中断。

(351) 能量可以凝聚的最便携形式，可能是通过气体的液化。众所周知，在相当大的压力下，一些气体在正常温度下会变成液体，例如，通过 60 个大气压将碳酸还原成液态。使用这些流体的好处之一是，它们所施加的压力将保持恒定，直到最后一滴液体变成气体的形式为止。如果发现普通空气中的任何一种元素在与其他成分结合成腐蚀性液体之前能够还原到液态，那么我们将拥有一种现成的方法，以任何数量和任何距离输送动力。氢气可能需要最强的压缩力来使其变成液体，因此也有可能被应用于需要更大能量凝聚的地方。在所有这些情况下，冷凝气体可以被看作是蕴藏巨大力量的弹簧，它们在力的作用下卷起，并在需要时将全部的力再次返还。这些自然弹簧在某些方面不同于我们用技术所形成的钢制弹簧；因为在自然弹簧的压缩过程中，大量的潜热被排出，在它们恢复到气体状态时，等量的热量被吸收。这些特性难道不能在使用时被合理利用吗？

在建造与液化气连接的装置时，需要克服的部分机械难题在于将液体保持在巨大的承重压力之下所需的阀门的结构和填缝材料。热对这些气体的影响还没有得到充分的试验，无法使我们对热作用于这些气体能提供的额外能量形成非常精确的概念。

有时被用作弹簧的是空气的弹性，而不是钢。在伦敦的一台大型印刷机中，大量物质的动量被破坏，因为它通过活塞将包含在气缸中的空气冷凝，而活塞对其产生冲击。

(352)竞争对廉价制造品的影响有时会导致其耐用性降低。当此类物品被运送到很远的地方供消费时，如果它们损坏了，通常发生的情况是，因为它们使用地的劳动力价格比它们制造地的劳动力价格高，因此修理旧物品比购买新物品更昂贵。在大城市中，普通的锁、铰链和各种五金制品，通常是这种情况。

第30章　工厂主和工人各自联合起来与对方斗争

(353)在几乎所有阶层的工人中，都有某些规则或法律支配着他们对彼此以及对雇主的行为。但是，除了这些一般性规则外，每个工厂通常还有其他一些特殊的规则，在很多情况下它们是由于参与其中的当事方的相互便利所致。除了真正的从业者以外，这些规则鲜为人知。而由于探讨它们的利弊很重要，我们将就其中的一些发表几点看法。

(354)评判这些法律的原则是：

第一，它们有助于所有受雇者的普遍利益；

第二，它们能防止欺诈；

第三，它们尽可能少地干涉每个人的自由意志。

(355)在许多工场里，一名新工人第一次到岗时，就要向其余的工人付少量罚款，这是司空见惯的事。坚持要这笔钱显然是不公平的；而把这笔钱花在喝酒上，则是有害的。不幸的是，这种情况太常见了。提出这种要求的理由是，新来的人需要在关于工场习惯、不同工具的位置等方面获得指导，因此在得到指导之前，他会浪费一些同伴的时间。如果把这笔罚款加到一个基金里，由工人自己管理，定期进行分配或者留作他们生病时的救济金，那样做就不会那么令人反感，因为它往往可以阻止工人频繁地从一家工场转换到另一家工场。但无论如何，这不应是强制性的，而工人从应邀认购的基金中获得的好处，应该是他捐款的唯一诱因。

(356) 在许多工场里，工人虽然被雇用制造物品的完全不同的部分，但在某种程度上他们是相互依赖的。因此，一个铁匠在一天内就能完成足够让四五个车工在第二天干的活儿。如果由于懒惰或放纵，铁匠疏忽了他的工作，没有提供通常的供应，车工（假定他们按件获得报酬）将有部分闲置时间，他们的收益将因此减少。在这种情况下，对犯错者处以罚款是合理的；但工场主应同意由工人制定这种规则，并应在工人入职前向每个人告知这一规则，而且这种罚款绝对不用于饮酒。

(357) 在一些工厂中，每当工人熟练地运用了某种显著程度的技能，或者节约了所使用的材料时，工厂主通常会给予小额酬金。因此，在将牛角分层制作灯笼时，一只牛角通常可以提供五到八层的原料；但是如果一个工人把牛角分成十层或者更多，他将从工厂主那里得到一品脱的啤酒。这些额外酬劳不应太高，以免在不成功的尝试中浪费材料；但这种规定，如果制定得明智，是有益的，因为它们往往会在工人中间孕育技能，给工厂主带来利润，减少消费者的成本。

(358) 在少数几家工厂中，工人是按件计酬的。当工人交付的成果中有任何一部分由于操作不当而被工厂主拒绝时，通常要对过失工人处以罚款。这种做法往往可以弥补这种付酬方式所带来的弊端，并极大地帮助了工厂主，因为这样他自己的判断据此得到了有能力且没有偏见的鉴定的支持。

(359)在一些较大的工人团体中存在着社团，而从事相同行业的工厂主则组成另一种社团。这些社团有着不同的目的，但是它们的每个成员都应该很好地了解它们的效果，并且应该将它们产生的好处与它们所具有的弊端尽可能地分开。它们的好处当然是巨大的；不幸的是，它们也经常会形成弊端。工人和工厂主组成的协会可以就双方都要遵守的规则达成一致，估算他们行业中所执行的不同类型工作的价值比例，以便节省时间并防止纠纷。它们还可以非常有效地用来获取关于制造业中各个部门的工作人员数量、工资、使用机器数量的信息，以及其他详细统计信息。这种性质的信息非常有价值，既可以为利益最为相关的当事人提供指导，也可以在他们向政府申请援助或寻求立法时提供细节。没有这些细节，就无法估计任何拟议措施的适当性。这些细节可以由实际从事每种行业部门的人来收集，其花费的时间比不太熟悉和不太感兴趣的人要少得多。

(360)正如我们刚才提到的，这种协会最合法和最重要的目的之一，就是商定衡量工人工作量的现行的、确定的方式。很长一段时间以来，蕾丝行业在这一点上存在着困难，人们完全有理由对此抱怨，表达严重的不满；但是，计算服装上有多少孔洞的齿条的推出，完全杜绝了最烦琐的纠纷原因。1812 年，委员会注意到了这项发明，并在他们的报告中表示，希望同样的发明也能应用于织袜机。如果所用的机器能够像蒸汽机记录冲程次数那样，登记它们所做功的数量，那么对勤劳的工人和各行各业的主要制造商来说，确实将具有非常重要的共同利益。这类发明的引入对诚实的工业产生了比想象中更大的刺激，并消除了各方之间分歧的一个根源，因为各方之间的任何隔阂都必将损害他们的真正利益。

(361)工人之间的联合所产生的影响，几乎总是对当事人自身有害。在许多情况下，公众受到目前价格上涨的影响，但最终将受益于由此产生的永久性价格下降；而另一方面，由于工人的罢工而经常激发的对机器的改进，往往使得造成这些改进的特定阶层遭受或长或短的持续伤害。由于对工人及其家庭的伤害几乎总是比对雇主的伤害更为严重，因此，对于前一阶层的舒适和幸福而言最重要的是，他们自己应该对这个问题持有正确的看法。为此目的，我们这里提出一些相关原理的例证，可能比任何一般性的推理都更有分量，尽管这些推理是从公认的政治经济学原则中得出的。此外，这种实例还具有的优点是使用了被这些阶层中的许多人所熟知的事实，因为这些反思正是为了他们的利益。

(362)在制造枪管的过程中，有一道工序，用行业术语的说法，就是制造所谓的制管钢板(skelps)。制管钢板是一块铁或一根铁条，大约三英尺长，四英寸宽，但一端比另一端更厚、更宽。火枪的枪管是通过将这些铁条锻造成适当的尺寸，然后折叠或弯曲成圆柱形，直到边缘重叠，以便它们可以焊接在一起。

大约二十年前，工人们受雇于一家规模很大的工厂，用铁条锻造这些制管钢板，他们罢工，要求预支工资。由于他们的要求过高，因此没有立即得到满足。与此同时，这家工厂的主管把注意力集中在这个问题上。他突然想到，如果使轧制铁条的辊子的周长等于制管钢板或者火枪枪管的长度，并且如果挤压铁条的长条凹槽不是始终具有相同的宽度和深度，而是从辊子上的一个点逐渐切得更深、更宽，直到它回到同一点，那么在这些辊子之间经过的铁条，不会具有均匀的宽度和厚度，而会形成制管钢板的形状。这一想法一经试验，便取得了圆满成功。这一过程大大减少了人力，而掌握了这种特别技能的工人则不再能从他们的熟练工作中获得任何好处。

(363)有点奇怪的是，在这一行业中，本应该几年之前就出现另一个更为显著的工人联合效应的例子。把制管钢板焊接成枪管的过程需要很多技巧，而战争结束后，对步枪的需求大大减少，制造枪管的人数也大大减少。这种情况使联合变得更加容易。有一次，当签订了一份要求在固定的日期交付相当数量的货物的合同时，所有人都要求预付工资，这将有可能使合同的完成蒙受巨大的损失。

面对这一难题，承包商们采用了一种焊接枪管的方式，在这一事件发生的几年前，他们中的一个人已为此申请了专利。由于通常的手工焊接方式成本低廉，再加上专利权人不得不面对的一些其他困难，这一计划当时并没有成功，也没有得到普遍应用。但是，由于工人联合所产生的刺激，促使他进行新的尝试，并且使他得以在辊筒焊接枪管中引入这样的设施。这种成果本身如此完美，以至于很可能今后很少有人再用手工焊接了。

这个新工艺是把一根大约一英尺长的铁条折成圆筒形，边缘稍微重叠。然后把它放入熔炉中，当加热到焊接温度时取出，在里面放入一个芯轴或者铁筒，然后整体快速地通过一对辊子。这样做的效果是，焊接是在加热下进行的，而将制管钢板延伸至火枪枪管长度所需的剩余延伸量，则是在一个较低的温度下以类似的方式进行的。当然，联合后的工人不再被需要了，他们非但没有从联合中获益，反而由于技术的改进而永久性地减少了工资：因为手工焊接枪管的过程需要特殊的技能和丰富的经验，到目前为止，他们一直习惯于比同阶级的其他工人挣高得多的工资。另一方面，新的焊接方法对铁的质地的伤害要小得多，现在只需暴露在焊接热量中一次，而不是三四次，因此公众从工艺的优越性以及经济性中获得了利益。后来又发明了另一种方法，用于制造一种较轻型的铁管，这种铁管的制造价格使其应用非常普遍。现在，在我们所有大型五金商店里都能找到这种铁管，它们的长度和直径各异，两端都有螺丝，经常被用于为我们的房屋输送照明用的煤气或取暖用的水。

(364)所有熟悉我们制造厂细节的人一定已经看到过类似的例子，但这些足以说明联合的一个结果。然而，把从这些事例中得出的结论推到极限是不公平的。尽管很明显，在上述两种情况下，联盟的影响永久性地伤害了工人，几乎立即使其处于比以前更低的阶层(就工资而言)；然而，它们并不能证明所有这种联合都具有这种效果。很明显，它们都有这种倾向；但同样可以肯定的是，必须采取相当大的刺激措施，才能促使一个人设计出一种新的昂贵的工艺。在这两种情况下，除非对金钱损失的恐惧发挥了有力的作用，否则就不会有进步。因此，如果工人在这两种情况下仅仅为了工资的少部分预付而联合起来，那么他们很可能已经成功了，而公众将会在很多年里不会享有这些联合所带来的发明。然而，必须指出的是，工人们通过长期实践获得的技能使他们获得高于其同阶层其他人的工资，同样也是这些技能，将使他们中的许多人不会永远回归到普通工人阶级。他们工资的减少只会持续到他们通过实践获得执行其他一些更困难操作的才能为止；但是工资的减少，即使是一两年，对任何靠日常劳作生活的人来说，仍然是非常严重的不便。在这种情况下，联合的结果，对联合的工人来说是工资减少了，对公众来说是价格降低了，对制造商来说是商品销售由于工资减少而增加了。

(365)然而，从另一个不太明显的角度考虑联合的影响也很重要。由于害怕自己所雇用的工人联合，制造商会倾向于向工人隐瞒他在任何时候可能收到的订单的规模；因此，工人们对劳动力需求程度的了解将永远不如以前。这对他们的利益是有害的，因为工人们无法通过订单的逐渐减少而预见到必然的失业时刻的到来并做好相应的准备；相反，他们承受的突然变化要比他们本应面对的变化大得多。

在工程师盖洛韦先生(Mr. Galloway)提供的证据中，他说：

“当雇主有能力向他们的员工表明自己的业务稳定可靠，并且当员工发现他们可能长期工作时，员工们总是有更好的习惯和更稳定的观念，这将使他们成为更好的人和更好的工人，并将为所有对他们的就业感兴趣的人带来巨大的利益。”

(366)由于制造商在订立合同时，不能保证工人之间不会发生联合，这可能使该合同成为损失而不是收益。除了采取预防措施以防止工人们了解合同外，他还必须在原本可以出售该物品的价格之上，略微提高价格以弥补这种情况下发生的风险。如果一家企业由几个只能联合经营的分支机构组成(例如铁矿、高炉和煤矿，它们有着不同类别的工人)，那么要想确保不会出现联合，就有必要储备比所需要的更多的材料。

例如，假设矿工通过罢工要求提高工资——除非地面上有煤炭储备，否则必须停止熔炉，并且矿工也将会失业。现在，铁矿石或煤炭在地面上的库存成本与存放在抽屉里的未使用的货币价值完全相同（但实际上，煤炭由于暴露于恶劣天气中而略有损失）。因此，必须将这笔款项的利息视为针对工人之间联合风险的保险价格；而就目前的情况而言，这必然提高制成品的价格，从而限制了原本可能存在的需求。但是，每一种限制需求的情况都对工人有害，因为需求越大，他们受波动的影响就越小。

我们所提到的效果绝不是一个理论上的结论；据笔者所知，一家钢铁企业的老板认为，在地面上保持六个月的煤炭供应是合宜的。在这种情况下，煤炭的价值大约等于一万英镑。当我们考虑到仅仅是因为害怕工人之间联合而未使用的全国的资本数量，在其他情况下，可能会被用来维持更多人的工作时，推行一种杜绝联合动机的体制，其重要性就变得愈加明显。

(367)所有各方都承认，这种联合在持续期间会给工人本身带来严重的不便；而且同样正确的是，在大多数情况下，成功的结果并不能使他们处于罢工之前的良好状态。他们所拥有的那一点资本，本应该为了生病或痛苦的日子而小心地囤积起来，现在已经耗尽了；而且通常的情况是，为了满足一种骄傲，他们宁愿经受最严重的困苦，也不愿以原有的工资回到以前的工作岗位上——我们不得不为这种骄傲的存在而感到高兴，即使令我们遗憾的是，它的能量被误导了。不幸的是，在此期间，许多工人养成了很难根除的坏习惯；而且，所有这样做的人，内心的善良之情受到了冷遇，激情被付诸行动，对个人的幸福造成永久性的伤害，同时也破坏了那些自信的情绪，而保持这种自信是制造厂的厂主和工人的共同利益所在。如果一个行业中的所有人都拒绝参加罢工，那么大多数人往往在激动的情绪中忘记了正义的要求，并努力实行一种暴政，这在一个自由国家是不允许存在的。因此，要向工人阶级承诺如果他们认为合宜的话，他们有权为了获得更高的工资而联合起来（只要他们已经完成了全部的现有合同），与此同时要提醒他们注意，他们为了自身利益所主张的自由，同样也必须允许其他人拥有，其他人可以对联合的好处有不同的见解。出于理智和善意所做出的一切努力，不仅要消除工人们的不满，而且要满足他们自己的理智和感情，并向他们表明他们的行为可能造成的后果；但是在这种情况下，以公众舆论为支持的强有力的法律武器，应该立即得到毫不犹豫的运用，以防止他们侵犯自己或社会任何其他阶层的部分自由。

(368) 当工人们因为错误的观点企图干涉他们雇主的经营方式时，将工厂转移到其他企业主可以不受工人的不恰当控制的地点，就可能会被提上日程。这是最终落在工人阶级身上的各种损害其中的一种。前面已经提到，作为诺丁汉郡的工人联合的后果，相当数量的蕾丝织机被搬到了西部地区。还出现过其他的事例，使得英国的一部分技术和资本转移到外国，从而造成了更大的伤害。如第五次《关于手工业工人和机器的议会报告》（Parliamentary Report respecting Artizans and Machinery）所指出的，格拉斯哥发生的情况就是如此。一家大型棉纺厂的一个合伙人对工人的无原则行为感到厌恶，就搬到了纽约，在那里他重新安置了自己的机器，从而使本已对我国行业不利的竞争对手立即了解到了我们最好的机器的样式，以及如何以最经济的方法使用它。

(369) 如果工作的性质导致工厂无法搬迁，就像采矿行业那样，那么企业主更容易受到工人联合的伤害。但是，由于企业主通常拥有更多的资本，如果他们提出的减薪确实具有必要性的话，那么他们通常会成功。

最近，英格兰北部的煤矿工人之间形成了广泛的联合，不幸的是，这在一些情况下导致了暴力行为。因此，煤矿的企业主不得不从英国的其他地方获得矿工，这些矿工愿意以企业主能够负担得起的工资工作；而为了保护这些企业，就必须提供民事援助，在某些情况下还包括军事援助和政府援助。这一过程坚持了好几个月，问题最后落在，哪一方能在收益减少的情况下维持最长的时间。正如人们很容易预见的那样，企业主们最终获得了成功。

(370) 企业主为防止联合而采取的补救措施之一，是与他们的雇员订立长期关系，并且在安置他们的时候，注意使合同不能全部同时终止。在谢菲尔德和其他地方的一些案例中，就是这样做的。这给企业主带来的不便之处在于，在对他们的产品需求减少的时期，他们仍然不得不雇用同样数量的工人。然而，在这种情况下，企业主往往不得不将注意力集中在对其产品的改进上。在笔者所知的一个例子中，一个大型水库被加深了，从而为水车提供了更稳定的供水；而同时，水底的淤泥使得一块以前几近贫瘠的土地具有了永久的肥力。在这种情况下，当供过于求时，不仅是农产品供应受到控制，而且事实上，劳动力的运用比通常情况下更有利可图。

(371) 在我国一些制造区，以工人消费品作为工资的支付方式，这被称为实物工资制（truck system）。由于在许多情况下，这几乎产生了企业主联合起来与工人对抗的效果，所以这成为一个适合在本章讨论的主题；但应仔细区分它与另一种有着截然不同倾向的体系，这里将首先对这一体系加以描述。

(372)工人及其家庭的必需品数量很少，通常由工人每周少量购买。按照这种数量，零售经销商出售商品通常可以获得可观的利润；如果该商品的质量不容易判断，如茶叶的质量，那么销售劣质商品的经销商将获得很大的额外收益。

如果居住在同一地点的工人人数众多，通常的观点认为他们应该团结起来并且选出一个代理商，以批发方式购买最需要的物品，例如茶、糖、培根等，并且使零售价格能够补偿批发成本以及进行销售的代理商的费用。如果这完全由一个工人组成的委员会管理，或许由企业主提供建议进行协助，并且如果代理人的报酬方式使他有兴趣购买良好适当的商品，那么这可能对工人有利。如果该计划成功地降低了工人的必需品的费用，那么鼓励它显然对企业主有利。企业主确实可以为工人们提供批发购买的便利，但他绝不应该对所出售物品的利润有丝毫的兴趣，也不应该与之有任何联系。另一方面，那些同意开店的工人，不应该受到丝毫强迫在这里购物；商品的良好品质和便宜价格应该是他们购买的唯一诱因。

也许有人会反对，因为这个计划只是在使用工人的一部分资金进行零售贸易；如果没有它，小店主之间的竞争也会使得商品价格降低到几乎相同的水平。如果消费对象不需要鉴定，那么这一反对是有效的；但是，结合已经就此问题提出的意见和目前的讨论，该计划似乎不会受到严重的反对。

(373)实物工资制的效果完全不同。制造厂厂主为向他的工人提供所需的物品而开设一家零售商店，并以商品支付他们的工资，或是通过明文协议强迫他们，或是以不直接的、不公平的方式，让他们在他的商店里花费全部或部分工资。如果制造商保留这家商店仅仅是为了以公平的价格向他的工人提供好的商品，如果除了商品价格更为便宜以外，他没有使用其他方法诱导工人们在自己的商店购买，那么这对工人们肯定是有利的。但是，不幸的是，情况并不总是如此。在经济萧条时期，工厂主在不改变名义工资水平的情况下，(通过提高商店商品的价格)实际上减少了他支付的工资，这种诱惑对于工厂主来说往往太大而难以抵挡。如果目的仅仅是为工人采购更好的商品，那么工厂主将自己的角色局限在以适度的利率提供少量资本，让工人委员会与他的代理人共同处理细节问题，商店的账簿由工人们自己定期审核，将更有效地实现这一目的。

(374)无论工人们在哪里被支付了实物工资，或者被迫在工厂主的店里购买货物，他们都受到了非常不公正的待遇，并因此遭受了极大的痛苦。在这种情况下，不管工厂主的意图是什么，真正的效果都是在劳动换取多少报酬的问题上欺骗工人。现在，即使是那些有幸拥有更好调查机会的人，也很难理解这一社会阶层幸福所依赖的原则；而且非常重要的是，工人须熟知与自己有关的原则，相对于许多其他阶级，它会给工人带来更至关重要的影响。因此，可取的做法是使他们彼此之间以及与雇主之间的所有关系尽可能简单，来帮助他们理解自己的处境。工人的工资应完全由金钱支付；他们的工作应该用某种公正无误的机制来衡量；他们的工作时间应该得到明确，并且严格遵守。他们向自己的互济协会支付的款项应以公正原则为基础，避免要求特别的捐款。简而言之，所有希望增进幸福的人的目标应该是，以最简单的方式，使他们事先知道他们可能通过劳动获得的总额，以及他们为了获得支持而必须花费的金额，从而以最明确的方式向他们展示坚持不懈的勤奋将必然带来的回报。

(375)以实物支付工人工资所造成的不公往往非常严重。为了慰藉妻子和孩子所需购买的少量物品，或许是他们生病时偶尔需要购买的药品，必须全部通过易货的方式进行；工人不得不浪费时间安排一次交换，在这种交换中，他被迫接受以劳动换取货物，而劳动的定价总是低于工厂主向他收取的货物价格。也许，一个家庭的父亲在牙痛的折磨下，不得不与村里的外科医生草率地讨价还价，以消除造成他痛苦的根源；或者，悲伤的母亲被迫牺牲她的贬值货物，以换取她死去子女的最后的容身之所。《下议院委员会关于编织机编织者请愿的报告》(Report of the Committee of the House of Commons on Framework Knitters' Petitions)中附带的证据表明，这些说法并不夸张。

"在我们镇上，以实物工资代替金钱如此普遍，以至于我的许多邻居被迫以货易货：在药店里用糖支付药品的费用，其他人则不得不用糖购买窗帘和类似物品，并以这种方式交换多次。我得到可靠消息，有一个人花了半磅重的糖果和一便士去拔牙；我的一位可靠的邻居告诉我，他听说教堂司事挖坟墓而得到的报酬是糖和茶。在我离开之前，我知道我必须为这些事情提供证据，所以我请这位朋友询问教堂司事，这是否属实。教堂司事犹豫了一会儿，担心会使支付这些物品的人名誉扫地；然而，他最后说，我一再收到这些物品——我知道这些东西在很大程度上是以这种方式支付的。"

第31章　工厂主针对公众的联合

(376)制造商之间偶尔会发生一种针对拥有专利者的联合，这些联合总是对公众有害，对发明者不公。几年前，一位先生发明了一种机器，用以在红木和其他优质木材上切割模型和雕刻。这台机器在某种程度上类似于装饰品车床上使用的钻孔装置，它以非常适中的费用制造出精美的作品。但是橱柜制造商们聚在一起，联合起来反对它，因此这项专利从未得到使用。类似的命运也在等待着一种用刀切割薄木板的机器。在这个例子中，用它切木材可以比圆锯切得更薄，而且不会造成任何浪费。但是“行业”反对这种做法。在花费了大量费用之后，它被放弃了。这种联合的借口是家具制造商担心，当公众熟悉这种机器后，专利权人会提高价格。

类似联合的例子似乎并不少见，正如1829年6月《下议院委员会关于发明专利的报告》(Report of the Committee of the House of Commons on Patents for Inventions)中，霍尔兹沃斯先生(Mr. Holdsworth)的证据所示。

(377)还有另一种针对公众的联合，很难应对。它通常以垄断收场，然后由垄断者酌情决定，向公众的收费不要达到让他们暴跳如雷的程度——也就是说，不要让他们支付的金额过多，以致促使他们实际联合起来反对征收这些费用。当两家公司通过在城市街道的人行道下铺设管道向消费者供水或供气时，就会出现这种情况；在码头、运河、铁路等领域，或者在需要大量资本而竞争又非常有限的其他情况下，也可能出现这种情况。如果自来水公司或天然气公司联合起来，公众将立即失去所有竞争优势，并且普遍发生的情况是，在以低于对方的价格竞相出售的时期结束时，几家公司同意将所供应的整个地区分成两部分或更多部分，然后除去其自己那部分地区以外，每个公司拆除其他街道中的所有管道。这种拆除给人行道造成很大的破坏，当收费提高的压力促使一家新公司成立的时候，同样的不便再次产生。也许有一种针对这种弊端的补救措施，就是在授予此类公司特许经营权时，将股份的利润率限制在一定数额之内，并指示超出此范围的任何利润应累积起来以偿还原始资本。这在最近几部关于公司设立的国会法案（Acts of Parliament）中都有体现。应允许企业自由设定最高利润率，以补偿风险。公众应有代表其利益的审核员，并且账目应每年公布一次，以防止超出限制。然而必须承认，这将是对资本的干涉；如果允许自由设定最高利润率，那么在我们目前所知的情况下，应该对每笔资本进行非常仔细的检查，直到在公认的基础上确立一些一般性的原则为止。

(378)一种称为燃气表的仪器已经投入使用，该仪器可确定每个用户使用的燃气量，并提供一种令人满意的方式来确定个人应向燃气公司支付的费用。本质上与之相似的发明可以用于自来水的销售；但是在这种情况下，可能会因随后浪费的减少，给公众带来一些不便。流向伦敦下水道的水流主要来自此水源；如果供应减少，大都市的排水系统可能会受到不利影响。

(379)在英格兰北部，煤矿主之间长期存在着一种强大的联合，这种联合使公众因为支付的价格上涨而蒙受损失。下议院的一个委员会对证据的近期审查解释了其运作方式。委员会建议，目前的煤炭销售应让不同的地区相互竞争。

(380) 当前，在很大程度上存在着另一种联合，它执行的价格正是依据本章所介绍的方法。每位读者，特别是制造每位读者使用的商品的制造商们，都对这一主题很感兴趣，因此它值得认真研究。

我们已经在第 21 章中列出了这本书的单本费用构成；而且我们已经看到，它的制造总成本——不包括支付给作者的任何劳动报酬——是 2 先令 3 便士。

读者实际上更熟悉的另一个事实是，他已经或将要为这本书向书商支付 6 先令。现在让我们考察一下这 6 先令的分配，这样，在掌握了事实之后，我们就能更好地判断刚才提到的联合的是非曲直，并解释其影响。

6 先令图书的利润分配

	买入价		卖出价		资本支出的利润
	先令	便士	先令	便士	
因每本印制的图书而向作者付费的出版商	3	10	4	2	10%
向公众零售的书商	4	2	6	0	44%
或者	4	6	6	0	$33\frac{1}{3}$%

第一，出版商，他是图书的销售商；事实上，他也是作者的代理人。他的职责包括：接收和管理库存，并为其提供仓储空间；向

作者提供广告的时间和方法方面的建议；以及插入广告。当他出版其他书籍时，他将宣传自己出售的书籍清单；这样，通过将许多广告合并在一个广告中，可以减少每个委托人的费用。他只为实际售出的书付钱给作者；因此，除了支付广告的费用以外，他没有花费任何资本；但他对与广告有关的可能产生的任何坏账负责。他的收费通常是利润的 10%。

第二，是面向公众的图书零售商。新书出版时，出版商向业界发送消息，接受他们不少于两份的"订购"。这些书通常向"订购者"征收的平均价格比批发价低四到五个百分点；以本书为例，每本书的订购价是 4 先令 2 便士。出版日之后，出版商向书商收取的价格是 4 先令 6 便士。对于有些著作，习惯做法是向订购 24 本的人交付 25 本，这样价格可以降低大约 4%。本书就是这样。不同的出版商给订购者提供不同的条件；通常，每隔六个月左右，出版商就会再次发出一份订购单，这样，如果作品有稳定的销售，业界就可以利用这些机会，以较低的价格购买，足以满足其可能的需求。[①]

（381）这样以 4 先令 2 便士或 4 先令 6 便士的价格向出版商购买的图书，由书商以 6 先令的价格向公众零售。在第一种情况下，他获得了 44% 的利润，在第二种情况下获利 $33\frac{1}{3}$ %。即便是这两种资本利润率中较小的一种，似乎也相当高了。有时可能会发生这样的情况：当一本书被询价时，零售商都会把信息发送到街对面的批发代理商那里，并为这一微不足道的服务而收取购书人所付金额的四分之

① 这些细节因不同的书籍和不同的出版商而异；文中给出的细节被认为是基本正确的，并且适用于像本书这样的作品。

一；也许零售商还会为这本书的实际花费金额要求六个月的赊账。

(382) 在第 256 节中，本卷书的每一道工序的价格已得到说明；我们现在要分析一下把它交到公众手中所需的全部费用。

	英镑	先令	便士
零售价为 6 先令，共 3052 本，总计……	915	12	0
1. 印刷和纸张总费用……	207	5	$8\frac{7}{11}$
2. 纸税和广告税……	40	0	11
3. 出版商作为作者和印刷厂之间的代理的佣金……	18	14	$4\frac{4}{11}$
4. 出版商作为图书销售代理的佣金……	63	11	8
5. 利润：订购价格与业界价格之间，每本书差额 4 便士……	50	17	4
6. 利润：业界价格和零售价格之间，每本书差额 1 先令 6 便士…	228	18	0
	362	1	$4\frac{\ }{11}$
7. 作者剩余……	306	4	0
总计	915	12	0

这一账目似乎与第256节中的说法不符。但是可以看出，前三项的总额为266英镑1先令，即第256节中所述的总费用。这种明显的差异源自本著作的第一版中没有注意到的情况。该处给出的账单总额为205英镑18便士；而在本书的印刷中，在印刷厂和造纸厂的实际收费基础上，增加了10%的额外费用。

(383)出版商在充当作家和印刷厂之间的代理人时，通常要按照他支付的所有款项的10%收取佣金。如果作家在开始工作之前就被告知这一惯例，正如本例中一样，他就没有正当的理由抱怨；因为无论是由他本人雇用印刷商，还是通过出版商的介入与其进行沟通，都是可以选择的。

如果需要的话，为这笔付款提供的服务可以包括与印刷商、木工和雕刻师制定工作安排。在作家和印刷商之间设立中间人是很方便的做法，以防前者认为后者的任何收费过高。当作者本人对印刷技术的细节一无所知时，他可能会反对一些收费；而对这一问题有了较多的了解之后，他可能会认为这些收费是非常温和的。在这种情况下，他应该依靠出版商的判断，而出版商通常是精通印刷技术的。修改和更正的收费尤其如此，其中一些虽然看上去微不足道，但却占据了排字工人大量的时间制作。还应该注意的是，在这种情况下，出版商负责向这些人付款。

(384)作者本人没有必要介入，但出版商出于自身利益需要这样做；而且书商通常认为，如果作者直接去找制造商，他将无法以较低的价格采购纸张或进行印刷。这从1818年5月8日提交下议院委员会的《版权法》(Copyright Acts)给出的证据中可以看出。

佩特诺斯特街(Paternoster Row)朗文出版社(Longman and

Co.)的书商里斯先生(Mr. O. Rees)接受了调查。

问题：假设一位绅士自己出版一部作品，承担各种各样的费用；他能以每令 30 先令的价格获得纸张吗？

回答：我想不能。我想，文具商不会以给业界的同样价格把纸张卖给一个不相关的绅士。

问题：委员会问你，如果一位私人绅士打算自己出版一部作品，如果他不愿意支付比业内人士更多的费用购买纸张，委员会希望了解，印刷商向一位绅士收取的费用是否比向出版商收取的费用更高。

回答：我想他们一般都会从纸张上获利。

问题：印刷商向其索要的印刷价格也比他们的业内价格高吗？

回答：我一直都知道他们确实如此。

(385)如果作者能够为付款提供同等的安全性，那么向作者收取的印刷费高于向出版商收取的印刷价格似乎没有什么理由。关于纸张的额外费用，如果作者雇用出版商或印刷商采购，那么他们应获得适当的风险报酬，因为他们将负责付款。但是如果作者直接与造纸商交易，他没有理由不获得与印刷商相同的购买条件；如果他选择通过支付现款而这些行业允许长期赊购的话，他还应该以更加便宜的价格买到他的纸张。

(386)然而，现在是时候废除不同行业之间的这种传统联合了。在一个以制造业为主要财富来源的国家里，重要的是不应存在不友好的阶级区分。最上层的贵族应该为自己或通过亲属与伟大国家赖以生存的追求联系在一起而感到自豪。更富有的制造商和店主早已混迹于这些阶层之中，人们也经常发现更大甚至中等的商人与当地的绅士有联系。应当培养这种雄心壮志，不是通过任何费用上的竞争，而是通过在知识和自由情感上的竞争；没有什么比废除我们所提到的所有这些狭隘的观点更能产生如此理想的效果了。对其他阶层的好处是，对国家的生产技术有了更多的了解，对养成守时和守信习惯的重要性有了更多的关注，以及最重要的，在所有生活阶层的人们中间形成普遍认识，通过用我们的才能来生产或分配财富从而增加我们自身和我们国家的财富，是光荣的。

(387)在本书第一版中忽略的另一个情况，与技术上的所谓“超额”(overplus)有关，这里可以加以解释。当一部作品要印制500本时，每一页都需要1令纸。目前，印刷厂使用的1令纸可折合成$21\frac{1}{2}$刀或者516页。这多余的16页纸张是必要的，以便进行“修改”——用于准备和调整印刷机使其正常工作，并提供可能在印刷过程中被意外弄脏或损坏的纸张。然而，人们发现，被毁坏的比例不会达到百分之三，而如果工人技能熟练且精心，损失更会成比例地减少。

从几位非常受尊敬的书商和印刷商于1818年5月提交给下议院版权法委员会(the Committee of the House of Commons on the Copyright Act)的证据来看，印刷500本的平均超额本数似乎在两到三本之间。印数越小，超额数量越少；而印数越大，超额数量越多。在某些情况下，要求印刷的数量不足500本，在这种情况下，印刷商必须为补齐印刷数量而付费，那么这时绝不会完成全部16份额外的副本。本书共印制了3,000册，超额数为52册，这是由于印刷技术的进步和印刷工人对印刷工作的重视所致。现在，应该就这个超额的数字应该向作者做出解释——我相信所有受人尊敬的出版商通常都是如此。

(388) 为了防止印刷商私下将超出给作者或出版商的多余印本取走，人们采取了各种应急办法。在某些作品中，一种特定的水印被用在专门为该书制作的纸张上；因此，“天体力学”一词出现在拉普拉斯(Laplace)的那部巨著两版的第一卷的水印中。在另外一些情况下，如果作品中有雕版画的插图，那么如果没有铜版印刷商的同意，这样的欺诈将是无用的。在法国，通常在扉页的背面印一份声明，说明没有作者的附加签名，任何副本都不是正版；声明上附有作者的姓名，可以是手写的，也可以用木块手工印制。不过，尽管采取了这种预防措施，我最近还是买到了在巴黎印刷的图书，里面有声明，但没有附上签名。在伦敦，这种欺诈的危险不大，因为印刷商是资本家，这样的交易对他们来说是微不足道的，而且如果欺诈事实被发现，势必会为许多工人所知，风险如此之大以至于使这种尝试显得很愚蠢。

(389) 如果一个作者自己出版书籍，并且他是一个有常识、有理性的人，那么也许给他最好的建议是立刻去找一位受人尊敬的印刷商，与他一起安排出版事宜。

(390) 如果作者不愿自担风险出版其作品，则应与出版商签订出版限定数量的协议，但决不应出售版权。如果作品中包含木刻或版画，明智的做法是将其作为合同的一部分，使其为作者所有，以便根据需要在作品的后续版本中使用。经常达成的一种协议是，在与作者分享利润的条件下，出版商预支钱款并承担一切风险。就本书而言，所涉及的利润是第 382 节中的最后一项，或者说是 306 英镑 4 先令。

(391)在解释了印制本书的所有安排后，让我们回到第 382 节，并研究公众所付出的 915 英镑的分配情况。在这笔款项中，207 英镑是书的成本，40 英镑是税款，3 英镑 2 先令是书商将书转交给消费者的费用，306 英镑属于著作权人。

最大的一部分，或者说 362 英镑，落入了书商的口袋；由于他们不预付资金，风险也很小，这显然是一种不合理的分配额。最过度的部分就是 33% 的图书零售利润。

但是，据说所有的零售书商都允许其客户对 20 先令以上的订单享受 10% 的折扣，因此，44% 或 33% 的名义利润大大减少。如果是这样的话，我们可能会问，例如，当每个书商都准备以 1 英镑 16 先令的价格出售时，为什么 2 英镑的价格会印在书的背面呢？为什么那些不熟悉这种情况的人应该比其他更了解情况的人支付更多的钱款呢？

(392)据称，有几个理由可以证明这种高利润率是合理的。

第一，据称购书者会长期赊账。这可能是经常发生的情况，承认这一点后，没有一个通情达理的人会反对按比例涨价。但同样清楚的是，支付现款的人不应被收取与那些长期延迟付款的人相同的费用。

第二，有人强烈要求说，必须有丰厚的利润来支付书店的大量费用；租金高，税收重，除非零售利润丰厚，否则大书店就不可能与小书商竞争。对此，我们可以观察到，书商没有受到区别于所有其他零售行业的特殊压力。也许还应该指出，在分工产生的经济中，大型企业总是比小型企业具有优势；很难认为书商是唯一一个在大问题上没有利用这些优势的阶层。

第三，有人认为，高利润率是必要的，以弥补一些书滞留在书商货架上的风险，但是书商并没有义务向出版商购买超出其订购数量的书籍，哪怕是一册。如果他确实以订购价购买了更多的书，那么他就通过这一事实证明，他自己估计这一风险不会超过 4%—8%。

(393) 另一方面，人们确实注意到，许多书被那些进入书店却无意购买的人弄坏了。但是，这种损害本身并不适用于所有的书商，也不适用于所有的书籍；更不用说这些在桌子上发现各种新出版物的人，由于有机会翻阅这些出版物，常常被诱导成为购买者。当然，没有必要在书店里留存需求量很小或价格昂贵的书籍。以本书为例，只需要三本的零售利润，即 4 先令 6 便士，就可以支付在商店里弄脏的一本书的全部费用；即使是这一本，以后在拍卖会上也可能产生其成本价一半或三分之一的收入。因此，用书籍销售中的失望以及大量库存作为论据来解释出版商和作者之间的问题，是完全没有根据的。还应指出的是，出版商通常除了零售之外，也进行批发；而且，除了他以代理人身份出售每本书赚取利润之外，他还可以向作者收取费用，就好像每本书的订购价格都是 4 先令 2 便士一样。当然，他在自己的商店中零售的书籍，获得了与其他的批发商相同的利润。

(394) 在乡下，有更多理由在零售书商和公众之间给予大量补贴，因为从伦敦运送书籍的费用减少了乡村书商的利润。他还必须为非其联络人自身出版的所有这些书，向其伦敦经纪人支付通常为 5% 的佣金。如果再加上向所有支付现款的客户给予的 5% 的折扣和 10% 的书友会的折扣，那么在一个小乡镇中，书商的利润绝不会太大。

一些人对本书第一版中的评论发表了批评意见，他们承认表面上看书商的利润率太大了。但另一方面，他们极力主张，售出全部 3,000 册的假定过于乐观。如果读者回头看第 382 节，他会发现，不管卖出多少本书，前三项的费用都是相同的；再看其余的项目，他会发现，书商几乎不冒任何风险，也不花任何的费用。无论销售量是多少，他从卖出的书中获得的利润是一样的。然而，不幸的作者却不是这样，几乎所有的损失都落在他身上。这些批评者还坚持认为，利润应按上述比率固定，以使书商能够承受在购买和零售其他书籍时不可避免遭受的损失。这是所有论据中最薄弱的一个。这样说来，一个商人也应该可以对一项没有任何风险的事业收取奢侈的佣金，以偿还他自己因缺乏技能可能在其他商业交易中遭受的损失，这才是同样公平的做法。

(395) 零售图书的利润实在太高了，有几个情况可以证明：第一，尽管投资于其他业务的资本利润率波动很大，但图书销售业的名义利润率多年来一直存在。第二，直到最近，伦敦各地的许多书商都满足于更低的利润，他们愿意以现款或短期信贷的形式卖书给有良好信誉的人，利润只有 10%，有时甚至更低，而不是图书标价的 25%。第三，除非联合起来，以压制所有的竞争，否则他们无法维持这样的利润率。

(396) 不久前，少数伦敦的大书商达成了这样的联合。他们的目的之一是防止任何书商以低于图书标价 10% 的价格出售书籍；而且为了执行这一原则，他们拒绝向不签署相关协议的书商出售书籍，除非以图书标价出售。渐渐地，许多书商被说服加入这种联合；而它所造成的排斥效应，使小资本家在签字或生意垮掉之间无从选择。最终，几乎整个行业，包括2,400人，都被迫签署了协议。

正如预期的那样，一份对许多当事人都有害的契约，自然会引起争议；一些书商被禁止联合，他们声称自己没有违反规则，并指控对方使用间谍等手段诱骗他们。[①]

(397)大法官巷(Chancery Lane)的皮克林先生(Mr. Pickering)本人也是一位出版商，他在一份题为“书商垄断”的书面声明中解释了这种联合的起源。下面的书商名单均摘自皮克林先生的出版实例的标题，他们组成了委员会以形成联合：

J. 艾伦，利登霍尔街7号(Allen, J., 7, Leadenhall Street)

J. 阿奇，康希尔61号(Arch, J., 61, Cornhill)

R. 鲍德温，帕特诺斯特街47号(Baldwin, R., 47, Paternoster Row)

J. 布斯，(Booth, J.)

J. 邓肯，帕特诺斯特街37号(Duncan, J., 37, Paternoster Row)

J. 哈查德，皮卡迪利(Hatchard, J., Piccadilly)

R. 马歇尔，文具法庭(Marshall, R., Stationers' Court)

J. 穆雷，阿尔比马尔街(Murray, J., Albemarle Street)

O. 里斯，帕特诺斯特街39号(Rees, O., 39, Paternoster Row)

---

① 现在大家都知道，使用间谍的做法已被放弃。而且众所周知，许多人再次私下使用了贱卖制度，因此，大书商所追求的这种武断制度所造成的伤害，只会影响到，或者说只会最严重地影响到那些遵守勒索性承诺的最值得尊重的人们。

J. M. 理查德森，康希尔街 23 号（Richardson, J. M., 23, Cornhill）

J. 里文顿，圣保罗教堂墓地（Rivington, J., St. Paul's Churchyard）

E. 威尔逊，皇家交易所（Wilson, E., Royal Exchange）

(398) 不管出版商和零售书商之间以何种方式分配利润，事实仍然是，读者为本书支付了 6 先令，而作者只收到了 3 先令 10 便士；在后者的金额中，印刷本书的费用是必须支付的。这样，经过两次转手，本书就产生了 44% 的利润。这种过高的利润率使得大量资本涌入图书行业，超出了实际有利的资本份额；而资本不同部分之间的竞争自然导致了贱卖制度，上述委员会正在努力制止这种情况的发生。①

(399) 公众和作者是这一联合的两个主要受害方。前者很少能被引导着积极参与任何申诉；事实上，在试图瓦解如此损害两方利益的联合时，除了对作者的真诚支持外，几乎也不需要公众做些什么。

许多勤奋的书商会很高兴以 5 先令的价格出售本书。读者为了购买本书支付了 6 先令，而付现款的书商则支付了 4 先令 6 便士。对于本书，他将毫无风险地从预付金额中获得 11% 的利润。这是我们正在讨论的联合的目的之一，就是为了防止小资本家以他认为对自己最有利的利润率使用资本；这样的联合行动无疑对公众有害。

① 垄断案例。关于这一点，可以参考皮克林先生出版的第 1、第 2 和第 3 卷；而且，由于通过听取问题的另一方的意见，公众将能够更好地做出判断，因此希望委员会主席（理查森先生）将发布有关该行业的法规。皮克林先生说，委员会甚至拒绝向那些签署协议的人们提供法规副本。

(400) 我从自己的文字作品中几乎没有得到什么经济上的好处；我意识到，从它们的研究主题的性质来看，几乎不能指望它们能补偿它们的制作费用。因此我也许可以就这个问题发表意见，而我的意见不会受到对未来的任何利益期待的影响，也不会受到过去的失望情绪的影响。

然而，在我们开始勾勒出一个反对帕特诺斯特街的战役计划之前，最好先告诉读者敌人军队的性质以及敌人的进攻和防御手段。一些伟大的出版商发现，当评论、杂志、期刊甚至报纸的老板是非常容易的事情。在某些情况下，编辑的监督工作可以获得非常丰厚的报酬；很难指望他们对作品给予最严厉的公正惩罚，因为正是依靠出售这些作品，他们的雇主才能致富。当然，今天的伟大作品和流行作品都经过审慎审查，并尊重公众舆论。没有这些，期刊就不会被售出；并且能够很容易地引用此类文章作为公正的实例。在这种庇护下，一大批昙花一现的作品短暂地流行起来；借助这一过程，书商的书架和公众的口袋都不堪负荷了。这些手段的广泛采用，已经使得当今的一些期刊出版物仅应被视为广告机器。为了在某种程度上防范这种方式影响其判断，读者应该仔细查看出版被评论作品的书商是否同时也是评论的出版商；这一事实有时可以从文章开头给出的书名中确定。但这绝不是一个确定的标准，因为图书行业的各个机构之间存在着各种出版物的合作关系，而这种关系通常不为公众所知。因此事实上，除非确保评论与书商没有利益关系，否则它们永远不会被放心地信任。

(401) 为了减少书商的联合，没有一个计划像作家的反向联合那样有可能成功。如果文学界有相当大的一部分人团结起来组成这样一个协会，如果文学界的事务由一个活跃的委员会来指挥，那么就可能取得很大的成就。这样一个联盟的目的应该是雇用一个精通印刷和图书销售行业的人，并使他在某些中心地区成为他们的代理人。协会各成员有权将其任何或者全部作品交由该代理人销售；允许在其每部作品的结尾插入任何广告或协会成员出版的书籍清单；制作广告或者清单的费用由所宣传书籍的所有者承担。

代理人的职责包括：以收取现款的形式向公众零售协会会员出版的书籍；以商定的价格在行业内部出售其可能需要的任何数量的图书；安排将委员会或作者指示的任何广告插入期刊或会员发表的作品的结尾处；编制会员作品总目录；作为本会任何会员的代理人，印刷任何作品。

这样的联合自然会带来其他的好处：由于每个作者都将保留为自己的作品自由定价的权利，公众将通过同一主题的作者之间的竞争以及由于更便宜的出版模式，获得价格降低的好处。

(402)这种联合可能产生的后果之一，是建立一种良好和公正的评论机制，多年来人们一直感到这方面有所欠缺。两种历史悠久且广受赞誉的评论期刊，是最对立的政治观点的坚定拥护者，它们由于各种各样的原因，都表现出明显的衰退迹象。《季刊》(*Quarterly*)作为专制原则的倡导者，在时代的智慧进步中迅速退却；这种智慧所获得的新的力量和新的地位，为了表达意见，需要同样代表其知识力量和道德力量的新的机构；而另一方面，《北方》(*Northern*)批评家的权杖，已经从建立其统治权的人的有力掌握中转移，变得日趋虚弱。

(403)可以说，实现这一建议的一个困难是，那些最有能力提供定期评论的人已经参与其中了。但值得注意的是，现在有许多人向期刊提供文学批评，他们并不赞成这些期刊的政治原则；一旦建立了一个受人尊敬且得到充分支持的评论期刊，[①]在向投稿人支付稿费方面能够与最富有的竞争对手进行竞争，那么很快就会有人向它提供我国能够出品的最好的评论材料。[②]人们也应该理解，这样的作者联合对彼此有利。评论编辑们通常会受到两种诱惑：第一种是，在他所评论的作品中，过多地倾向于考虑评论杂志所有者的利益；第二种是，倾向于考虑朋友的利益。前文提出的计划消除了其中一种诱惑；但是要抵制另一种诱惑，即便并非不可能，也将是非常困难的。

---

① 目前，有关新评论期刊的必要性的意见正在通过出版界传播。我获悉，这项工作的各项要素已经组织就位。

② 有人向我建议，本章所坚持的信条可能会使本书受到它所反对的那种联合的抵制。我没有接受这种意见，因为书商这个阶层太精明了，对他们的反对意见很难轻易地公之于众，而如果有人对他们的反对者提出质疑，却可以获得令人赞赏的途径保障。* 但是，如果我的读者对这个问题有不同的看法，他们可以很容易地通过向他们的几个朋友提及这本小册子的存在，来帮助纠正弊端。

* 我在这个猜想上是错的：并非所有的书商都像我想象的那样精明，因为有些人确实拒绝出售这本书，而另一些人却正因此卖出了更多的书。在本书开头，即第二版序言部分，读者会发现一些关于书商联合效果的进一步观察。

第 32 章　论机器对减少劳动需求的作用

(404)反对机器的一个最常见的理由是，机器有可能会取代以前使用的大量体力劳动者；事实上，除非机器减少了制造产品所需的劳动，否则它就永远不会被投入使用。但是如果会产生这种效果，机器所有者为了扩大产品的销售，将乐于采取低于竞争对手的价格；这也会促使他们引进新机器，这种竞争的效果很快就会导致产品的价格下降，直到新体系下的资本利润率降低到与旧体系下相同的水平。因此，虽然使用机器一开始有使劳动力失业的趋势，但由于价格下降而引起的需求增加，几乎立即吸收了相当一部分劳动力，而且在某些情况下，也许还吸收了本应被取代的全部劳动力。

新机器的作用是减少生产同样数量的制成品所需的劳动力，这一点可以通过想象在一个没有职业分工的社会中每个人制造自己所消费的所有物品，而获得清晰的认识。假设每个人每天工作十个小时，其中一个小时专门用来制鞋。很明显，如果引进任何工具或机器，使他的鞋子可以在平时的一半时间内完成，那么每个人只需工作九个半小时，社区里的每个成员就可以像以前一样享受舒适的生活。

(405)因此，如果我们想证明劳动力总量不会因为机器的引进而减少，我们就必须求助于我们本性中的其他一些原则。但是，当一个人发现用较少的劳动就可以获得舒适时，促使他这样做的动机也会变得更加强大；在这种情况下，许多人很可能会利用这样节省下来的时间，为他们的其他职业设计新的工具。习惯每天工作十个小时的人，会利用新机器节省下来的半个小时来满足其他的需要。随着每台新机器增加这些满足，新的更高的需求将进入他的视野，不断享受这些乐趣必将成为他幸福的必要条件。

(406)在存在职业划分和实行分工的国家，机器改进的最终结果几乎总是导致对劳动力的更大需求。新劳动开始时，往往需要具有比旧劳动更高的技能水平。不幸的是，被赶出旧工作岗位的那一类人并不总是能胜任新劳动；因此，在他们的全部劳动被社会需要之前，必须经过一段时间。在一段时间内，这给工人阶级带来了相当大的痛苦。他们应该意识到这些影响，并能够在早期预见这些影响，以便尽可能减少由此造成的伤害，这对他们的幸福是非常重要的。

(407)这一主题带来的非常重要的问题是：改进后的机器是否应该足够完美，以至可以无视体力劳动的竞争？劳动力是会被它立即逐出行业，还是因为机器缓慢而连续的进步而逐渐被迫退出呢？快速转型带来的痛苦无疑更为强烈，但也远没有缓慢转型带来的痛苦那么持久：如果认定竞争是完全没有希望的，工人们就会立刻着手学习新的技术门类。另一方面，尽管新机器使得制造和修理机器的人以及直接监督机器使用的人对技能的需求增加，但在其他情况下，它使儿童和能力较差的工人能够从事以前需要更高技能的工作。在这种情况下，尽管由于价格下降而导致的对商品的需求增加，可以迅速为所有以前的在职工人提供职业，但所需技能的减少，将在工人阶级之间开辟一个更广泛的竞争领域。

必须承认，即使在首次使用时，机器也不会始终将人工排除在就业之外。那些非常有能力就这个问题发表意见的人一直认为，机器永远不会产生这种效果。这个问题的解决方案取决于事实，不幸的是，这些事实尚未被收集到。而我们不具备全面审查如此重要的一个问题所必需的数据，这种情况又提供了一条理由使所有对这种调查感兴趣的人感到印象深刻：必须在不同时间准确登记特定制造部门雇用的人数、使用的机器数量以及工资情况。

(408)关于刚才提到的调查，我想就我所知的事实发表一些评论；唯一遗憾的是，我能用数字来支持的事实太少了。当康沃尔郡和其他采矿乡村使用的破碎机取代了大量年轻妇女的劳动时，因为妇女们需要用平锤非常用力地敲碎矿石，所以这种替代没有造成任何痛苦。这样做的原因似乎是，矿山的所有者，由于工厂所采用的工艺成本低廉而释放了一部分资本，因此他们发现，在其他作业中使用更多的劳动力是他们的利益所在。妇女们从单纯的苦工中解脱出来，继而受雇通过矿石加工赚取工资，这是一项需要技巧和判断力的工作。

(409)下表列出了因机器改造或使用方式改进而增加的产量。在棉花制造业中称为“拉伸机”(stretcher)的机器，由一个人操作，生产量如下：

年份	棉花磅数（纺线）	纺纱工资（每 20 磅）		收益率（每周）	
		先令	便士	先令	便士
1810	400	1	$3\frac{1}{2}$	25	10[①]
1811	600	0	10	25	0
1813	850	0	9	31	$10\frac{1}{2}$
1823	1,000	0	$7\frac{1}{2}$	31	3

同一个人在另一台拉伸机上工作，纺纱稍细，生产量为：

年份	棉花磅数（纺线）	纺纱工资（每 20 磅）		收益率（每周）	
		先令	便士	先令	便士
1823	900	0	$7\frac{1}{2}$	28	$1\frac{1}{2}$
1825	1,000	0	7	27	6
1827	1,200	0	6	30	0
1832	1,200	0	6	30	0

在此例中，产量逐渐增加，直到 1822 年年末，完成的工作量是开始时的三倍，尽管所使用的体力劳动保持不变。工人的每周收入并没有很大的波动，并且总体上看似乎有所增长；但是，将基于单个实例的推理推广太远是不明智的。

① 1810 年，工人的工资保证不低于 26 英镑。

(410)在不同时期，480 锭“走锭纺纱”的产量如下：

年份	束(一束大约 40 磅)	每千束工资	
		先令	便士
1806	6,668	9	2
1823	8,000	6	3
1832	10,000	3	8

(411) 1822 年和 1832 年斯托克波特市(Stockport)手工织布机和动力织布机织布状况的关联图表，摘自 65 家工厂的机器清单，收集它们的目的是为了向下议院的一个委员会提供证据。

	1822 年	1832 年		
手工织布机	2,800	800	2,000	减少
使用电力织机的人数	657	3,059	2,402	增加
加工经纱的人数	98	388	290	增加
就业总人数	3,555	4,247	692	增加
动力织机	1,970	9,177	8,207	增加

在此期间，手工织机的就业人数减少到不足三分之一，而动力织机的就业人数增加到原来的五倍以上。工人总数增加了约三分之一，但是制成品的数量(假设每台动力织机只能做三台手工织机的工作)是以前的 3.5 倍。

(412)在考虑就业人数的增加时，必须承认，被解雇的两千人与那些动力织机需要的就业者并不完全属于同一阶层。手工织布工必须具备体力，这对一个操作动力织布机的人来说不是必需的；因此，15—17 岁的男女青年都能在动力织布机工厂找到工作。然而，对于引进动力织机所产生的就业情况，这是一个非常有限的观点：在建造新工厂、建造新机器、制造驱动它的蒸汽机以及设计织机结构改进方面所需要的技能，比它所取代的技能要高得多。在管理工厂的经济性方面，它的等级要比它帮助取代的等级高得多；如果我们有任何测量的方法，可能会发现它的数量更大。在这个问题上，我们也不能忽略这样一个事实：尽管如果没有发明蒸汽织机的话，手工织机的数量会增加，但正是由于动力织机制造的物品价格低廉，才使他们的就业范围大大扩大；而且通过降低一种商品的价格，我们总是会把生产其他商品的人的能量投入到额外的活动中。1830 年，英格兰和苏格兰使用的手工织机数量似乎约为 24 万台，1820 年数量几乎相同；而 1830 年使用的动力织机数量为 5.5 万台，1820 年为 1.4 万台。当考虑到每台动力织机的工作量相当于 3 台手工织机的工作量时，增加的生产能力相当于 12.3 万台手工织机的生产能力。在这整个期间，手工织机织工的工资和就业都非常不稳定。

(413) 工人阶级的智慧增强，可能使他们能够预见其中的一些改进，这些改进可能会暂时影响其劳动价值。储蓄银行和友好社团（其好处永远不会过于频繁或过于强烈以引起他们注意）也许在弥补弊端方面有一些帮助；但向他们建议，一个家庭成员之间就业的多样性将可能减轻由于劳动价值波动而引起的贫困，也可能会有用处。

第33章　论税收和法律限制对制造业的影响

(414)一旦对任何商品征税，制造者和使用者的聪明才智就被引导到尽可能多地避税的手段上；而这通常可以通过完全公平合法的方式来实现。目前对所有书写用纸征收的消费税为每磅3便士。[①]这样做的效果是，人们大多采用被制造得很薄的纸张，以便给定数量的纸张的重量尽可能小。第一次对窗户征税后不久，新建房屋的窗户开始比以前少，尺寸也比以前大，这是因为窗户税的征收依据是窗户的数量，而不是大小。楼梯被超长的窗户照亮，可照亮三段楼梯。当税收增加并且单扇窗户的尺寸受到限制时，人们就更加注意尽量少开窗户，室内照明也变得频繁起来。这些内部的光又变成了征税的对象；但可以很容易避免它们被发现，而且在上一部减少评估税的议会法案中，它们不再被征税。根据窗户数量、形式和位置的依次变化，在某些情况下可以对房屋的年代形成大致的猜想。

(415)窗户税由于其排斥了空气和光线的双重理由而遭到反对，而且对健康有害。也许人们没有充分认识到光对健康的重要性：相比温暖国家，它在寒冷多变的气候中更为重要。

---

① 质量较好的纸张每英担28先令，粗糙的纸张每英担21先令。

(416)消费税法规对我国国内制造业产生了影响，经常造成很大的不便，并在实质上限制了进步的自然进程。为了财政收入的目的，经常需要强制制造商取得许可证，迫使他们按照某些规则工作，并在每次作业中规定一定的数量。当这些数量很大时(通常如此)，它们会阻止制造商进行试验，从而阻碍工艺实施方式和新材料引进方面的改进。这种性质的困难已经发生在光学玻璃的试验中；但在这种情况下，适当的人员已获得许可进行试验而不受消费税的干扰。然而，应当记住，这种许可，如果经常或不加区别地授予，可能会被滥用。防止这种滥用的最大保护措施是，用公众舆论的力量监督科学工作者。尽管相关当局本身对科学有一定的了解，但这样做可以使它们从申请人的公共性来判断许可的适当性。

(417)根据 1808 年提交给下议院委员会的《关于糖和糖蜜的蒸馏》(On Distillation from Sugar and Molasses)的证据，似乎通过运用与《消费税》中所规定的不同的工作方式，由一定重量的玉米生产的烈性酒，已经由 18 加仑可以很轻易地增加到 20 加仑。为了达到这个目的，不需要更多的东西，只需要使所谓的洗涤变弱，其结果是，发酵会在更大程度上继续下去。然而，据指出，这种偏离将使征税工作遇到很大困难；而且由于制造费用的增加而提高了对顾客的价格，所以这对酒厂没有多大好处。在这个案例中，实际损失达到了英国总产量的九分之一。在煤炭贸易中，由于关税的影响，也产生了类似的效应，因为根据下议院的证据，似乎相当数量的最好的煤炭实际上被浪费了。在不同的矿山，这种浪费的程度有很大差异；但在某些情况下，它相当于三分之一。

(418)关税对外国制成品进口的影响同样令人好奇。在美国发生了一个奇特的例子。在这里铁条需要进口，从价计征 140% 的关税，而五金只收取 25% 的关税。由于这项税收，大量铁路将可锻铸铁轨以五金名义进口到美国；115% 的关税差额远远抵消了进口前将铁制成铁轨的费用。

（419）关税、退税和补助，当金额可观时，都可能因其引起的欺诈而受到非常激烈的反对。有人曾在下议院的多个委员会指出，印花棉布经常被制成亚麻布的外观出口，从而获得补助，因为以这种方式制成的印花棉布只卖每码 1 先令 4 便士，而同等细度的亚麻布价值每码 2 先令 8 便士到 2 先令 10 便士。从证据上看，有一家公司在六个月内卖出了 500 件这样的印花布。

在几乎所有的案例中，沉重的关税或禁令都是无效且有害的；因为除非被阻隔在外的物品尺寸很大，否则走私者就会不断地以某种价格秘密进口这些物品。因此，在实施新关税或改变旧关税时，应始终考虑走私的程度。不幸的是，迄今为止，这种做法一直长期在我国和法国之间进行，而且是如此系统地进行，以至于大多数违禁品的采购价格是众所周知的。从盖洛韦先生提供的证据看来，从英国出口违禁机器的保险费率为 30%—40%，数量越大，要求的百分比就越小。根据 1817 年《手表、钟表制造商委员会报告》（Report of the Watch and Clock-makers' Committee）中提供的证据，人们似乎一直习惯于在法国接收钟表、蕾丝、丝绸和其他容易携带的贵重物品，并按其估计价值的 10% 在英国交付保险费，其中包括运输费用和走私风险。

（420）制造过程通常取决于对材料或所生产的物品征税的方式。钟表玻璃是由英国工人通过从玻璃公司购买直径为五英寸或六英寸的玻璃球体制作的。用一根红热的烟斗，引导着它在球体上围绕着钟表玻璃的式样运动。他们又将另外的五个球体打破，之后将它们研磨并在边缘上进行平滑处理。在蒂罗尔州（Tyrol），玻璃公司可立即提供未精细加工的玻璃。工人在每个球体加热变成红褐色之后，就用一个厚的冷玻璃环扣在上面，使一块钟表玻璃大小的玻璃裂开。球体的其余部分立即破裂，返回熔炉。这种方法在经济条件相同的英国是不可能采用的，因为从熔炉里取出的所有玻璃都要缴纳消费税。

（421）这里指出的针对某些特定征税方式的反对意见，并不是为了消除这些特定税收而提出的；它们的恰当与否必须通过更广泛的调查来判断，这不是本书的目的。税收对于自由和财产安全都是必不可少的，而且所提到的弊端可能是那些备选方式中最少的。但是，重要的是，应研究每种税收的各种影响，并应采用那些总的来说对国家的生产行业影响最小的税收形式。

（422）在调查某一特定征税方式所产生的或可能产生的影响时，有必要对赞成该计划的各方以及反对该计划的各方的利益进行一番分析。曾经发生过这样的情况：向政府缴税的人本身就反对任何减税。这种情况发生在一类印花布的印刷商身上，印花税的取消确实损害了他们的利益：他们从制造商那里得到了关税税款，大约两个月之后，他们才被要求向政府纳税；其结果是，相当多的资本始终掌握在他们手中。陈述这种情况的证据经过了精心的设计，以促进此类调查中的合理审慎。

问题：您是否了解印花布的印刷商反对废除印花税的任何

情况？

回答：我当然听说过这样的反对意见，对此并不感到惊讶。事实上，对不废除该税种感兴趣的是极少数人。印花布的印刷商分成两种：一种是自己印刷布料，把商品运到市场自己出售。他们经常向政府预缴关税，并在货物出售之前就用现金支付了税款，但是通常货款会在售后支付，最常见的是以六个月的信用期出售。他们当然会因此以及其他已陈述的理由，而对废除印花税感兴趣。另一类印花布的印刷商印刷别人的布；他们受雇印刷，印刷后再交付布料时，他们将收到关税的税金，他们被要求支付给政府的时间一般不早于货物印花后的第九周。在经营规模很大的地方，拖欠政府的税款往往高达 8,000 甚至 10,000 英镑，这为这些绅士提供了开展商业活动的资金；因此，他们会反对我们的请愿书，这并不奇怪。

(423) 对国内生产给予补助，对那些可以在其他国家更廉价生产的产品实行限制的政策，其性质是非常值得怀疑的；而且，在一个没有多少商业或制造精神的国家，除了开展一种崭新的制造业的目的之外，几乎没有理由可为之辩护。为了支持一个社会阶层（制造商）而在某种程度上向社会群体的另一类阶层（消费者）征收任何形式的杂税，以保证这些制造商不会放弃这种利用资本的模式，都是非常令人反感的。在这种情况下生产的任何商品的价格，一部分由费用支出和资本的普通利润组成，另一部分可被视为慈善，目的是诱导制造商继续无利可图地使用其资本，以便为工人提供就业机会。如果仅仅因为这些众所周知的人为的限制，消费者被迫支付的金额，其数额之大即使是那些提倡者也会大吃一惊，那么对于双方而言，显然应该放弃在这些行业分支中的资本使用。

(424)从节约的角度来看，将制造厂生产的物品限定为某一特定尺寸是有一定效果的，这主要是由于制造这些物品所需的不同工具数量较少，以及这些工具的调整不太频繁。海军也采用了类似的节约办法：将船舶划分为一定数量的等级，每个等级由相同尺寸的船舶组成，为一艘船舶制造的索具将适合该等级的其他任何船舶。这种情况使遥远站所的供应变得更容易。

(425)取消垄断的影响通常非常重要，也许从来没有比 1824 年和 1825 年珠罗纱贸易中的表现更显著。然而，在那个特殊时期，投机的普遍狂热大大增强了这些影响。希思科特先生（Mr. Heathcote）的一项珠罗纱织机专利刚刚到期，而另一项改进这类机器的一个被称为“转向”的特定部分的专利，还可以运行几年时间。许多许可证已被授予使用前专利，费率约为每四分之一码的幅宽每年五英镑，因此所谓的六夸特织机（这种织机可以制造一码半宽的珠罗纱）每年需支付三十英镑。第二项专利最终在 1823 年 8 月被放弃，侵权行为就此开始。

毫不奇怪，在取消由该专利引起的垄断后，许多人都想从事这项迄今已产生了非常可观利润的行业。珠罗纱织机占用的空间很小，因此非常适合用于家庭制造业。已经存在的机器主要掌握在制造商手中；但是，各种各样的人，只要能筹到一点钱，就会产生一种获得这些机器的狂热。在这种狂热的影响下，屠夫、面包师、小农场主、税吏、绅士的仆人，在某些情况下甚至神职人员，都急于拥有珠罗纱织机。

一些机器被用于出租；但是，在大多数情况下，工人购买自己使用的机器，他们以每周支付 3—6 英镑的分期付款方式购买六夸特织机。许多人因为不了解所购机器的使用方式，于是付费给其他更富经验的人来指导他们使用机器，有时为了此类指导要支付五六十英镑。首批投机者的成功促使他人效仿。机器制造商几乎被蕾丝织机的订单压得喘不过气来。购买的愿望如此强烈，以至于许多人将大部分或全部货款预付给织机商，以确保他们能尽早供应。不出所料，这自然提高了机械制造工人的工资。诺丁汉正是这种狂热的中心，这种影响在离它相当远的地方都可以感受得到。来自偏远地区的不能熟练使用扁平锉刀的铁匠，每个星期可以赚30—42 先令。惯于该工作的精加工铁匠每周赚取 3—4 英镑。锻造匠，如果能熟练工作，则每周可赚得 5—6 英镑，少数人甚至每周赚取 10 英镑。在制造技术上称为“内部件”的产品时，收入最高的人通常是来自各个地区的钟表匠，他们每周可赚取 3—4 英镑的报酬。组装机器部件的安装工，收取 20 英镑的协助费用；而一台六夸特织机，可以在两周或三周内组装好。

(426)优秀的工人受到诱惑放弃利润较低的业务部门，以便满足这一非同寻常的需求。其他行业的老板们很快发现他们的工人离开了他们，却没有意识到直接的原因；然而，一些更聪明的人发现了原因。他们从伯明翰去了诺丁汉，想了解是什么情况诱使几乎所有的钟表匠都离开了他们自己的工场；缘由很快就突显出来：那些在伯明翰做钟表匠的人，每周的工资只有 25 先令，在诺丁汉的蕾丝织机制造厂工作可以挣到每周 2 英镑。

在研究了这项有利可图的工作的性质之后，高级钟表技师们意识到，珠罗纱织机的一部分，即固定线轴的部件，可以很容易地在他们自己的工场里制造出来。因此，他们与机器制造商签订供应线轴托架的合同，后者收到的订单的工作量已经超过了执行的能力范围；合同的价格使他们在返回家乡后，能够通过增加工资来留住自己的工人并给自己带来可观的利润。这又为建造这些珠罗纱织机提供了额外的设施，而且结果并不难预见。大量的珠罗纱就这样涌入市场，迅速地降低了价格；价格的下降使得制造珠罗纱的机器变得不那么值钱了。少数最早的生产者，在很短的时间内进行了有利可图的交易；但多数人都失望了，许多人破产了。这种织物的出售价格降低，加上其轻巧和美观，共同作用扩展了销售的范围；最终，机器的新改进使旧机器的价值进一步降低。

(427) 目前，珠罗纱贸易既广泛又不断增长；而且，由于它很可能在未来的某个时间引起公众的更大关注，因此简要描述它的实际状况将是一件有趣的事情。

根据最先进的原理制造的一台蕾丝织机，目前编织一张两码宽的网，日夜工作，每周可生产 620 张。每张网纱有 240 个洞；用我们所说的机器，三张网的长度等于一码，它每年能生产 21,493 平方码的珠罗纱。三个人可以使这台机器不间断运转；而在 1830 年，他们的工资（计件）大约是每周 25 先令。两个男孩只在白天工作，就可以为这台机器准备线轴。根据他们的技能，每周可以获得 2—4 先令的收入。46 平方码的珠罗纱重量为 2 磅 3 盎司；因此每平方码的重量略大于四分之三盎司。

(428) 为了简明而全面地了解这一行业的现状，我们将利用诺丁汉的威廉 · 费尔金先生（Mr. William Felkin）于 1831 年 9 月发表的一份声明，题为“说明珠罗纱贸易现状的事实和计算”。他似乎经过了精心收集，在一页纸上，包含了一系列最重要的事实。①

(429)“工厂用于准备棉花、编织珠罗纱和其他各种工序的总资本估计在 200 万英镑以上，领取工资的人数在 20 万以上。

每年使用的海岛棉（Sea Island cotton）数量为 160 万磅，价值 2 万英镑；它被制成纱线，重 100 万磅，价值达 50 万英镑。这里还用了 2.5 万磅重的生丝，售价为 3 万英镑，搓捻成双股线丝后重量变为 1 万磅，价值 4 万英镑。

原材料	制造	制造的平方码数	每平方码价值		总值
			先令	便士	英镑
棉花 160 万磅	弹力网布	6,750,000	1	3	421,875
	手工网布	15,750,000	1	9	1,378,125
	提花网眼纱	150,000	3	6	26,250
生丝 2.5 万磅	生丝产品	750,000	1	9	65,625
		23,400,000			1,891,875

在诺丁汉市场上出售的棕色网纱，部分由 12 个或 15 个较大制造商的代理人经营，每年的数额约为 25 万英镑。其余的主要部分，即每年大约 105 万英镑，由大约 200 名代理商销售，他们把货物从一个仓库运到另一个仓库出售。

在这些产品中，约有一半以未经刺绣的状态出口。珠罗纱大部分出口到以下地区：汉堡，在其国内销售，并在莱比锡和法兰克福

① 我不能错过表达我希望在其他行业中效仿这个例子的机会。为此，我们应该得到对工人、资本家、思想家和政治家同样重要的大量信息。

展览会上出售；安特卫普和比利时的其他地区；法国——以走私的形式；意大利、北美和南美。尽管是非常适宜的商品，但到目前为止，从好望角(Cape of Good Hope)向东输出的数量实在太微不足道，无法引起关注。全部产品中有八分之三的销售是在国内未经刺绣时进行的。剩下的八分之一在本国刺绣，并增加了最终价值。

刺绣	价值增值	最终价值
	英镑	英镑
在弹力网布上	131,840	553,715
在手工网布上	1,205,860	2,583,985
在提花网眼纱上	78,750	105,000
在生丝产品上	109,375	175,000
	刺绣、工资和利润合计 1,525,825	最终总价值 3,417,700

由此可见，在20年前还不存在的行业中，准备棉花的2万英镑原始成本的最终价值达到了324.27万英镑。

至于每周支付的工资，按照熟悉各部门的人员的判断，我冒昧提出以下数字：

精纺和搓捻双股丝线：成人工资25先令，儿童工资为7先令，每天工作12小时。

珠罗纱制造：操作机器的男性工资为18先令，15岁或以上学徒工资为10先令。用动力，工作15小时；用手工，根据幅宽，工作8—12小时。

修补：儿童4先令，妇女8先令，工作9—14小时不等。

绕线、穿线等工作：儿童和年轻女性5先令，不定时工作，根据机器进度。

刺绣：7岁及以上的儿童1—3先令，工作10—12个小时；女性，如果定时工作，5先令至7先令6便士，工作12—14个小时。

作为蕾丝刺绣影响工资的一个例子，可以观察到，一个乡村的长袜织工通常每周只能挣7先令，而他的妻子和孩子可以用蕾丝织机多挣得7—14先令。”

(430)珠罗纱制造中使用的手工机器，主要是在车间中操作的，这些车间是私人住宅的一部分或与私人住宅相连。下表将列出所用机器的种类和所属人员的类别。

目前在英国使用的珠罗纱织机

手柄式	6夸特	500台	手环式	6夸特	100台
	7夸特	200		7夸特	300
	8夸特	300		8夸特	400
	10夸特	300		9夸特	100
	12夸特	30		10夸特	300
	16夸特	20		12夸特	100
	20夸特	1			
手动旋转式	10夸特	50	手摇转、推进器、直形螺栓等，平均5夸特		750
	12夸特	50			
		1,451			2,050
手工机器总数			3,501		
动力机器	6夸特	100台			
	7夸特	40			
	8夸特	350			
	10夸特	270			
	12夸特	220			
	16夸特	20			
全部动力机器			1,000		
机器总数			4,501		

700 人拥有1 台机器，共700 台机器
226 ········2············· 452
181 ········3············· 543
96 ········4············· 384
40 ········5············· 200
21 ········6············· 126
17 ········7············· 119
19 ········8············· 152
17 ········9············· 153
12 ······ 10············· 120
8 ·······11··············88
6 ······ 12··············72
5 ······ 13··············65
5 ······ 14··············70
4 ······ 16··············64
另有 25 人分别拥有 18、19、
20、21、23、24、25、
26、27、28、29、30、
32、33、35、36、37、
50、60、68、70、75、
95、105、206 台机器，共 1,192 台

机器所有者数量 1,382　　总共有 4,500 台机器
手工工人包括：
以上所述机器所有者　　1,000 人
学徒期满的熟练工和学徒　　4,000

5,000

这些机器分布如下：

诺丁汉································ 1,240
新拉德福德································140
老拉德福德和布鲁姆斯格罗夫················240
伊森格林································160

比斯顿和奇威尔	130
新旧斯奈顿	180
德比及其周边	185
拉夫堡及其周边	385
莱斯特	95
曼斯菲尔德	85
蒂弗顿	220
巴恩斯塔布尔	180
查德	190
怀特岛	80
各类其他地区	990
	4,500

在上述所有者中，有1,000名是用自己的机器工作，并且按照工资的标准，属于熟练工和高级技师这一类。如果他们降低自己产品的市场价格，他们就要首先降低自己的工资；当然，最终是降低整个行业的工资率。一个非常可悲的事实是，列表中指定的拥有一台、两台和三台机器的1,100人中，有一半或一半以上被迫抵押了他们的机器，而抵押品的价值不足以抵偿贷款。在许多情况下，他们完全资不抵债。他们的机器基本上都是窄幅的，只能制造短件。不合理的漂白系统对具有不同长度和宽度的一种物品收取相同的费用，而且对所有宽度的物品进行修整的收费相同，这导致新机器变得很宽，并且能够生产长件；当然，这对窄幅机器的所有者来说，即便不是彻底的毁灭性的打击，也会形成严重的劣势。

上文已经提到，工资降低了，例如在过去两年中降低了 25%，或者说从每周 24 先令降低到 18 先令。同一时期，机器的数量增加了八分之一，即从 4,000 台增加到了 4,500 台，生产能力增加了六分之一。现有机器的所有者都应该认真注意到，机器现在正在将巨大的生产能力引入该行业，这种能力使得他们财产的价值比以往任何时候都贬值得更快（在没有急剧增加需求的情况下）。

(431) 从这一概要介绍中，我们可以对珠罗纱贸易的重要性做出一些判断。但是，未来东方市场对我们的工业开放程度会有多大，这一点可以从费尔金先生随后指出的事实中进行推测。他说："我们可以出口耐用、优雅的棉质珠罗纱产品，价格为每平方码 4 便士，适合于某些实用和装饰用途，如窗帘等；而另一种商品可以在女性服装上用于多种用途，售价为每平方码 6 便士。"

(432) 关于专利。为了鼓励机器的发明、改进或进口，以及鼓励与制造业有关的发现，许多国家的做法是给予发明者或第一创始人数年的专属特权。这种垄断被称为专利。专利的授予需要支付一定费用，授予的期限从 5 年到 20 年不等。

下表是根据 1829 年下议院专利委员会的报告编制的，显示了各国专利的费用和期限：

国家	费用			年限	六年中授予的数量，截至 1826 年
	英镑	先令	便士		
英格兰	120	0	0	14	914
爱尔兰	125	0	0	14	
苏格兰	100	0	0	14	

（续表）

国家	费用			年限	六年中授予的数量，截至 1826 年
美国	6	15	0	14	
法国	12	0	0	5	1,091
	32	0	0	10	
	60	0	0	15	
荷兰	6 英镑到 30 英镑			5, 10, 15	
奥地利	42	10	0	15	1,099
西班牙[①]——发明人	20	9	4	15	
改进人	12	5	7	10	
进口商	10	4	8	6	

(433) 对于每个发明人来说，直至他在完成发明时所承担的风险和费用以及所发挥的才能得到充分的回报之前，保留其发明的独家使用，显然是非常重要的。但是，发明的价值水平千差万别，而且就这一问题进行立法的困难如此之大，以至于人们发现，几乎不可能制定一部完全不会引起最激烈的反对意见的法律。

在任何司法审判中，捍卫英国专利的难度都非常大，而记录在案的辩护成功的案例也相对较少。这种情况已使一些制造商不再把专利视为一种可以保证垄断价格的特权，而是以只会产生普通的资本利润的价格出售专利商品，从而保护自己的专利制造，因为没有竞争对手可以从侵犯这种专利中获得利润。

① 报告称，西班牙的专利费用分别为 2,000、1,200 和 1,000 里亚尔。如果这指的是里亚尔银币，其账户通常保存在马德里，那么上述金额是正确的；但如果它们指的是里亚尔金币，那么上述金额差不多要翻倍。

(434)在某种程度上，版权法与专利法是一致的。令人奇怪的是，作为需要最高才能和最高修养的财产种类，它们比任何其他财产都更需要纯粹的心灵创造，反而是最晚才得到国家的承认。幸运的是，判定文学作品侵权的方法并不困难；但是，在某些情况下，现行法律造成了相当大的困难，并阻碍了知识的发展。

(435)在讨论限制和约束的一般性的权宜之计时，也许有必要指出一个似乎有望带来好处的方法，尽管它也不免会遭到激烈的反对意见。法律是否能够允许存在一种合伙关系，其合伙人中的一人或多人承担有限责任，这个问题在制造业中以及从商业角度来看特别重要。对前者来说，它似乎旨在帮助实现劳动分工。我们已经证明了这种分工在脑力上和在体力上一样有利，而且它可能会带来比目前更有利的人才分配和组合。在这个国家里，许多人拥有中等数量的资本，他们本身并不享有机械和化学方面的发明能力，但他们判断这种发明的能力尚可，评判人类品格的能力出众。这些人可能会成功地找到有创造力的工人，这些工人因为缺乏资金，无法实现自己的计划。如果他们能与处于这种状况下的工人建立有限合伙关系，就可以将发明人的想象力限制在适当的范围内，并通过向审慎的计划提供资金，为国家提供服务并为自己谋取利益。

(436)在为我们的制造商的普遍利益制定的限制性措施中，几年前就有一项禁止工人出国的限制。一部完全违背自由原则的法律，本不该颁布。然而，直到经验使立法机关确信其效率低下之后，它才被废除。[1] 当上一次战争结束后，英国和欧洲大陆之间重新建

① 1824 年，经下议院一个委员会的充分调查，禁止工人出国的法律以及禁止他们结社的法律被废除。1825 年，有人试图重新制定一些非常令人反感的法律，但失败了。

立起广泛的往来时，人们很快发觉，无法发现工人们所能采取的各种伪装。该法律的效果是，阻止了那些离开这个国家的人回国（由于害怕被惩罚），却没有阻止他们的移民倾向。

第 34 章　机械出口

(437) 就在几年之前，《议会法》(Act of Parliament) 颁布禁令，不仅禁止我们的工人自己前往能给将为他们带来更高行业工资的国家就业，而且禁止出口他们受雇在国内制造的大部分机器。之所以制定该禁令，是因为担心外国人可能会利用我们改良后的机器，与我们的制造商竞争。实际上，这是为了一类人，即机器使用者的想象中的利益，而牺牲了另一类人，即机器制造者的利益。现在，且不谈对这两类人进行不必要的干预的失策之处，我们可以观察到，第一类人，或者说机器制造者，作为一个整体，比那些只使用机器的人聪明得多；尽管目前他们的人数还不算多，但一旦限制他们创造力的禁令被取消，假以时日，我们似乎有充分的理由相信，他们的人数将大大增加，而且最终可能会超过使用机器的人数。

(438) 在英国，这些禁令的倡导者似乎在很大程度上依赖于阻止新发明的知识被传播给其他国家的可能性；他们对机械上可能甚至很可能实现的改进的认识过于局限了。

(439) 为了审视这个问题，让我们考虑一下生产同一物品的两个制造商的情况。一个制造商所在的国家劳动力非常便宜，机器落后，运输方式又慢又贵；另一个是在劳动力价格很高、机械精良、运输工具快捷经济的国家从事制造业。让他们两个把他们的产品送到同一个市场，并且让各自的价格都等于在自己国家资本产生的通常利润。几乎可以肯定，在这种情况下，机器的第一次改进将发生在文明最先进的国家；因为即使承认这两个国家在设计上的创造力是相同的，执行手段也大不相同。发达国家改进机器的效果将通过制成品价格的小幅下跌而在共同市场上体现出来，这将是对贫穷国家的制造商的第一次警示。贫穷国家的制造商将努力通过提高工厂的勤奋和节约来应对商品销售价格的下降，但他很快就会发现这种补救办法是暂时的，市场价格会继续下降。因此，这将诱使他研究竞争对手的组织结构，以便从其结构中发现任何改进的制造方式。如果像通常发生的那样，他在这一尝试中失败了，他就必须努力改进自己的机器，或者获取有关富裕国家工厂生产的机器的信息。或许在试图通过文字获得他所需要的信息而徒劳无功之后，他开始亲自参观竞争对手的工厂。对于一个外国人兼竞争对手来说，这样的企业不容易进入，而且越是最新的改进，他进入这些企业的可能性就越小。因此，他的下一步将是从使用或制造机器的工人那里获得他正在寻找的知识。如果没有图纸或者对机器本身的检查，这个过程将是缓慢且乏味的；他很容易被狡猾和诡计多端的工人所欺骗，并面临许多失败的机会。但是，假设他带着完美的图纸和说明书回到自己的国家，他就必须开始建造改进的机器；而要实施这些，他既无法做到像富裕国家的对手那样低成本，也不能做得那么优秀。但过了一段时间，我们可以设想，这些机器经过了一番艰苦的改进，终于完工了，并能够正常地工作。

(440)现在让我们考虑一下富裕国家的制造商会发生什么情况。首先，他将以通常的价格向国内市场供应一种生产成本降低的商品，从而获得利润；然后他将在国内和国外市场上降低价格，以便扩大销售。在这个阶段，穷国的制造商首先感受到竞争的影响。如果我们假设在富裕国家中首次应用新改进措施与其在穷国开始使用之间只有两三年的时间，那么做出改进的制造商将（即使假设在这段时间里，他只迈出了第一步）已经收获了改进所需的很大一部分开支，这使得他有能力大幅度降低产品价格，从而使竞争对手的收益远远低于自己。

（441）有人辩称，通过允许机器出口，外国制造商将获得与我们相同的机器。本书几乎全部的内容都在为这种论点提供最基本的答案：为了在制造业中取得成功，不仅需要拥有良好的机器，而且工厂所在国的国内经济也必须受到最审慎的管理。

下议院《“关于工具和机器出口问题”委员会的报告》中，充分确立了这一原则的真实性和重要性，因此，在我提出自己的任何意见之前，我将利用其中所述的意见和证据：

“事实上，假使在欧洲大陆上也能得到与英国所使用的同样的机器，一些最具智慧的证人认为，外国工厂缺乏安排，工作缺乏分工，工人缺乏技能和毅力，工厂主缺乏进取心，连同对欧洲大陆所拥有的杰出制造商的估算相对较低，加上资本的相对缺乏，以及证据中详细说明的许多其他有利情况，将阻止外国人通过与我们主要制造商的竞争而造成很大程度的干扰；在这一问题上，委员会提交了下列值得下议院注意的证据：

‘我想问一问，总体来说，即使法国人有和我们同样良好和便宜的机器，你是否认为竞争可能给我们的制造商带来任何危

险?'‘他们将永远落后于我们，直到他们的普遍习惯与我们接近。由于我之前提到的许多原因，他们一定会落后于我们。'

‘为什么他们一定会落后于我们?'‘另一个原因是，一个七年前离开曼彻斯特的棉花制造商，假如他的知识没有跟上那些在这段时间内因不断所发生的进步而受益的人们的步伐，他就会被现在生活在曼彻斯特的人赶出市场：这种渐进的知识和经验是我们的巨大力量和优势。'

还应当指出的是，我们的机器本身及其应用方式的经常改进——不，应该是几乎每天都在进行的改进——要求上述提到的所有手段和优势都应持续运行。而且，若干证人认为，尽管在英国工匠的帮助下，欧洲拥有了英国现在使用的每一种工具，然而从英国拥有的自然和后天优势来看，英国的制造商将长期保持他们现在享有的优势。许多人确实认为，如果允许机械出口，那么其中经常会包括一些工具和机器，尽管已经被新发明所取代，但由于缺乏摆脱它们的机会，仍继续在英国被使用。在许多情况下，这对于国家的贸易和制造业发展是有害的。这是一个值得考虑的问题。有充分的证据表明，由于外国对机械的需求增加，我们工人的聪明才智和技能将有更大的发展空间；而且，由于近来机械的改进很重要，因此，在这种情况下，可以预计它们可能会增加到前所未有的程度。

我们拥有的机器制造和商品生产的许多重要设施是其他任何国家所没有的，也没有任何国家可以无限期地在同等程度上享用它们。所有人都承认：我们的技能是无与伦比的；我国人民的勤劳和力量是无可匹敌的；他们的聪明才智，体现在机器的持续改进和商品的生产上，是绝无仅有的，而且显然是无穷无尽的。在我们政府的领导下，每个人都可以自由地以最有利于自己的方式使用自己的资本、劳动和才能，这是不可估量的优势。运河的开凿和铁路的修建，都是由当地人的自治组织实现的，他们对当地的了解使他们能够把运河置于最理想的地理位置；换成是不那么自由的政府，这些巨大的优势是无法存在的。这些情况加在一起，使我国人民具有了决定性的优势，无论是在机械制造方面还是在商品制造方面，都不能合理地预见到任何有害的竞争。”

(442)但是，即便想要阻止某一类机器的出口，也有充分的证据表明，在允许其他类别机器出口的同时，不可能阻止被禁止的机器被走私出去；事实上，走私者已经计算好了额外的风险。

(443)从各种情况来看，改进后机器的立即出口似乎并不像人们假定的那样十分确定，强大的自我利益原则将敦促它的制造者向相反的方向推动机器销售。当杰出的机器制造商为任何特定的过程设计了一台新机器，或者在常用的过程上做了一些很大的改进之后，他的自然反应是向谁寻求销售他的新机器。毫无疑问，到目前为止，大多数情况下，是他最亲近的客户和最好的客户，那些他可以直接、亲自接触的客户，因为他们的履约能力是他最为熟知的。对这些人，他会沟通信息并表示愿意接受他们对新机器的订单；只要他发现国内需求足以动用其公司的全部生产能力，他不会考虑写信给外国客户。因此，机器制造商本人有意为自己的同胞提供任何新改进的第一优势。

(444)事实上，伦敦的机器制造商更青睐于国内订单，而且通常会向外国客户收取额外的价格，甚至可以在机械出口委员会提供的证据中找到对这种偏好的计量。不同的工程师的估计不同，但似乎是订单金额的5%—25%。其原因是：1）如果机器很复杂，工厂需派出一名非常熟悉工厂工作方式的顶尖的工人进行安装，他总是有相当大的机会获得聘请，让他留在国外。2）如果这项工作比较简单，不需要英国工人的帮助就可以完成，但是为了供应该设备的工厂的信用，并为了防止使用设备的人由于缺乏足够的指导而发生事故，相对于英国买家，这些设备的零部件往往被制造得更坚固，并且被更仔细地检查。如果任何缺陷或事故发生在国外，修理费用也会比在英国高。

(445)与仅使用机器的那类工人相比，制造机器的工人拥有更多的技能并且所获得的薪水也要高得多。如果允许劳力的自由输出，这类更具价值的工人数量无疑将大为增加；因为尽管工资很高，但目前没有哪个国家能像英格兰那样进行优质且低成本的生产。因此，我们可以向全世界供货，以明显的优势为我们自己和我们的客户提供机器。在曼彻斯特及周边地区，有数千人全职从事机器制造，为数十万机器的使用者提供了就业机会；但是，使用机器的人数与目前制造机器的人数持平的时代，已经为期不远了。因此，如果英国真的成为一个机器出口大国的话，那么它必然会拥有大量这类的工人，对他们来说技术是必不可少的，他们也将因此获得高额的工资；尽管英国的制造商数量可能相对较少，但毫无疑问，他们的优势在于率先从改进中获利。在这种情况下，最先感受到对机器的需求量减少的那批工人，要比其他类别的工人更能适应这种变化，由此产生的痛苦将会比较缓和；其他类别的工人将在每次减少的制成品消费中遭受更为严重的损失。

(446)人们曾担心，当其他国家购买我们的机器后，它们将不再需要新的机器。但是，关于所有制造业所应用机器的一般改良进度，以及机器平均经过多长时间将被改良取代的声明，是对这一异议的完整答复。如果我们的国外客户不尽快采用我们设计的新机器，那么我们的制造商将扩大其业务范围，并在他们的国内市场上以低于竞争对手的价格出售产品。

(447)也许还可以推荐的做法是，想象每种机器可以达到的无法超越的极限完美程度；当然，与之前的进步相比，最后的进步通常是最小的。但是应该注意的是，这些进步通常是在机器的使用数量已经很大的时候产生的；因此，它们对生产能力的影响是相当大的。尽管应该承认，任何一种机器经过很长一段时间后都可能达到相当完美的程度，使进一步的改进几乎无望，但是我们无法假设所有种类的机器都是如此。实际上，很少有人能接近改进的极限，除非是在国民制造业的广泛分支中；即使在目前，这种分支的数量也非常少。

(448)赞成机器出口的另一个理由是，它将促进资本转移到任何可能出现的更有利的使用方式上。如果允许机器出口，无疑会产生新增加的需求；而且，假如我们的任何一个制造业部门的生产不再能够达到平均利润率，那么如果销售市场向使用条件更有利的客户开放，资本家的损失就会少得多。另一方面，如果机器有了新的改进，制造商就更容易把这些改进付诸实施，因为他可以在国外市场销售他的旧机器。实际上，尽管英国的税收和工资水平很高，但它可以以低于其他国家的价格销售商品，这一事实似乎已经得到确认；这似乎取决于机器的金属原材料的优越性和廉价性、工具的卓越性，以及我们的工厂对于国内经济的令人钦佩的安排。

(449)资本从一种使用方式转移到另一种使用方式的不同便利程度，对不同行业和不同国家的利润率有重要影响。假设在任何时期影响利润率的所有其他原因，对不同行业中资本的运用都有着同样的影响，但是由于将资本从一种投资方式转移到另一种投资方式造成的损失程度不同，或由于这些原因作用导致的各种变化，实际利润率很快就会改变。

(450)这个原则可以通过举例更清楚地表现出来。让两个资本家在两个行业中各投入一万英镑：A 使用蒸汽机和铁制管线为一个地区供水；B 生产珠罗纱。A 的资本将用于建造工厂和安装蒸汽机，我们假设这笔费用为 3,000 英镑；并铺设管道为客户提供服务，花费 7,000 英镑。后一项费用中最大的一部分是支付劳务费，如果要拆下管道，则该操作所造成的损坏将使它们除了作为旧金属外几乎没有价值，而移除它们的费用将是相当可观的。因此，让我们假设，如果 A 被迫放弃他的行业，他只能通过出售存货收回 4,000 英镑。我们再假设，B 通过出售他的纱网厂和机器，可以变现 8,000 英镑。若令双方利用资本获得的正常利润率相同，比如说 20%，那么我们就有了如下结果：

	资本投资	机器销售产生的资金	年利润率	收入
水厂	10,000 英镑	4,000 英镑	20%	2,000 英镑
珠罗纱厂	10,000 英镑	8,000 英镑	20%	2,000 英镑

现在，如果由于竞争或任何其他原因，水厂产生的利润率降至 10%，那么这种情况不会导致资本从水厂转移到珠罗纱的生产中；因为水厂每年减少的收益为 1,000 英镑，仍将大于在珠罗纱工厂中投资 4,000 英镑（出售水厂物资获得的全部金额）获得的收益；如果以 20% 计算，这样做每年只能产生 800 英镑的收入。实际上，自来水厂产生的利润率必须下降到 8% 以下，水厂所有者才能通过将其资本转移到珠罗纱行业中来增加收入。

(451) 在对我们的制造商因外国竞争而造成损害的可能性进行任何调查时，应特别考虑运输设施以及在我国公路、运河、机械等方面大量存在的资本，其中大部分可以合理地视作已偿还了费用支出；还应该考虑我们丰富的燃料使我们能够以低廉的价格生产铁，这几乎是所有机械的基础。德维尔福斯先生在之前提到的回忆录中，曾恰当地指出，在法国，我们所说的铁的价格问题，严格地说就是木材的价格问题，以及公路、河流和运河等内部交通方式的问题。

本书的第 215 节说明了欧洲各国的铁价格：似乎英国的生产成本最低，法国的生产成本最高。覆盖英格兰和威尔士的道路长度估计约为，收费公路 2 万英里，不收费公路 10 万英里。根据我所能收集到的有关这一问题的资料，英国和法国的国内水运交通可说明如下：[1]

① 本表摘自拉维内特（Ravinet）《水文辞典》（*Dictionnaire Hydrographique*）一书的第 2 版第 8 卷，1824 年出版于巴黎。

法国	
	长度：英里
可通航河流…………	4,668
可通航运河…………	915.5
运行中的可通航的运河（1824 年）…………	1,388
	6,971.5[①]

但是，如果我们将这些数字按 3.7∶1 的比例（即法国与英格兰加威尔士的面积之比）缩小，那么我们可以进行如下比较：

		英国[②]	按英格兰加威尔士的相等面积折算的法国的数值
		英里	英里
可通航河流		1,275.5	1,261.6
潮汐航行③		545.9	
直通运河	2,023.5		
运河分支	150.6		
	2,174.1	2,174.1	247.4
已通航运河		—	375.1
总计		3,995.5	1,884.1
1831 年人口		13,894,500	8,608,500

① 本表摘自拉维内特（Ravinet）的《水文辞典》（*Dictionnaire Hydrographique*）一书的第 2 版第 8 卷，1824 年出版于巴黎。

② 我要感谢斯宾（Speen）的佩奇（F. Page）等人，向我提供了表中与英国国内航行有关的部分的数据。只有那些自己收集了详细统计信息的人才能知道其中付出的时间和劳动，表中包含的这几行数字正是这些付出所收获的成果。

③ 潮汐航行包括：泰晤士河，源自梅德威（Medway）河口；塞弗河（Severn），源自霍姆斯（Holmes）；特伦特河（Trent），源自亨伯（Humber）的特伦特瀑布（Trent-falls）；默西河（Mersey），源自朗科恩峡谷（Runcorn Gap）。

两国国内航线之间的这种比较并不完整；把一个国家最富裕的部分与另一个国家的整体进行比较，也不是一种公平的观点。但是，插入这种比较的目的是希望能引导那些对这个问题拥有更广泛信息的人提供事实，以便可以进行更好的比较。要补充的信息包括每个国家海岸线、公路、铁路、使用机车发动机的铁路的长度。

(452)认为快速运输方式可以提升一国实力的观点，值得注意。例如，通过曼彻斯特铁路，每年有超过 50 万人出行。假设每个人在曼彻斯特和利物浦之间的运输时间仅节省一个小时，则可以节省 50 万小时。如果实行每天 10 小时工作制，即可以节省 5 万个工作日。这相当于英国增加了 167 人的实际能力，而没有增加食物的消耗量；还应该指出的是，如此供应的工人阶级的时间，远比单纯的劳动者的时间更有价值。

第 35 章　与科学有关的制造业的未来前景

(453)为了说明本书旨在支持和确立的一般性原则，本书提供了各种工序流程作为例证。在对它们进行回顾时，人们很自然地会认定英国的工艺技术和制造业与高等科学的进步密切相关；并且，随着我们事业的不断进步和发展，每一步的成功都要求这种联系更加紧密。

应用科学从实验中得出事实；但其主要效用所依赖的推理，是所谓的抽象科学的范畴。研究表明，劳动分工对脑力产品的适用性不亚于体力相关的产品。因此，任何国家要在制造领域获得进步，成功的最大可能性必然来源于所有精通理论和技术实践的人们的共同努力，并且依据个人的天赋能力和养成习惯，每个人都在最适合的部门工作。

(454)成功地将理论原则应用于实践所产生的收益，在大多数情况下，将会令早期使用者获得金钱意义上的充分回报；然而，即使在这里，关于专利的叙述也证明我们的立法有相当大的修改空间。但是，发现自然的伟大规律需要几乎专门致力于此类研究的脑力；而这些，在目前的科学状态下，往往需要昂贵的设备，并且需要专业人员花费大量的额外工作时间。因此，国家对一些高等科学部门的研究人员所面临的贫困问题进行补偿是否明智，已经成为一个需要考虑的主题；而实现这种补偿的最佳方式，是思想家和政治家都感兴趣的一个问题。这种考虑似乎在其他国家产生了正面的影响，在这些国家中，追求科学被视为一种知识性的专门职业，那些在科学能力培养方面取得成功的人，不会被排除在他们的同胞可能有志于实现的几乎所有光荣的、宏大的目标之外。不过，由于我已经在另一份出版物中对这些主题发表了一些看法，[①] 因此，我在这里只想提及该作品。

(455)的确，在我们自己的国家，确实有一个职位，可以集科学与独立财富于一身。作为一个能带来等级和地位的职位，根据公众的估计，其超过一半的价值来自其拥有者的权威知识。不同寻常的是，即使是那份孤独的尊严，即英国科学界的终身男爵——英国皇家学会的主席，也因其偶得的社会地位而被觊觎。更不寻常的是，一位以对公共事务一贯采取自由主义观点而著称的王子，因赞助旨在减轻贫困人民苦难的每一个机构而闻名——因为他的地位，他自己可以免于这些痛苦。他的朋友们说他是知识的热情崇拜者，是最渴望知识进步的人；这样的人居然从那些朋友们那里获得如此错误的信息，以至于从科学的头上夺走了唯一能装饰它额头的公民花环。[②]

---

① 《对英国科学衰落及其一些原因的思考》(*Reflections on the Decline of Science in England, and on Some of Its Causes*)，第八卷。1830 年，费罗斯(Fellows)出版社出版。

② 苏塞克斯公爵(Duke of Sussex)被提名为皇家学会主席，尽管这有悖于理事会的愿望，也遭到了一个研究团体的公开反对——正是由于这个研究团体中大部分人的工作，英国科学的声望才能一直保持。贵族的地位和权力，在其可以指挥的盟友的帮助下，摆出阵势来对抗更自豪的科学贵族们。在大约 700 名成员中，只有 230 人投票；苏

与此同时，主席可能会通过他的崇高地位所承认的唯一媒介得知，他当选时人们所预料到的那些弊端并不是凭空想象出来的，而一些人所预计的由此产生的好处还没有显现出来。也许可以这样说，虽然皇家学会主席经历的许多不便都是由于他自己的支持者的行为造成的，但那些被迫与他意见不同的人随后提出的反对意见并非无理取闹；他们耐心地等待，深信真理的力量最终必然以其确定的，尽管是无声的方式发挥作用。毫无疑问，当殿下得到正确的消息后，他自己也将成为第一个受其权力影响的人。

(456)但是，更年轻的机构已经出现，以弥补旧机构的不足。最近，一个完全不同于旧社团的全新协会有望为科学的未来发展提供更多的稳定性。1831 年，英国科学促进协会(British Association for the Advancement of Science)在约克举行了第一次会议，[①] 即使皇家学会的各个方面都令人满意，它仍可以充当强大的盟友；但在该机构目前的状态下，为了科学目的，这种协会几乎是必要的。追求相同或不同知识领域的人们定期集会，总是产生一种有利于新思想发展的兴奋氛围；而后续的长期休息，则有利于进行会上提出的推理或实验；下一年再次举行会议，将激发询问者采取行动，希望届时他的劳动能够带来成功的结果。另一个好处是，这种会议汇集

塞克斯公爵获得的赞成票超出反对票 8 票。在这种情况下，殿下竟然屈尊接受了那场疑云重重的胜利果实，实在是非同寻常。

这场特殊比赛的赛前和参赛的情况，在一本小册子中得到了详细的描述，题为“与 1831 年皇家学会主席近期选举有关的情况声明”，由位于佛里特街红狮巷(Red-lion-court, Fleet-street)的泰勒(R. Taylor)印刷。整个册子的基调与殿下支持者的作品形成了鲜明的对比。

① 第二次会议于 1932 年 6 月在牛津举行，情况甚至超过了朋友们的乐观预期。第三次年会将于 1833 年 6 月在剑桥举行。

了更多积极从事科学工作或所处岗位能为科学做出贡献的人，比其他机构的普通会议上能够发现的更多，甚至是在人口最多的首都，因此可以更容易地安排针对任何特定对象的联合努力。

(457)但是，也许从这些集会中获得的最大好处是，它们注定会促进社会不同阶层之间的交往。科学工作者将从伟大的制造商那里获得实用的信息，化学家也可以从他们手中得到数量稀缺的物质，而这些物质只有经过最广泛的操作才能被发现。此外，居住在移民聚集的街区的拥有财富的人，也将从他们那里获得关于英国生产和制造业的真正指导，以及伴随获取知识而形成的启发和满足，这种好处比上述两类人所获得的都要更大。①

(458)因此，人们可能希望公众舆论能够影响科学界；并且通过这种交往，可以看清人们的品格，装腔作势者和江湖骗子将被驱逐，回到应得的默默无闻的状态。如果没有公众舆论的作用，任何政府无论多么急切地支持对科学的追求，无论多么愿意以财富或荣誉来回报他们认为最杰出的人，它的行为都会有风险，就像盲人那样，无法估算距离的远近，将最近和最微不足道的物体误认为是自然界中最大的物体；因此，科学工作者与世界相交融，就变得更加重要。

(459)很有可能，在下一代，英国的科学工作者中将有人来自一个迄今为止对科技人才供应不足的阶层。为了使他们的科学事

---

①　弗农·哈考特(Vernon Harcourt)牧师在第一次会议上的讲话中，已经对这种协会可能产生的好处做出了明确说明。我强烈建议所有对英国科学的成功感兴趣的人仔细阅读。请参阅《英国科学促进协会的第一份报告》(First Report of the British Association for the Advancement of Science,)，1832 年于约克出版。

业取得成功，需要有前期的教育、休闲时间和财富。很少有人能像我们富有的制造商子弟那样，把这些要素结合在一起；这些制造商们通过自己的努力在与科学相关的领域发财致富，他们雄心勃勃地要让他们的孩子在自己的阶层中脱颖而出。然而，必须承认，如果在成功的努力之后偶尔获得一些世俗的荣誉，父母的这种愿望就会变得更加强烈；国家将因此而获得科学方面的人才。而如果置于不适当的环境之中，这些人才往往会变得平庸无为。

(460)碘和溴是两种迄今尚无法分解的物质，它们的发现者都是制造商，一位是巴黎的硝石制造商，另一位是马赛的化学制造师；而发明充满稀薄气体的气球的人，是里昂附近的一位造纸商。第一位空中旅行者蒙哥菲尔的子孙们继承了先辈的企业。他们在全家族分处的不同部门中，巧妙地将伟大的科学知识与各技术部门的技能相结合。

(461)在许多情况下，化学科学对制造商和商人都非常重要。进口到欧洲的秘鲁树皮数量相当可观；但最近的化学研究证明，树皮本身的很大一部分是无用的。从中提取出来的碱奎宁具有树皮价值的所有特性。当这种物质与硫酸结合时，从100磅树皮中只能提取40盎司。在这种情况下，每生产一吨有用的物质，就有39吨垃圾被运到大西洋彼岸。

英国现在使用的奎宁硫酸大部分是从法国进口的。在法国，从树皮中提取奎宁硫酸的酒精价格低廉，这使得该过程变得成本很低；但毫无疑问，当更稳定的政权形式能够为资本提供保障，当先进的文明在南美洲各国散播开来时，碱性药物将从木本物质中萃取出来，然后将以最浓缩的形式出口。

(462)在提取和浓缩用于人类食用的物质方面，化学的帮助在远航中有很大的用处，因为在远航中储存品所占用的空间必须非常小心地加以节约。因此，精油为航海者提供调味；浓缩结晶的植物酸能保护人们的健康；当酒精被充分稀释后，就可以供人们日常消费饮用。

(463)当我们反思时就会发现，与已知存在的众多植物相比，迄今已被栽培并对人类有用的植物种类非常少；当我们将同样的观察应用于动物世界，甚至矿物王国时，自然科学为我们打开的领域似乎确实是无限的。这些大自然的产物，虽然千差万别，但在未来的某一天，每一个都可能成为广泛工业的基础，并给数百万人带来生计、就业和财富。但是，那些永远暴露在我们眼前的原始宝藏，却包含着更具价值的其他原则。所有这些，同样可以构成无限的组合，经年的劳动和研究永远无法穷尽，可能注定会恒久不断地为我们的财富和幸福提供新的源泉。科学和知识在其扩展和增长的过程中，受到与物质世界的规范法则完全相反的规律的支配。不像分子引力，会在合理的距离处停止，或者重力，会随着距离原点的距离增加而迅速减小；我们距离知识的起源越远，它就越大，它赋予科学研究者的力量就越大，从而为它的统治增加新的领地。然而，这种持续而迅速增长的力量，并没有给我们任何理由预测，如此肥沃的土地终会枯竭，而是让我们在每一次进步中都处于更高的位置去反思过去，并不由自主地确信，我们已经掌握的全部知识，随着我们知识的视野更迅速地扩展，其所占的比例正在不断缩减。

(464)但是，根据我们对我们周围物体的化学和物理特性的了解，以及我们对神秘地改变组合方式的不太有形的元素、光、电和热的不完全了解，都可以说服我们相信同样的事实：我们必须记住，另一门更高级的科学，本身更为无限，也在以巨人般的步伐前进。它掌握着宇宙中更强大的物质，并将它们的游荡简化为规律，以其精练的语言表达给我们，这些表达对过去是历史，对未来是预言。正是这门科学，现在正为大自然创造的最微小的原子准备着它的束缚；它已经几乎把空灵的流体联结在一起，把所有复杂而辉煌的光现象都束缚在一个和谐的系统中。它是计算科学——在我们前进的每一步中，它都变得越来越必要，并且最终必然支配科学在生活艺术中的全部应用。

(465)但是，当我们思考人类知识不断增长的领域时，我们的头脑中也许会产生一个疑问，那就是人类虚弱的臂膀是否需要必要的体力才能获取知识。过去的经验，已经将一条格言印证为不可磨灭的真理，即知识就是力量。它不仅让它的崇拜者能够控制他们物种的心智能力，而且它本身也是物理力量的生成器。蒸汽的膨胀力、凝结力和潜热学说的发现，已经使英国这个小岛上的人口增加了数百万。但这种力量的来源并非没有限制，世界上的煤矿最终可能会枯竭。如果不在意新矿藏不会在海底、在我们一些更大河流的河口累积的理论，如果没有预期利用其他液体需要的供热源会比水更少，我们可能会说海洋本身提供了一种迄今几乎尚未被利用的常年动力来源。一天两次的潮汐，会使大量的水上升，这些水可以用来驱动机器。但是，假设热量仍然是必要的，当我们的煤田枯竭时就会使其变得昂贵；在这一时期到来之前，很可能已经发明了其他产生热量的方法。在一些地区，有数百年温度不变的热泉。在伊斯基亚岛(Ischia)的许多地方，只要把温泉源加深几英尺，水就会沸腾；毫无疑问，通过短距离钻孔，高压蒸汽会从孔口溢出。[①]

在冰岛，热源更为丰富；它们靠近大片的冰层，仿佛预示着该岛的未来命运。其冰川的冰层可以使其居民以最少的机械力消耗来液化气体，其火山的热量可以提供冷凝所需的能量。因此，在未来的时代，电力可能成为冰岛人和其他火山地区居民的主要商品。[②]很有可能，正是通过他们获取这种交易商品来追求更为宜人的气候环境所享受的生活的过程，在某种程度上，可以驯服偶尔会摧毁他们省区的骇人的自然力量。

(466) 也许在归纳哲学的清醒眼光看来，这些对未来的预期可能与过去的历史联系过于微弱。当时间揭示了我们人类未来的进步时，那些现在模糊不清的规律将变得清晰起来，并且可能会发现精神对物质世界的统治以不断加速的力量推进。

即使是现在，最早的诗人为了保护他脆弱的树皮而使希腊战士承受的禁锢之风；或者在更近的时代，那些拉普兰巫师向受骗的水手兜售的故事——这些虚幻的幻想或欺诈的创作，在科学的指挥下，从它们阴暗的存在中被召唤出来，服从一个神圣的咒语；诗人和预言家口中的不羁的主人，变成了文明人的顺从的奴隶。

讽刺作家狂野的想象力，也没有超越多年后的现实：仿佛在嘲弄拉普塔学院（College of Laputa）从鱼的粪便中提取出了几乎和太

---

① 1828 年，作者跟随那不勒斯皇家学院的一个委员会一起访问了伊斯基亚，该委员会被授权研究该岛泉水的温度和化学成分。在最初的几天里，有几处泉水在说明中被描述为温度处于沸点以下，在挖掘逐渐深入的过程中，人们发现这些泉水的温度上升到沸点。

② 见第 351 节。

阳同样的光；火光可以经过戴维灯的过滤；机器在算术中而不是诗歌中被传授。

(467)无论我们从何种角度审视我们物种在能力范围内所取得的创造性的胜利和成就，我们都在探索新的奇迹之源。但是，如果说科学使诗人的愿景成为现实，如果历代积累的知识使讽刺作家最尖锐的语言变得迟钝、最傲慢的苛责变得遥远，那么思想家就赋予了道德批判家一个超负荷的责任。在向他揭示围绕着最微小的原子以及有史以来最大量的活性物质的丰富多彩的生命奇迹时，无可抗拒的证据被摆在他面前来证明设计的无限性。科学的艳阳被有生命和无生命的万物所包围，已经穿透了大自然雄伟长袍的外层褶皱；但是，如果要求思想家从无数的创造实证中挑选出一项作为杰出技艺的代表，并且从其身上挑选一种天赋作为生命所有属性中的最佳，真理圣坛上谦卑的崇拜者将宣告:那是人、天赋、人类的理性。

但是，无论居住在我们星球上的有知觉的众生中最底层和最高层之间的距离有多大，受思想家所有推理的启发所形成的所有研究结果归结在一起，在天地万物的巨大范围内，人类最自豪的属性也许只是智力等级的最低层次。因为，既然我们自己的物质世界的每一个部分，以及它所支持的每一个有生命力的存在，在更仔细的调查中，都提供了更完美的设计证据，那么，认为那些服从同样的规律，发出来自同一个中心来源的光和热的辐射的相似的球体(那些几乎迷失在遥远太空中的同类系统的成员，只能根据其众多的球体数量辨认)，每个都不过是一个漂浮的未成形的物质混沌，是非常没有哲理的；或者可以说，作为同一个造物主的作品，世人还无法欣赏到它们的美丽形态，智者仍无法扩展能力来破译它们的法则。

图书在版编目(CIP)数据

论机器和制造业的经济/(英)查尔斯·巴贝奇著;马跃译. —北京:商务印书馆,2022
(经济学名著译丛)
ISBN 978-7-100-21170-3

Ⅰ.①论… Ⅱ.①查… ②马… Ⅲ.①制造工业—工业经济—研究 Ⅳ.①F407

中国版本图书馆 CIP 数据核字(2022)第 079721 号

经济学名著译丛
论机器和制造业的经济
〔英〕查尔斯·巴贝奇 著
马 跃 译

商 务 印 书 馆 出 版
(北京王府井大街 36 号 邮政编码 100710)
商 务 印 书 馆 发 行
北京艺辉伊航图文有限公司印刷
ISBN 978-7-100-21170-3

2022 年 8 月第 1 版　　开本 850×1168 1/32
2022 年 8 月北京第 1 次印刷　　印张 9¾
定价:49.00 元